T0209064

Sammlung Metzler
Band 215

Stephan Wackwitz

Friedrich Hölderlin

Zweite, überarbeitete und ergänzte Auflage

bearbeitet von Lioba Waleczek

Verlag J.B. Metzler
Stuttgart · Weimar

Die Deutsche Bibliothek – CIP-Einheitsaufnahme

Wackwitz, Stephan:
Friedrich Hölderlin / Stephan Wackwitz.
– 2., überarb. und erg. Aufl.
– Stuttgart ; Weimar : Metzler, 1997
(Sammlung Metzler ; Bd. 215)

ISBN 978-3-476-12215-5

NE: GT

ISBN 978-3-476-12215-5
ISBN 978-3-476-04102-9 (eBook)
DOI 10.1007/978-3-476-04102-9
ISSN 0558 3667

SM 215

Ursprünglich erschienen bei J.B. Metzlersche Verlagsbuchhandlung
und Carl Ernst Poeschel Verlag GmbH 1997

Vorbemerkung zur 2. Auflage

Als diese Einführung 1985 erstmals erschien, trat sie an die Stelle des damals bereits über 20 Jahre alten Realienbandes von Lawrence Ryan. Die ebenso prägnante wie komprimierte Darstellung von Stephan Wackwitz hat in den vergangenen Jahren nichts von ihrer Überzeugungskraft eingebüßt. Wenn Ulrich Gaier in seiner 1993 erschienenen Hölderlin-Einführung explizit darauf aufmerksam macht, daß er seinen Text – mit dem Schwerpunkt auf der frühen und mittleren Werkphase – als »komplementär« gegenüber der »resultativen Überblicks-Darstellung« von Wackwitz begreift, so ist dies ein deutlicher Hinweis auf deren ungebrochene Bedeutung.

Nach rund zehn Jahren schien es indessen angebracht, die Ausgabe insbesondere mit Blick auf die bibliographischen Angaben zu aktualisieren. Da Hölderlin, wie die Internationale Hölderlin-Bibliographie (IHB) zeigt, wohl zu den am umfassendsten bibliographisch erfaßten Autoren überhaupt zählt – allein für den Zeitraum zwischen 1984-1994 wurden weit über 10 000 Titel verzeichnet – bedeutet dies, die vorliegende Literatur stark selektieren zu müssen. Dementsprechend bieten die zu den jeweiligen Themenkomplexen angeführten bibliographischen Ergänzungen nicht mehr als einen einführenden Überblick über die wesentlichen Forschungsergebnisse. Für alle weiterführenden Belange ist die IHB hinzuzuziehen.

Der Text von Stephan Wackwitz wurde weitestgehend in seiner ursprünglichen Form belassen. Lediglich an einigen Stellen wurden einzelne Passagen hinzugefügt. Dies betrifft insbesonders die Kapitel »Ausgaben« und »Hilfsmittel« sowie die »Grundlinien der Rezeptionsgeschichte«. Überall dort, wo im Text kurze Verweise und Einschübe zu Publikationen nach 1985 erscheinen, handelt es sich um nachträgliche Ergänzungen.

Daß Wackwitz' Zitierweise aus der Stuttgarter Ausgabe beibehalten wurde, sollte nicht wertend verstanden werden und hat eher pragmatische Gründe. Die Ergänzungen zu den »Ausgaben« ebenso wie innerhalb der Darlegungen zur Rezeptionsgeschichte stellen die Bedeutung der FHA unmißverständlich klar. Solange wichtige Bände der FHA noch nicht erschienen sind, schien es sinnvoll, am einheitlichen Textbezug zur StA festzuhalten. Eine Berücksichtigung der schwierigen Auseinandersetzungen um Neudatierungen und textkritische Neuerungen hätte den Rahmen dieser Einführung gesprengt. Jedem, der sich hiermit – etwa im Zusammenhang mit der *Empedokles*-Dichtung – beschäftigen möchte, geben die bibliographischen Angaben Hinweise für eine vertiefende Auseinandersetzung.

Köln, im Juni 1996 *Lioba Waleczek*

Vorwort zur 1. Auflage

Maria Kohler danke ich für die freundliche Betreuung im Hölderlin-Archiv, Jeremy Adler, Claudia Albert, Robin B. Harrison und Ute Oelmann für kritische Lektüre des Manuskripts.
Gewidmet ist diese kleine Einführung Margot und Gustav Wackwitz, die mir 1970, an einem Tag im Vorfrühling, in Tübingen meine erste Hölderlin-Ausgabe kauften.

London/Stuttgart, Sommer 1984 *Stephan Wackwitz*

Zitierte Ausgaben

Hölderlin wird zitiert nach der »Großen Stuttgarter Ausgabe« (s. Vorbemerkung und S. 4f.); der Band wird mit römischen Ziffern bezeichnet, der Teilband nach dem Komma mit arabischen; Seitenzahlen stehen nach dem Semikolon in arabischen Ziffern.

Hegel wird zitiert nach: Georg Wilhelm Friedrich Hegel: Werke. Hrsgg. von Eva Moldenhauer und Karl Markus Michel. Frankfurt a. M. 1970

Schiller wird zitiert nach: Schillers Werke (Nationalausgabe). Hrsgg. von Julius Petersen und Friedrich Beißner. Weimar 1943ff.

Abkürzungen

Beiträge, 1961	Hölderlin. Beiträge zu seinem Verständnis in unserem Jahrhundert. Hrsgg. von Alfred Kelletat. Tübingen 1961.
DVjs	Deutsche Vierteljahrsschrift für Literaturwissenschaft und Geistesgeschichte
GRM	Germanisch-Romanische Monatsschrift
HJb	Hölderlin-Jahrbuch
JdSG	Jahrbuch der deutschen Schillergesellschaft
JEGPH	Journal of English and Germanic Philology
JFDH	Jahrbuch des Freien Deutschen Hochstifts
LpH	Le pauvre Holterling. Blätter zur Frankfurter Ausgabe
MLR	The Modern Language Review
LiLi	Zeitschrift für Literaturwissenschaft und Linguistik
WB	Weimarer Beiträge
ZfdPh	Zeitschrift für deutsche Philologie
ZfpF	Zeitschrift für philosophische Forschung
Mss. Diss.	Maschinenschriftliche Dissertation (ungedruckte Arbeit, einzusehen meist nur in der betreffenden Hochschulbibliothek oder im Hölderlin-Archiv)

Inhalt

1. Ausgaben

Hölderlins Werk ist zu einem großen Teil im Manuskript überliefert, als schwer lesbarer und vielfach überarbeiteter Entwurf – eine ständige Herausforderung für die Editionsphilologie. Die Auseinandersetzung mit textkritischen Fragestellungen hat der Hölderlinphilologie der vergangenen zwei Jahrzehnte eine Vielzahl neuer und entscheidender Impulse vermittelt. Wohl kaum einem anderen Klassiker sind von editorischer Seite her vergleichbar radikale Lösungen entgegengebracht worden. In welcher Art und Weise in diesem Jahrhundert die Hölderlintexte ediert wurden, spiegelt in eindringlicher Weise die Widerständigkeiten, die eine breite Rezeption – insbesondere der späten Texte – erschweren. Die Geschichte der Hölderlinausgaben ist zugleich eine Geschichte der kritischen Editionsmethoden.

Historisch-kritische Ausgaben edieren sämtliche überlieferten Texte eines Autors unter Berücksichtigung aller erreichbaren Textzeugen. Historisch sind dergleichen Editionen insofern, als sie den Entstehungsprozeß eines Werks anhand aller Konzepte, Vorfassungen, Umarbeitungen (oder seine Überlieferungsgeschichte anhand der Abschriften und Drucke des Urtexts) dokumentieren, kritisch insofern, als sie die Aufeinanderfolge und gegenseitige Abhängigkeit der Textzeugen zu unterscheiden versuchen. Historisch-kritische Ausgaben antiker oder mittelalterlicher Autoren haben den Sinn, aus den überlieferten Drucken und Abschriften eines Werks einen Text zu rekonstruieren, der dem (meist verlorenen) Original so nahe wie möglich kommt – also Druckfehler zu beseitigen, Mißverständnisse der Abschreiber aufzuklären usw. In der zweiten Hälfte des 19. Jh.s entstanden nach dem Vorbild der Altphilologie in der Neugermanistik Editionen, die einen verläßlichen Text bieten und in ihrem »Apparat« alle ausgeschiedenen »Varianten« versammeln, versehen mit einer »Sigle«, die ihren Herkunftsort (den als nicht zuverlässig erkannten Textzeugen) bezeichnet – vergleichbar dem Arsenal eines Naturkundemuseums, in dem nicht ganz so schöne oder typische Exemplare einer Spezies (nicht würdig, ausgestellt zu werden, aber doch erhaltenswert) mit einem Zettelchen und näheren Angaben aufbewahrt werden.

Als man sich zu Beginn des 20. Jh.s für Hölderlin zu interessieren begann, wurde schnell deutlich, daß mit den bisherigen Hölderlin-Ausgaben (sie stützten sich auf die Editionen von Gustav Schwab und Ludwig Uhland aus dem Jahr 1826 und von Gustav Schwab und seinem Sohn Christoph Theodor aus dem Jahr 1846, s. S. 173) nicht viel anzufangen war; sie überlieferten den Text unzuverlässig und zum Teil mit willkürlichen »Verbesserungen«. Zudem waren sie unvollständig: gerade die späten Hymnenmanuskripte und Entwürfe, die jetzt in den Mittelpunkt des Interesses rückten, waren zum größten Teil noch nicht ediert. Das hing mit der ungewöhnlich hohen Komplexität dieser häufig kaum zu entziffernden Handschriften zusammen: in ihnen »überlagern und überkreuzen sich oft zahlreiche Variantenschichten bei kaum deutlich hervortretender oder ständig wechselnder Unterscheidungstechnik dergestalt, daß der Versuch, solch Labyrinth zu durchdringen, ein unendliches Geduldspiel bedeutet und die Aufgabe, den letztlich gewollten Wortlaut herauszuschälen, zuweilen [...] eine Sache persönlichen Feingefühls [...] scheinen möchte« (Pyritz, 1943, S. 159).

Die geschilderte positivistisch orientierte Editionstechnik war diesen gleichsam im Fluß befindlichen Texten nicht gewachsen. Die historisch-kritische Hölderlinausgabe *Franz Zinkernagels* (1914-26), die den Verfahren des 19. Jh.s verpflichtet war, hatte noch alle Varianten in einem (nie veröffentlichten) Apparatband niedergelegt und als nur den Philologen interessierende Sonder- und Nebenformen vom »gereinigten« Text getrennt. Allerdings scheint im Hinblick auf die editorische Gestaltung der Frankfurter Hölderlin-Ausgabe (FHA) erwähnenswert, daß bereits Zinkernagel »in Anbetracht der Schwierigkeit, überall zu einem völlig gesicherten Text vorzudringen«, gefordert hatte, »dem ernsthaften Benutzer [solle] die Gelegenheit geboten werden, den Widerstreit der handschriftlichen Varianten selbst zu überschauen«, wobei er u.a. an eine Faksimile-Ausgabe des Nachlasses dachte, die, wie er meinte, »zweifellos einmal kommen wird« (Zinkernagel, Vorbemerkung zum Nachlaßband, Bd. 5).

Norbert v. Hellingrath, ein junger Philologe aus dem Kreis um Stefan George (s. S. 175), löste sich in seiner etwa zum gleichen Zeitpunkt wie Zinkernagel begonnenen Ausgabe von den überkommenen Editionsprinzipien. Er betrachtete die von seinem Kollegen ausgeschiedenen Textvarianten als selbständige Stufen in einem organischen Prozeß poetischen Wachstums und dokumentierte sie in seinem Apparat mit einem kommentierenden Verfahren, das das allmähliche Reifen der als endgültig betrachteten Textgestalt nachvollziehbar machte. Hellingraths Ausgabe (deren 4. Band mit dem Spätwerk 1916 die allgemeine Wiederentdeckung Hölderlins einleitete) hatte allerdings einen gravierenden Nachteil: sie beschränkte sich darauf, einzelne als besonders wichtig erachtete Varianten festzuhalten. Der Rest fiel weg und wurde nicht einmal mehr in der »botanisierenden« Manier des Positivismus dargestellt.

Nichtsdestoweniger, im Streit um Lesbarkeit und Variantenzuordnung, im Verlauf des Abwägens von Entzifferungsvorschlägen bleiben Hellingraths Leistungen (vgl. etwa H. Kaulen 1990/91, C. Albers 1994, P. Hoffmann 1995, s. S. 11) Ecksteine der philologischen Aneignungskunst, was auch die Berücksichtigung Hellingrathscher Variantendarbietungen von schwierigen Stellen des Spätwerks belegt (vgl. etwa Groddeck HJb 28 (1992/93), Burdorf 1993). Noch heute sind exegetische Studien, insbesondere zu den späten Gedichten Hölderlins, auf jene Vorschläge verwiesen, die vor allem im 4. Band der Hellingrathschen Ausgabe niedergelegt sind; wobei hier allerdings das besondere philologische Selbstverständnis Hellingraths zu berücksichtigen bleibt, das – wissenschaftsgeschichtlich betrachtet – nicht nur rühmliche Spuren hinterlassen hat. Im hohen Maße Nietzsche und George verpflichtet, suchte Hellingrath den reinen und göttlichen Hölderlin, die messianische Erlöserfigur. Hölderlin ist für ihn Repräsentant für »echtes mythisches Denken«. Seine »Methode« verdankt sich weitaus mehr der diesem Denken geschuldeten Intuition, als daß sie der historisch-kritischen Vorgehensweise verpflichtet wäre. Unmißverständlich schreibt er: »Dem Brennenden der lebenden *Zeit* gegenüber *darf* man nicht Historiker sein, und wer Träger der Religion zu sein glaubt, hat Recht und Pflicht zum Fanatismus gröbster Einseitigkeiten« (Hellingrath an Friedrich von der Leyen am 14. 5. 1910. Herv. N.v.H.). Henning Bothe hat in seiner rezeptionsgeschichtlichen Studie die darin eingeschlossene Problematik folgendermaßen bestimmt: »Da Hellingrath die Grenzen zwischen Wissenschaft, Mythologie und Dichtung verwischt, indem er bewußt so tut, als gäbe es sie gar nicht, bestärkt er eine neue Generation von Literaturwissenschaftlern (Gundolf, Bertram, später Kommerell) in der Auffassung, sie könnten problemlos dies alles zugleich sein: Dichter, Philologe und Mythologe des 20. Jahrhunderts« (Bothe 1992, S. 107). Die Tatsache, daß sich ein solches hermeneutisches Verständnis auch den argumentativen Grundlagen historisch-kritischen Edierens einschreibt, etwa wenn es um die Begründung von Variantenzuordnungen geht, sollte die editorischen Diskurse dieses Jahrhunderts zunehmend bestimmen: Die als höchst komplexe, wechselseitige Abhängigkeit von Edition und Interpretation (Interdependenz) aufscheinende Problematik bildet bis heute ein entscheidendes Zentrum der editorischen Reflexion.

Die unvollständige Variantendarbietung und die philologischen Ungenauigkeiten, die sich in die Ausgabe einschlichen, als Friedrich

Seebaß und Ludwig von Pigenot nach Hellingraths Tod im 1. Weltkrieg die Arbeit fortsetzten, führte in den 40er Jahren schließlich zur *Stuttgarter Hölderlinausgabe,* die nicht nur im Hinblick auf die Hölderlinphilologie, sondern auch für die Editionstechnik überhaupt nichts weniger als einen Neubeginn darstellte. Ihr Herausgeber, *Friedrich Beißner,* kehrte zur vollständigen Dokumentation aller Varianten zurück und entwickelte zur Abbildung der hochkomplizierten, ineinander verschachtelten Passagen des Spätwerks ein »genetisches« Darstellungsverfahren, das die jeweiligen Textveränderungen mittels eines durchnumerierten Stufensystems übersichtlich aufführte. Die Stuttgarter Ausgabe machte damit den »ganzen Hölderlin« zugänglich und überdies in einer Form, die zugleich – wie schon Hellingraths kommentierender »Auswahlapparat« – den Entstehungsprozeß des Textes nachzeichnete.

Beißners historisch-kritisches Selbstverständnis zielt dabei allerdings nicht vorrangig auf die vollständige Verzeichnung von Varianten; es geht ihm in erster Linie »um eine genaue Ausdeutung aller Entwürfe bis zum kleinsten Tüttelchen« (Beißner 1961, S. 220). Der Herausgeber dürfe nicht »auf die Entwirrung und Entwicklung des Entwurfs verzichten«, wie es im Apparatband zum 1943 erschienen ersten Band der StA heißt, während er im sog. »Arbeitsbericht« zur StA (1942) schreibt: »Bei der Darbietung der Stuttgarter Ausgabe ist der Grundsatz maßgebend, daß die verschiedenen Stufen des Entwurfs zeitlich auseinandergehalten werden.« Denn nur so wird »das Zusammengehörige nicht unterbrochen«und nur auf diese Art und Weise läßt sich »das allmähliche Wachsen der Verse ohne Verwirrung überschauen« (Beißner 1942, S. 26). Daß Beißner die interpretatorischen Implikationen seiner textkritischen Arbeit als philologisch-ästhetische verstand, hat er selbst am deutlichsten in seiner Rede von der Darstellung »idealen Wachstums« (Beißner 1969, S. 273) zum Ausdruck gebracht, denn »die genaue zeitliche Entwicklung [könne] ohnehin nicht ausgemacht werden«. Beißners Absage an eine deskriptiv-räumliche Verortung von Varianten und deren textgenetische Beurteilung auf der Grundlage einer Dokumentation der Handschriften bedeutet zunächst eine Abkehr von Positionen, wie sie etwa Zinkernagel vertreten hatte, als dieser sich für eine »räumliche« Markierung von Varianten und Korrekturen einsetzte. Der Herausgeber der StA verschrieb sich demgegenüber dem Kunstwerk »Hölderlinsche Texte«, durch die »Genetische Methode« suchte er dem dichterischen Potential Hölderlins so weit als möglich zu entsprechen. Allerdings hat man ihre begrenzte Leistungsfähigkeit schon in den 50er Jahren thematisiert (B. Allemann, W. Binder, A. Kelletat): »Natürlich bringt die Ausgabe die Lesarten ›vollständig‹, aber das nur in einem allerbanalsten Sinn; zur höheren Vollständigkeit gehören zweifelsohne gerade auch jene Angaben, die BEISSNER meistens wegläßt« (Allemann 1956/57, S. 79), so etwa in Beda Allemanns Kritik.

Doch auch die Stuttgarter Ausgabe, gleich nach Erscheinen des ersten Teilbandes zu »den wenigen Ausgaben klassischen Ranges« in der Germanistik gezählt (Pyritz, 1943, S. 167), vermochte Hölderlins späten Texten nicht im eigentlichen Sinne gerecht zu werden. Der schwerwiegendste Einwand richtete sich gegen Beißners Orientierung am Ideal eines fertigen, geschlossenen und zitierfähigen Lesetextes, den er aus dem Knäuel der Lesarten – auf dem Weg über als »Fassungen« voneinander abgehobene Textstufen – herauszupräparieren suchte. Viele der von Beißner als »Fassungen« etikettierten Textzustände, so hieß es immer wieder, seien in Wahrheit keine selbständigen, konzeptuell verbundenen Gebilde, sondern nur »aus einem permanenten Entstehungs- und Umwandlungsprozeß künstlich ausgegliederte Zwischenbilanzen, deren innere Zusammengehörigkeit manchmal fraglich und deren Bestand im Augenblick der Fixierung durch den Herausgeber schon überholt ist« (Binder, HJb 19/20, S. 511).

Die kritische editionsphilologische Distanz gegenüber Beißner und dessen Vorgehen dokumentierte sich bis zum Erscheinen der FHA allerdings eher außerhalb der Hölderlin-Philologie. So ist es wohl keinem anderen als Hans Zeller erfolgreich gelungen, die richtungweisende Bedeutung der Stuttgarter Ausgabe nachhaltig in Zweifel zu ziehen. Im Zuge der von ihm herausgegebenen C.F. Meyer-Ausgabe spaltete sich die Editionsphilologie geradezu in zwei Lager, »die Beissnerianer und die Zellerianer« (Zeller an Sattler 26.3.1973, vgl. Sattler 1995, S. 142). Mit stetem Blick auf die programmatische Differenz von Edition und Interpretation, von »Befund und Deutung« (Zeller 1971) hat es sich Zeller zur Aufgabe gemacht, historisch-kritisches Edieren unter das Zeichen wissenschaftlich nachprüfbarer Vorgehensweise zu stellen. Der Apparat der C.F. Meyer Ausgabe ist an erster Stelle der Maxime verpflichtet, den Benutzer resp. Leser einer Ausgabe in den Stand zu setzen, »die Hs so genau wie möglich zu rekonstruieren« (Zeller 1958, S. 360). Deshalb überrascht es nicht, daß D.E. Sattler, als er Anfang der 70er Jahre editorisches Expertenwissen für eine Neuedition des Homburger Foliohefts einholen wollte, zunächst an Zeller verwiesen wurde. Es ist nicht zuletzt der »gewundenen Befangenheit« (vgl. Wackwitz 1990, S. 139) der offiziellen Institutionen innerhalb der Hölderlinphilologie zu verdanken, daß aus diesen bescheidenen Anfängen die spätere »Frankfurter Ausgabe« entstand.

Die »Frankfurter Hölderlin-Ausgabe« (FHA), seit 1975 unter der Herausgeberschaft *Dietrich E. Sattlers* erscheinend (für die er für verschiedene Bände namhafte Mitherausgeber gewinnen konnte), geht über Beißner insofern hinaus, als sie die Faksimilierung der Handschriften zur Grundlage der Edition macht, eine Methode, die Wolfgang Binder und Alfred Kelletat bereits im Jahr 1959 bei der Edition der damals gerade entdeckten Handschrift der »Friedensfeier« erprobt hatten. Die von Sattler zur Basis seines Editionsverständnisses erklärte Faksimile-Darbietung sämtlicher Handschriften und deren diplomatische Umschrift erschien vielen zunächst wohl als einer der überzeugendsten Schritte Sattlers in seiner Eigenschaft als verantwortlicher Herausgeber, zumal er nicht zuletzt aufgrund seiner überaus kritischen Anmerkungen gegenüber dem Wissenschaftsbetrieb im allgemeinen und der Germanistik bzw. Philologie im besonderen (vgl. etwa Sattler 1981, s. S. 188) große Widerstände zu überwinden hatte, als krasser Außenseiter von der akademischen Zunft halbwegs akzeptiert zu werden. Den Beginn der Frankfurter Ausgabe kennzeichnet zunächst eine Abkehr von aller akademischen Ordnung und Sicherheit. Wer das Phänomen der FHA und ihre Bedeutung für die Hölderlin-Philologie verstehen will, kann nicht umhin, sich über den rein methodischen Aufriß des ihr zugrundeliegenden Editionsmodells hinaus den für sie konstitutiven Prämissen zuzuwenden, auf denen der letztendliche Erfolg dieses Editionsunternehmens beruht. So schnell skizziert ist, daß Sattler – technisch gesehen – eine Kombination von Textdokumentation (Faksimile und Umschrift) einerseits und Textkonstitution andererseits (die als »Phasenanalyse« bezeichnete textgenetische Entfaltung aller Überarbeitungsphasen) vornimmt, so wenig sollte auf ein rein methodisches Procedere reduziert werden, was die eigentümliche Gestalt dieser »neuen« Hölderlin-Ausgabe ausmacht.

Wo die Vorgänger-Editionen in überkommenen philologischen Traditionen stehen, stellt sich die FHA von vornherein auf ein gesellschaftskritisches Fundament: »Die Frankfurter-Ausgabe benutzt zwar wissenschaftliche Mittel; sie will jedoch mehr sein als eine literaturwissenschaftlich nutzbare Werkedition. Der Hölderlinschen Form des Denkens, der Offenheit seines Gesanges muß eine offene editorische Darstellung entsprechen, die jedem Leser eine eigene Erkenntnis überläßt. Komm ins Offene, Freund!« (Sattler/Groddeck 1977, S. 19). Die Frankfurter Ausgabe bindet nicht nur die inhaltliche Darstellung an den Entwurfscharakter der Handschriften, sondern sucht gleichzeitig durch eine erstmalig in der Editionsgeschichte so praktizierte Aufhebung der Trennung zwischen Text und Apparat, eine bestimmte Rezeptionsform zu inaugurieren. Von der Autorität philologisch »bevormundender« Textdarbietungen befreit, soll der Text »im prozessualen Zusammenhang« sichtbar und so »der Weg vom ersten Konzept bis zum letztintendierten Text nachvollziehbar« werden (Einleitungsband der FHA). In der FHA realisiert sich, was die Editionsphilologie der vergangenen beiden Jahrzehnte als »textgenetische Edition« begreift, ein Ansatz, der ohne den grundlegenden Wandel, den das philologische Verständnis darüber, was einen Text genuin bestimmt, nicht denkbar ist. Gunter Martens, einer der namhaftesten Verfechter dieses Ansatzes und engagierter Befürworter der Frankfurter Edition von Beginn an, sieht in der »Analyse der Variantenprozesse«, wie die FHA sie im Zuge ihrer Textkonstitutionen entfaltet, die Chance, »jene Mehrdimensionalität der Wörter und bildlichen Vorstellungen« [kennenzulernen], mit denen Hölderlin die Sprachlosigkeit seiner Zeit zu überwinden sucht«. Für ihn erscheint – und dies in Übereinstimmung mit vielen Äußerungen Sattlers – in der FHA »unter dem Glanz aufpolierter Dichtertexte ein neuer Hölderlin, weniger vollendet aber authentischer, ein Dichter, dessen Leiden an den Widersprüchen der Zeit sich schon in der äußeren Gestalt seiner Texte niederschlägt und auf diese Weise als Appell an seine Leser fortzuwirken vermag« (Martens 1982). Insofern hier also zwischen Hölderlinschem Denken, Entwurfscharakter der Handschriften, prozessualer editorischer Umsetzung und Rezeption ein innerer Zusammenhang angesetzt wird, ist die Frankfurter Ausgabe wie kaum eine andere historisch-kritische Edition ebenso mit dem Problem von »Befund und Deutung« konfrontiert. Doch erklärt sie das Problem zu einer rezeptionästhetischen Größe, zum konstitutiven Bestandteil der Edition selbst. »Hypothetische Textkonstitutionen« sind für Sattler kein Makel; sein Diktum »die Textsynthese darf um so kühner sein, je offener sie sich der Kritik stellt« (Einleitungsband zur FHA 1975, S. 19), verdeutlicht, daß er vorrangig die FHA als eine Edition für Leser begreift. »Das Editionsmodell setzt [...] Leser voraus, die bereit sind, selbständig und beharrlich zu lesen«. Die hierin eingeschlossene Feststellung, daß die Philologenzunft dies offenkundig nicht oder doch nicht genügend getan habe, war eine der entscheidenden Ursachen dafür, daß die Auseinandersetzung mit der bzw. um die FHA in der Vergangenheit zuweilen verzerrt und allzu polemisch geführt wurde. Inzwischen reüssiert Sattler, und die Hölderlin-Philologie setzt sich mit ihrer Geschichte auseinander, dorthin zurückgekehrt, wohin sie Sattler verwiesen hat, nämlich zu den Texten selbst.

Nachdem der FHA in ihren ersten Bänden eine Vielzahl von Ungenauigkeiten und Inkonsequenzen nachgewiesen wurde, bemühten sich die Herausgeber ernsthaft um eine Weiterentwicklung und Verbesserung der methodischen Umsetzung ihres Editionsmodells. Mittlerweile sind 15 Bände erschienen, und die FHA ist aus der philologischen Landschaft nicht mehr wegzudenken, wenngleich die StA noch nicht überflüssig geworden ist, erklärtes Ziel Sattlers (z.B. HJb 19/20 (1975/77), S. 130). Das Nebeneinander der beiden historisch-kritischen Ausgaben bietet Hölderlin-Lesern vielmehr die einmalige Möglichkeit, gleichzeitig in der Frankfurter Ausgabe den »fließenden« Aggregatzustand der Handschrift einzusehen und etwa aus dem Manuskript selbst zu zitieren und in der Stuttgarter Ausgabe auf einen stets wohlbegründeten und zuverlässigen Lesetext zurückzugreifen.

Mit zuweilen vernichtender Kritik begegnete man in der Hölderlinforschung dem Projekt *Dietrich Uffhausens*, der im Jahr 1989 eine die FHA »überbietende« Edition der späten Gedichte Hölderlins vorgelegt hat. Seine einbändige Ausgabe »Bevestigter Gesang« führt exemplarisch alle Unwägbarkeiten vor Augen, denen sich der Editor der späten Hymnen Hölderlins gegenübersieht. Eine kritische Auseinandersetzung mit Uffhausens editorischer Aufbereitung, die sich ganz offenkundig auf das Editionsmodell der FHA bezieht, bietet indes die einzigartige Möglichkeit, sich die editionsphilogischen Erfordernisse im Hinblick auf Hölderlins Spätwerk angesichts einer tendenziell als mißglückt anzusehenden Edition zu vergegenwärtigen und erinnert einmal mehr an die von Hans Zeller gestellte Frage, was Edition leisten kann bzw. soll und wie dieses Ziel methodisch zu erreichen ist (vgl. Zeller 1986, S. 43).

Wiewohl die Werkausgaben von *Jochen Schmidt* (1992, 1994) und *Michael Knaupp* (1992) keine historisch-kritische Darbietung zum Ziel haben, ermöglichen die beiden Editionen doch einen erhellenden Blick in die Werkstatt der editorischen Reflexionen über Hölderlins Werk am Ende dieses Jahrhunderts. Während Jochen Schmidt, ganz in der Traditon der StA und seines Lehrers Friedrich Beißners stehend, einen sehr ausführlichen und profunden Kommentar liefert, wobei er seine umfangreichen Studien der jüngeren Vergangenheit nutzen kann (s. S. 181), arbeitet Knaupp, ehemaliger Mitherausgeber der FHA, unmißverständlich auf den Grundlagen von deren Hölderlindeutung und ist ihrem Textverständnis verpflichtet. Zu erwähnen bleibt, daß Katharina Grätz, Mitherausgeberin des zweiten Bandes der Ausgabe von Schmidt, ihre Neuedition des *Empedokles* durch einen präzisen Textvergleich von StA und FHA erläutert, den sie in einer separat publizierten Studie (Grätz 1995) auch in den Kontext einer resümierenden Kritik der beiden Editionsmodelle von StA und FHA gestellt hat.

Die Geschichte der Hölderlin-Ausgaben in diesem Jahrhundert führt nachhaltig eines vor Augen: Editionen sind nicht purer Selbstzweck philologischer Betriebsamkeit, keine Monolithen, welche nachfolgenden Generationen nurmehr Ehrfurcht abverlangen, sondern Bestandteil einer sich ständig wandelnden Kultur, deren Denkbewegungen der definitiven Edition immer schon ein Stück voraus sind.

Ausgaben

Gedichte. Hrsgg. von *Gustav Schwab* und *Ludwig Uhland.* Stuttgart 1826, 2. Auflage 1843.
Sämmtliche Werke. Hrsgg. von *Christoph Theodor Schwab.* 2 Bände. Stuttgart/Tübingen 1846.
Gesammelte Dichtungen. Hrsgg. von *Berthold Litzmann.* 2 Bände. Stuttgart 1896.
Gesammelte Werke. Hrsgg. von *Wilhelm Böhm.* 3 Bände. Jena 1905.
Sämtliche Werke. Hrsgg. von *Norbert von Hellingrath,* seit 1916 von *Friedrich Seebaß* und *Ludwig von Pigenot.* 6 Bände. Berlin 1913-23.
Sämtliche Werke und Briefe in 5 Bänden. Kritisch-historische Ausgabe von *Franz Zinkernagel.* (Apparatband (Bd. 5) unveröffentlicht, das Manuskript liegt im Hölderlin-Archiv) Leipzig 1914-1926.
Sämtliche Werke (»Stuttgarter Ausgabe«) Hrsgg. von *Friedrich Beißner* (Werk) und *Adolf Beck* (Briefe und Dokumente). 8 Bände. Stuttgart 1943-1985.
Sämtliche Werke. Historisch-kritische Ausgabe (»Frankfurter Ausgabe«) Hrsgg. von *Dietrich E. Sattler.* Frankfurt a. M. 1975ff. (von den 20 geplanten Bänden sind bisher 15 erschienen, insbesondere die Bände 7 und 8 (Gesänge) werden mit Spannung erwartet, da sie das schwierige Spätwerk enthalten).

Von den hier aufgeführten historisch-kritischen Ausgaben sind heute nur noch die »Stuttgarter« und die »Frankfurter« von Bedeutung; Zinkernagels und Hellingraths Ausgaben sind weitgehend von wissenschaftshistorischem Interesse. In wissenschaftlicher Literatur wird grundsätzlich aus einer der beiden neueren historisch-kritischen Ausgaben zitiert. Für die meisten anderen Ansprüche genügt eine der »kleineren« (und billigeren) Textausgaben, von denen hier nur die vier wichtigsten aufgeführt werden:

Sämtliche Werke (»Kleine Stuttgarter Ausgabe«) Hrsgg. von *Friedrich Beißner.* 6 Bände. Stuttgart 1943ff. (bietet den Text der »Großen Stuttgarter« in modernisierter Orthographie, aber ohne Lesarten und Dokumente; mit sparsamer Erläuterung).
Sämtliche Werke und Briefe. Hrsgg. von *Günter Mieth.* 2 Bände. Berlin/Weimar 1970 und Darmstadt 1970, mit einem Nachwort von Lawrence Ryan (textlich auf der Grundlage der »Stuttgarter«, unter Heranziehung der früheren kritischen Ausgaben).
Sämtliche Werke. Kritische Textausgabe. Hrsgg. von *Dietrich E. Sattler.* Frankfurt a. M. 1979ff.; (hier handelt es sich im Grunde um die »Frankfurter Ausgabe« in kleinerem Format und ohne die Faksimiles).

Sämtliche Werke und Briefe. 3 Bände. Hrsgg. von *Jochen Schmidt*. (Bibliothek deutscher Klassiker 80). Frankfurt a. M. 1992-1994.
Sämtliche Werke und Briefe. 3 Bände. Hrsgg. von *Michael Knaupp*. München 1992.

Anzuführen sind weiterhin eine kommentierte Ausgabe der Gedichte von *Detlev Lüders* und die umstrittene einbändige Ausgabe des »hymnischen Spätwerks« von *Dietrich Uffhausen*.

Friedrich Hölderlin. Sämtliche Gedichte. Studienausgabe in zwei Bänden. Betreut von Detlev Lüders. Bad Homburg v. d. Höhe 1970.
Friedrich Hölderlin. »Bevestigter Gesang«: die neu zu entdeckende Spätdichtung bis 1806. Hrsgg. und textkritisch begründet von Dietrich Uffhausen. Stuttgart 1989.

Zur Übersicht über Probleme der Editionsphilologie überhaupt

Friedrich Beißner: Editionsmethoden der neueren deutschen Philologie. In: ZfdPh 83 (1964) S. 72-96.
Klaus Hurlebusch: Deutungen literarischer Arbeitsweise. In: Editionsprobleme der Literaturwischaft. ZfdPh 105 (1986) S. 4-42 (Sonderheft, bereits im Jahr 1982 hatte die ZfdPh editorischen Fragestellungen ein Sonderheft gewidmet).
Klaus Kanzog: Einführung in die Editionsphilologie der neueren deutschen Literatur. (Grundlagen der Germanistik. Bd. 31). Berlin 1991.
Gunter Martens: Was ist – aus editorischer Sicht – ein Text? Überlegungen zur Bestimmung eines Zentralbegriffs der Editionsphilologie. In: »Zu Werk und Text« s. u. Berlin 1991. S. 135-156.
Gunter Martens/Hans Zeller (Hrsg.): Texte und Varianten. Probleme ihrer Edition und Interpretation. München 1971.
Hans Werner Seiffert: Untersuchungen zur Methode der Herausgabe deutscher Texte. Berlin/DDR 1963.
Siegfried Scheibe: Vom Umgang mit Editionen. Eine Einführung in Verfahrensweisen und Methoden der Textologie. Berlin 1988.
Hans Zeller: Zur gegenwärtigen Aufgabe der Editionstechnik. Ein Versuch, komplizierte Handschriften darzustellen. In: Euphorion 52 (1958) S. 356-377.
Ders.: Fünfzig Jahre neugermanistischer Edition. Zur Geschichte und künftigen Aufgabe der Textologie. In: editio 3 (1989) S. 145-158.
Zu Werk und Text. Beiträge zur Textologie. Hrsgg. von Siegfied Scheibe. Berlin 1991.

Das editionswissenschaftliche Jahrbuch »editio« (bislang 9 Bände) und dessen bislang 7 Beihefte stellen seit 1987 das wichtigste Forum für die Diskussion editorischer Fragestellungen dar. Auch wenn Hölderlin hier deutlich unterrepräsentiert ist, vermitteln die einzelnen Bände (besonders beachtenswert sind die unter dem Titel »Edition als Wissenschaft« (Beihefte zu editio 2. Tübingen 1991) Hans Zeller als Festschrift zugedachten Beiträge), doch in umfassender Weise Informationen und Kenntnisse zum Forschungsgebiet der Editionsphilolgie.

Eine aufschlußreiche Kontroverse ist im JdSG 33 (1989) 34 (1990) und 35 (1991) zum grundsätzlichen Sinn historisch-kritischer Editionen ausgetragen worden.

Einen allgemeinen Überblick zum Phänomen der »Genese literarischer Texte« in literaturwissenschaftlicher Hinsicht bietet der Sammelband von Axel Gellhaus (Hrsg.) unter dem Titel »Die Genese literarischer Texte. Modelle und Analysen« (Würzburg 1994). Der Band enthält eine sehr gute Auswahlbibliographie zum Themenkomplex Textgenese und Edition.

Zur Ausgabe Norbert v. Hellingraths

Henning Bothe: »Ein Zeichen sind wir, deutungslos«. Die Rezeption Hölderlins von ihren Anfängen bis zu Stefan George. Stuttgart u.a. 1992. S. 96-114.

Paul Hoffmann: Hellingraths ›dichterische‹ Rezeption Hölderlins. In: Hölderlin und die Moderne. Eine Bestandsaufnahme. Hrsgg. von Gerhard Kurz u. a. Tübingen 1995. S. 74-104 (Hoffmann bietet auch eine kritische Lektüre von Bothe (1992) und Wackwitz' Beitrag zur FHA aus dem Jahr 1990).

Heinrich Kaulen: Der unbestechliche Philologe. Zum Gedächtnis Norbert von Hellingraths (1888-1916). In: HJb 27 (1990/91) S. 182-209.

Bruno Pieger: Edition und Weltentwurf. Dokumente zur historisch-kritischen Ausgabe Norbert von Hellingraths. In: »Hölderlin entdecken: Lesarten 1826-1993«, gezeigt in der UB Tübingen v. 7. Juni bis 2. Juli 1993 anläßlich der Jahrestagung der Hölderlin-Gesellschaft, Tübingen 1993 (Schriften der Hölderlin-Gesellschaft Bd. 17) S. 57-114.

Zur Stuttgarter Ausgabe

Beda Allemann: Rezension der großen Stuttgarter Ausgabe. In: Anzeiger für deutsches Altertum und deutsche Literatur 69 (1956/57) S. 75-82.

Wilfried Barner: Friedrich Beißner zum Gedächtnis. In: Attempto 63/64/65 (1978/79) S. 248-250.

Friedrich Beißner: Aus der Werkstatt der Stuttgarter Hölderlin-Ausgabe. In: F.B.: Hölderlin. Reden und Aufsätze. Weimar 1961. S. 251-265.

Ders.: Bedingungen und Möglichkeiten der Stuttgarter Ausgabe. In: Theophil Frey (Hrsg.): Die Stuttgarter Hölderlin-Ausgabe. Ein Arbeitsbericht. Stuttgart 1942. S. 18-30.

Emery E. George: A Family of disputed Readings in Hölderlin's Hymn »Der Rhein«. In: MLR 61 (1966) S. 619-634 (unter dem Titel: »Gutes mehr/ Denn Böses findend. Eine Gruppe problematischer Lesarten in Hölderlins Rhein Hymne« ist eine vom Autor selbst übersetzte deutsche Fassung dieses für die argumentativen Grundlagen einer kritischen Auseinandersetzung mit der StA wichtigen Aufsatzes erschienen. In: LpH 4/5 (1980) S. 41-60.

Nils Kahlefels: »Im vaterländischen Geiste...« Stuttgarter Hölderlin-Ausgabe und Hölderlin-Gesellschaft (1938-1946). In: Hölderlin entdecken: Lesarten 1826-1993. Beiträge zu der Ausstellung »Hölderlin entdecken: Lesarten 1826-1993«, gezeigt in der UB Tübingen v. 7. Juni bis 2. Juli 1993 anläßlich der Jahrestagung der Hölderlin-Gesellschaft. Tübingen 1993 (Schriften der Hölderlin-Gesellschaft Bd. 17) S. 115-163.

Eduard Lachmann: Rezension der großen Stuttgarter Ausgabe. In: Wort und Wahrheit. Monatsschrift für Religion und Kultur. 7 (1952) S. 379-381.

Hans Pyritz: Der Hölderlin-Text. Zu Beißners Edition und zum Neudruck der Propyläen-Ausgabe. In: H. P.: Schriften zur deutschen Literaturgeschichte. Köln/Graz 1962. S. 158-191 (ursprünglich 1943).

Ders.: Die Stuttgarter Hölderlin-Ausgabe. In: Iduna 1 (1944) S. 225-230.

Ders.: Zum Fortgang der Stuttgarter Hölderlin-Ausgabe. In: HJb 1953. S. 80-105.

Zur Frankfurter Ausgabe

Wolfgang Binder: Votum zur Diskussion der Frankfurter Hölderlin-Ausgabe. In: HJb 19/20 (1975-77) S. 510-518.

Dieter Burdorf: Edition zwischen Gesellschaftskritik und »Neuer Mythologie«. Zur »Frankfurter Hölderlin-Ausgabe«. In: Hölderlin entdecken: Lesarten 1826-1993... Tübingen 1993 (Schriften der Hölderlin-Gesellschaft Bd. 17) S. 165-199.

Katharina Grätz: Editionskritik und Neuedition von Friedrich Hölderlins »Der Tod des Empedokles«. Der Weg zum Lesetext. Tübingen 1995, vgl. auch den Aufsatz von K.G. zur selben Thematik im HJb 28 (1992/93) S. 264-299..

Wolfgang Groddeck: Über Methode. Entgegnung auf D. Uffhausens Rezension des Elegienbandes. In: LpH 3 (1978) S. 35-54.

Wolfram Groddeck/Dietrich E. Sattler: Frankfurter Hölderlin-Ausgabe. Vorläufiger Editionsbericht. In: LpH 2 (1977) S. 5-19.

Gunter Martens: Textkonstitution in Varianten. Die Bedeutung der Entstehungsvarianten für das Verständnis schwieriger Texte Hölderlins. In: Jahrbuch für internationale Germanistik. Reihe A (Kongreßberichte) Band 11. Bern/Frankfurt a. M./Las Vegas 1981. S. 69-96.

Ders.: Texte ohne Varianten? Überlegungen zur Bedeutung der Frankfurter Hölderlin-Ausgabe in der gegenwärtigen Situation der Editionsphilologie. In: ZfdP 101 (1982) Sonderheft: Probleme neugermanistischer Edition. S. 43-64.

Dietrich E. Sattler: Friedrich Hölderlin »Frankfurter Ausgabe«. Editionsprinzipien und Editionsmodell. In: HJb 19/20 (1975-77) S. 112-130.

Ders.: Rekonstruktion des Gesangs. In: Jahrbuch für internationale Germanistik. Reihe A (Kongreßberichte) Bd. 11 Bern, Frankfurt a. M., Las Vegas 1981. S. 259-270.

Ders.: Axiomata editorialia. In: Edition als Wissenschaft. FS für Hans Zeller. Hrsgg. von Gunter Martens und Winfried Woesler. Tübingen 1991. S. 186-188, Beiheft zu editio 2 (die »Axiomata« sind in lateinischer Sprache abgefaßt!).

Ders.: Dossier. Frankfurter Hölderlin-Ausgabe. Dokumente 1972-1974. In: Text: kritische Beiträge / im Auftrag des Instituts für Textkritik e.V. Hrsgg. von Roland Reuß – Basel. Frankfurt a. M. 1995. S. 127-149.
Jochen Schmidt: »Eigenhändig aber verblutete er«. Zur Problematik moderner Übersetzungs-Editionen am Beispiel der Frankfurter Hölderlin-Ausgabe. In: JdSG 39 (1995) S. 230-249.
Gregor Thurmair: Anmerkungen zur Frankfurter Hölderlin-Ausgabe. In: HJb 22 (1980-81) S. 371-389.
Gregor Thurmair: Apriorität des Individuellen – ein neues Gedicht Friedrich Hölderlins? Ein Vergleich der Frankfurter mit der Stuttgarter Hölderlin-Ausgabe. In: JdSG 23 (1979) S. 250-275.
Dietrich Uffhausen: Der Wanderer. Anmerkungen zum Erstling der Frankfurter Hölderlin-Ausgabe. In: HJb 19/20 (1975-77) S. 519-554.
Stephan Wackwitz: Text als Mythos. Zur Frankfurter Hölderlin-Ausgabe und ihrer Rezeption. In: Merkur 44 (1990) S. 134-143.
Lioba Waleczek: »Doch Vergangenes ist, wie Künftiges heilig...«. Zur Editionsproblematik der Stuttgarter und Frankfurter Hölderlin-Ausgabe. Baden-Baden 1994.
Gerlinde Wellmann-Bretzigheimer: Zur editorischen Praxis im Einleitungsband der Frankfurter Hölderlin-Ausgabe. In: HJb 19/20 (1975-77) S. 476-509.

Zu Dietrich Uffhausens Ausgabe »Bevestigter Gesang«

Dieter Burdorf: Allzu »Bevestigter Gesang«. Zu Dietrich Uffhausens Edition von Hölderlins später Lyrik. In: Wirkendes Wort 40 (1990) S. 461-468.
Wolfram Groddeck: Über die »neu zu entdeckende Spätdichtung« Hölderlins. Oder »Bevestigter Gesang« in ruinöser Edition. In: HJb 27 (1990/91) S. 296-313.
Dietrich Uffhausen: »Bevestigter Gesang«. Hölderlins hymnische Spätdichtung in neuer Gestalt. In: Neue Wege zu Hölderlin. Hrsgg. von Uwe Beyer. Würzburg 1994. S. 323-345 (Uffhausen geht hier z.T. detailliert auf die Kritik von Dieter Burdorf ein).

Zu den beiden Werkausgaben von Jochen Schmidt und Michael Knaupp

Bernhard Böschenstein, Ulrich Gaier und Gerhard Kurz: Rezension der Hölderlin-Ausgaben von Jochen Schmidt und Michael Knaupp. In: HJb 29 (1994/95) S. 299-319
Wolfram Groddeck: Hölderlin: Neue (und alte) Lesetexte. Oder vom Eigensinn der Überlieferung. Text: kritische Beiträge/im Auftrag des Instituts für Textkritik e.V. Hrsgg. von Roland Reuß. Basel. Frankfurt a. M. 1995. S. 61-76.
Michael Knaupp: Zur Edition des Homburger Foliohetes in der Münchener Ausgabe. In: Hölderlin und Nürtingen. Hrsgg. von Peter Härtling und Gerhard Kurz. Stuttgart u.a. 1994. S. 203-212.

2. Institutionen, Hilfsmittel

Die Hölderlin-Forschung hat verschiedene *institutionelle* Hilfsmittel zur Verfügung, die mit der zunächst zu erwähnenden *Hölderlin-Gesellschaft* verbunden sind (zur Entstehungssituation s. S. 178f.). Die Gesellschaft ist ein organisatorischer Brennpunkt der Forschung, gibt alle zwei Jahre auf ihrer »Jahresversammlung« Gelegenheit zum Austausch neuer Forschungsergebnisse und -tendenzen und pflegt das »Hölderlin-Haus« in Tübingen, den Turm des Zimmer'schen Anwesens (s. S. 62), in dem Hölderlin von 1806 an gelebt hat. Durch wechselnde Beauftragte (im Moment sind es Bernhard Böschenstein und Ulrich Gaier) gibt sie außerdem das *Hölderlin-Jahrbuch* heraus, zentrales Forum der Sekundärliteratur. Das wichtigste organisatorische Hilfsmittel der Forschung ist das *Hölderlin-Archiv*, eine Dienststelle der Württembergischen Landesbibliothek in Stuttgart. Hier liegen sämtliche Hölderlin-Handschriften in Fotokopien, alle Ausgaben und die gesamte Sekundärliteratur (einschließlich von Zeitungsartikeln, Belletristik, ungedruckten Dissertationen, Vertonungen usw.): eine Anlaufstelle für Hölderlin-Interessierte aus aller Welt.

Der Schlagwort-Katalog des Archivs ist 1985 als *»Internationale Hölderlin-Bibliographie«* veröffentlicht worden, ihr erster Band bietet ein so gut wie vollständiges Verzeichnis der Veröffentlichungen über Hölderlin von 1804 bis 1983, durch ein Schlagwort-Verweissystem nach inhaltlichen Aspekten aufgeschlüsselt. Seit dem Zeitpunkt wurden bereits vier weitere umfangreiche Doppelbände der IHB herausgegeben (IHB/1984-88, IHB/1989-90, IHB/1991-92, IHB/1993-94), jeweils unterteilt in einen Erschließungs- und einen Materialband (vgl. auch Werner Paul Sohnle und Marianne Schütz: Ein System für Hölderlin. Die neue Hölderlin-Bibliographie: Was will und kann sie leisten? In: HJb 27 (1990/91) S. 274-295). Die Internationale Hölderlin-Bibliographie ist zugleich das Bestandsverzeichnis des Hölderlin-Archivs.

Ebenso wie die Bibliographie war im Rahmen der Stuttgarter Ausgabe ursprünglich ein Wörterbuch geplant gewesen. Nach dem Scheitern eines Tübinger Projekts liegen jetzt beide (in Abständen von 10 Jahren erschienenen) Bände des mit EDV erstellten *Aachener Hölderlin-Wörterbuchs* vor. Auf der Grundlage der Stuttgarter Ausgabe sind im ersten Teil alle in den Gedichten vorkommenden Wörter

– nach ihren Grundformen »lemmatisiert« – mit Kontext aufgeführt (1982). Der zweite Band bietet Entsprechendes zu Hölderlins »Hyperion« (1992).

Die Stuttgarter Ausgabe selbst, die vor allem in ihren biographisch-dokumentarischen Bänden ein hervorragendes Nachschlagewerk darstellt, ist seit 1985 abgeschlossen durch einen *Registerband,* den Ute Oelmann nach einem Exposé des verstorbenen Adolf Beck bearbeitet hat. Dieses Register macht die gesamte Information in den Erläuterungen der Stuttgarter Ausgabe nach verschiedenen Schlagworten zugänglich.

Von besonderer Bedeutung sind auch zwei im Rahmen der FHA entstandene Supplementbände. Die Faksimiles der Sammelhandschriften des *Homburger Foliohefies* (1986) und des *Stuttgarter-Foliobuches* (1989) bieten einen direkten Zugang zur Schrift und zu den Manuskripten Hölderlins.

Eine Übersicht darüber, wo die Handschriften Hölderlins liegen und wie sie auf uns gekommen sind, geben Johanne Autenrieth und Alfred Kelletat im *Katalog der Hölderlin-Handschriften.*

Forschungsberichte sind bis nach dem Zweiten Weltkrieg eine nützliche und hilfreiche Tradition gewesen; in den 20er Jahren erschienen sie vor allem in der »Deutschen Vierteljahrsschrift für Literaturwissenschaft und Geistesgeschichte«, später im Hölderlin Jahrbuch. Leider ist dieses Genre der Sekundärliteratur heute fast ausgestorben.

Johanne Autenrieth/Alfred Kelletat: Katalog der Hölderlin-Handschriften Stuttgart 1961 (Veröffentlichungen des Hölderlin-Archivs 3).

Internationale Hölderlin-Bibliographie (IHB). Hrsgg. vom Hölderlin-Archiv der Württembergischen Landesbibliothek Stuttgart. Erste Ausgabe 1804-1982, bearbeitet von Maria Kohler. Stuttgart 1985.

Internationale Hölderlin-Bibliographie (IHB). 1984-1988. Hrsgg. vom Hölderlin-Archiv der Württembergischen Landesbibliothek Stuttgart. Bearbeitet von Maria Schütz und Werner Paul Sohnle. Stuttgart 1991.

Internationale Hölderlin-Bibliographie (IHB). 1988-1990. Hrsgg. vom Hölderlin-Archiv der Württembergischen Landesbibliothek Stuttgart. Bearbeitet von Maria Schütz und Werner Paul Sohnle. Stuttgart 1992

Internationale Hölderlin-Bibliographie (IHB). 1991-1992. Hrsgg. vom Hölderlin-Archiv der Württembergischen Landesbibliothek Stuttgart. Bearbeitet von Maria Schütz und Werner Paul Sohnle. Stuttgart 1994.

Internationale Hölderlin-Bibliographie (IHB). 1993-1994. Hrsgg. vom Hölderlin-Archiv der Württembergischen Landesbibliothek Stuttgart. Bearbeitet von Maria Schütz und Werner Paul Sohnle. Stuttgart 1996.

Die aufwendige Verzeichnisweise sämtlicher Publikationen (auch solcher, in denen das Schlagwort nur am Rande Bedeutung hat) und die akribische Erfassung aller Rezensionen auch im Bereich der internationalen Rezeption ist in der Forschung nicht ganz unumstritten, denn sie führt dazu, daß vergleichsweise kurze Zeiträume unübersichtlicher werden, als sie es tatsächlich sind. Helmut Riege hat in einer Kurzrezension (Germanistik, 1994, S. 888f.) darauf aufmerksam gemacht, daß die immense Zahl von 2201 Titeln für einen Bearbeitungszeitraum von zwei Jahren (1990/91) gegenüber anderen Autoren unverhältnismäßig groß sei; so umfasse die Goethebibliographie für die gleichen Jahre beispielsweise nur 807 Titel.

Mit Band 28 (1992/93) des HJb werden solche Forschungsbeiträge und Studien, die nicht im HJb erschienen sind bzw. nicht in der Germanistik besprochen wurden, durch eine nun regelmäßig geplante Rubrik »Forschung außer Hause« dokumentiert; Inhalt und Zielsetzung der Publikationen verdeutlichen Abstracts der Verfasser/innen.

Hölderlin-Archiv und Wörterbuch

Gerhard Kurz: Hölderlin 1943. In: Hölderlin und Nürtingen. Hrsgg. von Peter Härtling und G. K. Stuttgart u.a. 1994, bes. S. 118-128.

Irene Koschlig-Wiem: Das Hölderlin-Archiv. In: Theophil Frey (Hrsg.): Die Stuttgarter Hölderlin-Ausgabe. Ein Arbeitsbericht. Stuttgart 1942. S. 45-52.

Liselotte Lohrer: Hölderlin-Ausgabe und Hölderlin-Archiv. Entstehung und Geschichte. In: In libro humanitas. Festschrift für Wilhelm Hoffmann. Stuttgart 1962 S. 289-314.

Theodor Pfizer: Die Hölderlin-Gesellschaft. Anfänge und Gegenwart. In: HJb 21 (1978/79) S. 14-35.

Werner Paul Sohnle: »Un certain Elderlin«. Maria Kohler und das Hölderlin-Archiv. In: HJb 25 (1986/87) S. 390-396.

Wörterbuch zu Friedrich Hölderlin. Auf der Grundlage der Großen Stuttgarter Ausgabe. *Erster Teil:* Die Gedichte. Bearbeitet von Martin Dannhauer, Hans Otto Horch und Klaus Schuffels in Verbindung mit Manfred Kammer und Eugen Rüter. Tübingen 1983 (Indices zur deutschen Literatur Bd. 10/11). *Zweiter Teil:* Hyperion. Bearbeitet von Hans Otto Horch u.a. in Verbindung mit Doris Vogel und Hans Zimmermann. Tübingen 1992 (Indices zur deutschen Literatur Bd. 19).

Forschungsberichte (aufgeführt nach der Chronologie des Erscheinungsdatums)

Rudolf Unger: Ältere Romantik, Hölderlin, Jean Paul. Literaturbericht 1910-11. In: Zeitschrift für den deutschen Unterricht. 25 (1911) S. 769-782.

Ders.: Ältere Romantik und Hölderlin. 1913-18. In: Zeitschrift für Deutschkunde 34 (1920) S. 80-93.

Emil Lehmann: Hölderlin-Schriften. In: Euphorion 24 (1922) S. 213-220.
Rudolf Unger: Romantik. Literaturbericht 1923-24. In: Zeitschrift für Deutschkunde 39 (1925) S. 147-152.
Adolf von Grolman: Die gegenwärtige Lage der Hölderlinliteratur. Eine Problem- und Literaturschau. 1920-1925. In: DVjs 4 (1926) S. 564-594.
Rudolf Unger: Romantik 1924-1926. In: Zeitschrift für Deutschkunde 41 (1927) S. 225-243.
Adolf von Grolman: Das Hölderlinbild der Gegenwart. In: JFDH 18 (1929) S. 59-98.
Friedrich Seebaß: Neue Hölderlin-Literatur. Ein Forschungsbericht. In: GRM 19 (1931) S. 26-46.
Paul Böckmann: Die neuere Hölderlin-Literatur. In: Zeitschrift für deutsche Bildung 8 (1932) S. 268-274.
Johannes Hoffmeister: Die Hölderlinliteratur von 1926 bis 1933. Ein Bericht. In: DVjs 12 (1934) S. 613-645.
Rudolf Unger: Deutsche Romantik. In: Zeitschrift für Deutschkunde 52 (1938) S. 250-258.
Heinz Otto Burger: Die Entwicklung des Hölderlin-Bildes seit 1933. In: DVjs 18 (1940) Referatenheft. S. 101-122.
Hermann Pongs: Hölderlin-Forschung. In: Dichtung und Volkstum (Neue Folge des »Euphorion«) 43 (1943) S. 224-250.
Emil Staiger: Hölderlin-Forschung während des Krieges. In: Trivium 4 (1946) S. 202-219.
Adolf Beck: Die Hölderlin-Forschung in der Krise 1945-1947. In: HJb 3 (1948/49) S. 211-240.
Adolf Beck: Das neueste Hölderlin-Schrifttum 1947-48. In: HJb 4 (1950) S. 147-175.
Ders.: Das Schrifttum über Hölderlin 1948-1951. In: HJb 6 (1952) S. 126-154.
Walter Bröcker: Neue Hölderlin-Literatur. In: Philosophische Rundschau 3 (1955) S. 1-14.
Heinz Otto Burger: Die Hölderlin-Forschung der Jahre 1940-1955. In: DVjs 30 (1956) S. 329-366.
Alfred Schlagdenhauffen: Publications récentes sur Hölderlin. In: Études germaniques 16 (1961) S. 253-259, in: É.g. 18 (1963) S. 200-207 und in: É.g. 21 (1966) S. 68-74.
Cyrus Hamlin: Hölderlin in perspective: 1770-1970: In: Seminar 7 (1971) S. 123-143.
Louis Arnold Wiesmann: Neuerscheinungen über Hölderlin. In: Wirkendes Wort 25 (1975) S. 152-155.
Thomas Metscher: Shelley und Hölderlin. Zur Kritik bürgerlicher Literaturwissenschaft. In: Gulliver 1 (1976) S. 44-70.
Christoph Jamme: »Ungelehrte« und gelehrte Bücher. Literaturbericht über das Verhältnis von Hegel und Hölderlin. In: ZfpF 35 (1981) S. 628-645.
Peter Howard Gaskill: Some recent trends in Hölderlin criticism. In: German life and letters 36 (1982/83) S. 116-181.

Sture Packalén: Zum Hölderlin-Bild in der Bundesrepublik und der DDR. Anhand ausgewählter Beispiele der produktiven Hölderlin-Rezeption. Stockholm 1986 (zugl. Mss. Diss. Uni. Uppsala 1986).
Günter Mieth: Neuere Literatur über Hölderlin. In: Zeitschrift für Germanistik (Leipzig) 8 (1987) S. 79-86.
Forschung außer Hause 1990-1991. Abstracts. In: HJb 28 (1992/93) S. 303-316.
Dieter Burdorf: Hölderlins späte Gedichtfragmente: »Unendlicher Deutung voll«. Stuttgart u.a. 1993. S. 106-119.
Forschung außer Hause 1992-1993. Mit Nachträgen 1990-91. Abstracts. In: HJb 29 (1994/95) S. 323-351.
Jürgen Scharfschwerdt: Friedrich Hölderlin. Der Dichter des ›Deutschen Sonderweges‹. Stuttgart u.a. 1994. S. 24-43.

Zu verweisen ist außerdem auf das Standardwerk zur Forschungsgeschichte von *Alessandro Pellegrini:* Hölderlin. Sein Bild in der Forschung. Berlin 1965, wo die Literatur bis 1961 berücksichtigt ist.

3. Leben

»Eine neue Welt schien damals zu entstehen und Menschen mit neuen Lebensmöglichkeiten hervorzubringen, doch das alte, noch fortdauernde Leben war so beschaffen und solche Wege schlug auch das neue ein, daß für seine besten Söhne kein Platz in ihm zu finden war.«

(Georg Lukács: Zur romantischen Lebensphilosophie: Novalis)

Lauffen, Nürtingen (1770-1784)

Hölderlin stammt aus der württembergischen »Ehrbarkeit«, einer wohlhabenden Schicht landstädtischen Bürgertums, die den größten Teil der Funktionäre in Kirche und Verwaltung des Herzogtums stellte. 1514 hatte sie sich im »Tübinger Vertrag« einen Katalog für die Zeit sehr weitgehender Freiheiten und Mitspracherechte ausstellen lassen, die der Herzog angesichts der Bauernaufstände des »Armen Konrad« im Remstal und seiner horrenden Schulden wohl oder übel gewähren mußte.

Seither partizipierte die Ehrbarkeit als stiller Teilhaber an der absolutistischen Macht und bildete – vielfach versippt und verschwägert – das Rückgrat der württembergischen Exekutive. Ihre Mitglieder waren überwiegend akademisch gebildet – die württembergischen Herzöge hatten auf ihre Schulen und Hochschulen immer großen Wert gelegt. Überhaupt ist die Ehrbarkeit ein historisch bemerkenswertes Reservoir für Begabungen der verschiedensten Art gewesen – in diesem Zusammenhang sei auch die genealogische Denkwürdigkeit erwähnt, daß Hölderlin, zusammen mit Schiller, Schelling, Mörike und vielen anderen schwäbischen Intellektuellen die »schwäbische Geistesmutter« Regina Bardili (1599-1669) zu seinen leiblichen Vorfahren zählt.

Bildete der Tübinger Vertrag und das durch ihn begründete »Alte Recht« die politische Grundlage des Herzogtums, so wurde das kirchliche Leben dirigiert durch die »Große Kirchenordnung« von 1559, die auch das kirchliche Bildungswesen regelte, das für Hölderlins Lebensweg so wichtig werden sollte. Die württembergische Frömmigkeit im 18. Jh. war geprägt durch den Pietismus, eine wie der Jansenismus in Frankreich und das englisch-amerikanische Quäkertum im 17. Jh. entstandene Innerlichkeitsbewegung, die den absolutistischen »Staatskirchen« ein persönliches, oft mystisch gefärbtes Verhältnis zu Gott entgegensetzte, sich in unabhängigen Konventikeln versammelte und durch ihre Methoden der Gewissenserforschung und Gefühlsanalyse einen großen Einfluß auf die entstehende literarische Bürgerkultur ausübte. Hölderlins Eltern repräsentieren den kirchlichen und den weltlichen Flügel der Ehrbarkeit. Der Vater, Heinrich Friedrich Hölderlin, war Jurist und herzoglicher Beamter. Als »Klosterhofmeister« verwaltete er die Ländereien eines ehemaligen Klosters in Lauffen am Neckar, an der nördlichen Peripherie des Herzogtums. Die Mutter, Johanna Christina, geborene Heyn, stammte aus einer Pfarrersfamilie. Am 20. März 1770 kam Johann Christian Friedrich Hölderlin im Lauffener Klosterhof zur Welt.

Schon zwei Jahre später starb der Vater an einem Schlaganfall. 1774 ging die Witwe eine zweite Ehe ein, mit einem Freund ihres verstorbenen Ehemanns, Johann Christoph Gok. Gok war in Lauffen Schreiber gewesen und dann nach Nürtingen gegangen, wo er in der Kommunalregierung Karriere machte; 1776 wurde er Bürgermeister der Stadt. Auch der zweite Ehemann der Mutter starb früh; der junge Bürgermeister erkältete sich bei den Bergungsarbeiten in einer Hochwasserkatastrophe und erlag 1779 einer Lungenentzündung.

Während seiner neun ersten Lebensjahre hatte Hölderlin damit – wie bewußt auch immer – zweimal den Tod seines Vaters erlebt; dazu kommt, daß mehrere Geschwister noch als Kleinkinder starben. Vor allem der Tod seines Stiefvaters scheint ihn traumatisiert zu haben (VI, 1; 333) – mit diesem Trauma mag seine lebenslange Sehnsucht nach einer Vatergestalt zusammenhängen (besonders die Beziehung zu Schiller belegt diese Seite seiner Persönlichkeit) sowie seine innere Abhängigkeit von der Mutter, die den Jungen jetzt allein erzog. Nach dem Tod ihres zweiten Mannes blieb Frau Gok Witwe, bewohnte zusammen mit ihrer Mutter und ihren Kindern (neben Friedrich also mit seiner Schwester Heinrike und seinem Stiefbruder Karl Gok) ihr Nürtinger Haus und verlieh Gelder aus dem Hölderlinschen Erbe, das beträchtlich gewesen war. Friedrich hatte sie dem Pfarramt bestimmt.

Denkendorf, Maulbronn (1784-1788)

Der Königsweg für eine kirchliche Karriere verlief in Württemberg vom 16. bis weit ins 20. Jh. über die Klosterschulen (später

»Evangelisch-theologische Seminare« genannt) und das Tübinger Stift, Institutionen, die noch heute bestehen. Die Klosterschulen nahmen jeweils um die 30 Schüler auf, die zuvor im sogenannten Landexamen ihre besondere Begabung unter Beweis gestellt hatten. Gegen die Verpflichtung, später in den Dienst der württembergischen Kirche zu treten, erhielten sie hier und später im Stift kostenlos eine besonders sorgfältige Erziehung, die nicht nur auf Kenntnisse (vor allem in den Alten Sprachen, der Theologie und der Predigtlehre) abzielte, sondern auch auf Frömmigkeit und Loyalität gegenüber Herzog und Kirche. Das Schulleben in Denkendorf, wo Hölderlin 1784 aufgenommen wurde, war ziemlich streng, liberaler in Maulbronn, wohin sein Jahrgang nach zwei Schuljahren vorrückte.

Schon in seiner Schulzeit begann Hölderlin, Gedichte zu schreiben. Von der schulischen Obrigkeit wurde das nicht ungern gesehen, auch im Zeugnis vermerkt; erbauliche Gedichte waren eine wichtige Gattung des Pietismus und wurden bei Familienfeiern und anläßlich sonstiger wichtiger Ereignisse gern und von jedermann gemacht und vorgetragen.

Beim jungen Hölderlin fällt von Anfang an ein erstaunlicher dichterischer Ehrgeiz auf, der über die pietistische Gedichtkultur seiner Umgebung hinausweist auf die heute nur noch schwer nachvollziehbare Bedeutung, die die Literatur im 18. Jh. für das sich formierende bürgerliche Selbstbewußtsein hatte. Das deutsche Bürgertum betrat die geschichtliche Bühne kulturell, vor allem literarisch – für besonders anerkennungsbedürftige Naturen, zu denen Hölderlin ganz offensichtlich zählte, bot das Möglichkeiten der Selbstdarstellung und -überhöhung, die aus der heutigen Vorstellung vom Literarischen völlig verschwunden sind (Karl Philipp Moritz zeichnet diese psychologische Dynamik in seinem Roman »Anton Reiser« nach). In der Ode »Mein Vorsatz« (1787) treten Pindar und Klopstock nicht einfach als literarische Vorbilder auf, sondern als Träger eines in heroischem Ton besungenen Ruhmes, dem es nachzueifern gilt. Als sei sie eine historische Großtat, wird Poesie zum Prüfstein der »Männervollkommenheit« (I, 1; 28) oder zum öffentlichen Akt wie bei der Überreichung eines Gedichts an die Herzogin Franziska, die 1786 die Klosterschule Maulbronn besuchte.

Die Bedeutung der Literatur für das sich entwickelnde Selbstbild des 14-18jährigen Klosterschülers zeigt auch die Korrespondenz mit den Freunden, etwa mit dem Leonberger Stadtschreiber Immanuel Nast, in denen er sein Leben und seine Person in den burschikosen sprachlichen Formen des Sturm und Drang stilisiert, oder die Briefe an dessen Cousine Luise Nast, die »Stella« seiner Jugendlyrik und zeitweilige Verlobte, in denen er seine Gefühle in den Formeln der Empfindsamkeit ausdrückt.

Gegen Ende der Maulbronner Zeit tauchen in Hölderlins Briefen Zweifel an seiner Eignung und Neigung zum geistlichen Beruf auf – freilich in der Form, daß Hölderlin seiner Mutter beteuert, diese Anwandlungen seien inzwischen überwunden (VI, 1; 13). Jura scheint der eigentliche Studienwunsch Hölderlins gewesen zu sein – wohl deshalb, weil ein juristischer Beruf mehr innere und äußere Freiheit bot als das provinzielle Landpfarrerleben. Frau Gok hat zeitlebens gegen solche Freiheitswünsche ihres Sohnes ihren beträchtlichen Einfluß auf ihn geltend gemacht und damit einen (stets latenten) Dauerkonflikt provoziert. Hölderlin ist den Wünschen seiner Mutter, die ihn mit einer respektablen Pfarre und einer frommen Frau ausgestattet sehen wollte, nie wirklich nachgekommen, er hat seine eigenen Pläne – die später wohl hinausliefen auf eine Existenz als freier Schriftsteller – jedoch auch nur unter schweren Schuldgefühlen verfolgen können – vielleicht einer der Gründe dafür, daß er sie nie verwirklicht hat. Die Korrespondenz mit der Mutter dokumentiert eine gegenseitige ambivalent aufgeladene Abhängigkeit. Ihr Generalthema ist Hölderlins Rechtfertigung seiner Vorstellungen und Ideale, die sich von der geistigen Welt der Ehrbarkeit denkbar weit entfernt hatten und die er erklärt, interpretiert und vergeblich mit der Sphäre der Mutter in Einklang zu bringen versucht. Übrigens hat diese Auseinandersetzung einen materiellen Hintergrund, der freilich nie anders als in Andeutungen zum Ausdruck kommt, nämlich das Hölderlinsche Erbe, aus dem die Mutter ihm zwar gelegentlich kleinere Summen auszahlte, das sie ihrem Sohn aber nie zur Verfügung gestellt hat, worauf er eigentlich Anspruch gehabt und was ihm den Lebenswunsch erfüllt hätte, sich auf seine Dichtung konzentrieren zu können.

Tübingen (1788-1793)

Hölderlins Studienzeit im Tübinger Stift fällt in die ersten Jahre einer der fruchtbarsten Perioden der Literatur- und Philosophiegeschichte überhaupt. Angeregt durch den schockartigen Impuls der Französischen Revolution (die, anders als etwa die Oktoberrevolution oder heutige Revolutionen, ja keine vergleichbare Vorgängerin hatte) entstanden im politisch windstillen Deutschland in etwas mehr als einem Jahrzehnt philosophische und poetische Werke, die die deutsche intellektuelle Szene für lange Zeit zur Avantgarde der internationalen Theorieentwicklung machten. Friedrich Schlegel bezeichnete in seinem berühmten Athenäumsfragment 216 die Revolution, Fichtes »Wissenschaftslehre« und Goethes »Meister« als die »größten Tendenzen des Zeitalters«.

Ein geradezu religiöses Verhältnis zur Revolution, in dem chiliastische Elemente der pietistischen Frömmigkeit deutlich mitschwingen, zeigt sich in den Reaktionen der Stiftler. »Eine erhabene Rührung hat in jener Zeit geherrscht, ein Enthusiasmus des Geistes hat die Welt durchschauert, als sey es zur wirklichen Versöhnung des Göttlichen mit der Welt [...] gekommen« – diese spätere Beschreibung Hegels (in den »Vorlesungen über die Philosophie der Geschichte«, Werke 12, S. 529) scheint das Klima der frühen 90er Jahre in Tübingen wiederzugeben. Der politische Befreiungsschlag im Nachbarland löste auch in Württemberg eine Springflut lang gestauter Aufsässigkeit und Kreativität aus. Die Stiftler versammelten sich in revolutionär gestimmten Bünden und Kränzchen, wo sie den Jahrestag des Bastillesturms feierten und »jakobinische« Stammbucheinträge austauschten. Kants kritische Philosophie vor allem diente ihnen als Waffe beim Angriff auf die politischen Verhältnisse des Herzogtums, die autoritäre Stiftsordnung und die protestantische Orthodoxie. Hölderlin las in dieser Atmosphäre neben Kant auch Leibniz, Jacobi und Spinoza und entnahm ihnen antiorthodoxe Elemente, die ihn in solchen revolutionären Stimmungen bestärkten.

Mit Christian Ludwig Neuffer und Rudolf Magenau traf er sich in einem dichterischen Bund nach dem Vorbild von Klopstocks »Gelehrtenrepublik« zu »Aldermannstagen«, wo die Freunde einander ihre Gedichte vorlasen und sich als Teil einer »unsichtbaren streitenden Kirche« (VI, 1; 185) demokratisch enthusiasmierter Jünglinge fühlten, denen zu Beginn des Jahrzehnts die Zukunft zu gehören schien: »Reich Gottes« hieß die Losung, mit der sich Hölderlin 1793 von Hegel verabschiedete (VI, 1; 126) – neben Schelling, den er schon von der Nürtinger Lateinschule kannte, ein weiterer enger Freund aus der Stiftszeit. Die hymnische Dichtung der Tübinger Zeit ist in ihrer Verbindung philosophisch-politischer Prophetie mit dem begeisterten Gemeinschaftsgefühl einer heimlichen Elite aus dem Selbstbewußtsein solcher jugendlicher Freundschaftsbünde zu verstehen.

Schon in dieser Zeit spielen die Vorstellungen der Einheit, der Vereinigung, der Liebe eine Schlüsselrolle in Hölderlins Denken (philosophisch-systematisch werden diese Motive allerdings erst später ausgearbeitet). Schon Hölderlins frühe Tübinger Utopie- und sein Lebenswerk ist erfüllt mit »utopischen Bildern freien Lebens« (Kurz, 1975, S. 203) – orientiert sich an der Vorstellung gewaltlosen Austauschs zwischen den Menschen und mit der Natur. Die Vereinigungsphilosophie, die in Hölderlin einen ihrer bedeutendsten Vertreter hat, steht in bestimmten philosphiegeschichtlichen Traditionen und ermöglichte ihm in der idealistischen Debatte am Ende des 18. Jh.s eine eigenständige Position (s. S. 86f.). Es liegt jedoch auch nahe, sein Interesse für diese Tradition mit seiner Biographie in Verbindung zu bringen: mit den frühen und traumatischen Trennungen durch die Todesfälle in seiner Kindheit, mit der (darauf reagierenden) symbiotischen Mutterbindung, mit Verschmelzungs- und Überflutungserlebnissen, wie sie für die Psychologie narzißtischer Persönlichkeiten typisch sind (Laplanche, 1975) und im Vorfeld psychotischer Erkrankungen auftreten.

Der Herzog, dessen Herrschaft durch die Revolutionsereignisse freilich nicht unmittelbar bedroht war, versuchte ebenso wie die übrigen deutschen Potentaten, die Unruhe in allen Schichten seiner Untertanen zu steuern durch eine gewisse Anpassung an den Zeitgeist einerseits, autoritäre Sicherung der absolutistischen Machtbasis andererseits. Daß im Stift, der Eliteschule seiner Landeskirche, die neuen Ideen derart um sich griffen, bereitete ihm Sorge. Seit 1789 besuchte er das Stift regelmäßig, war bei Prüfungen anwesend, belohnte die Besten in der »Lokation«, der ständig geführten und veränderten Rangliste der Zöglinge und warf 1792 sogar höchstselbst die Pfeifen zweier Stipendiaten aus der französischen Exklave Mömpelgard zum Fenster hinaus, weil diese die Frechheit besessen hatten, sich während eines seiner Besuche auf ihrer Stube einzuschließen, »zum Fenster hinaussehend und Tabak rauchend« (VII, 1; 429) – eine Episode, die für sein humoristisch-patriarchalisches Regime bezeichnend wirkt. 1790 verfügte er die Ausarbeitung neuer Stiftsstatuten, die die Studenten stärker an die Kandare nehmen sollten.

Für Hölderlin und seine Freunde hatten die Eingriffe des Herzogs in das Stiftsleben wenig Lustiges, zumal mit Carl Eugen im Ernstfall durchaus nicht zu spaßen war – das Schicksal Schubarts (den Hölderlin 1789 besucht hat) illustriert die unberechenbare Brutalität, zu der er Opponenten gegenüber fähig war. In einer Zeit, in der eine zerbrechende Lebensform den Blick auf völlig neue Möglichkeiten freigab, wurden die Zöglinge in ein zwanghaft konserviertes Ausbildungssystem gepreßt, das zudem nur als die erste Stufe in einem lebenslangen Dienst- und Abhängigkeitsverhältnis gedacht war. Dieser »Druk« des »Stipendiums« (VI, 1; 54) erzeugte eine allgemeine Stimmung der Unzufriedenheit und Rebellion. Hölderlin klagte in Briefen über Depressionen, diffuse, wohl psychosomatische Beschwerden und quälende Stimmungsschwankungen (VI, 1; 56). Er bat die Mutter noch einmal, Jura studieren zu dürfen (VI, 1; 47) und ließ sich noch einmal dazu überreden, das Theologiestudium zu beenden. Allerdings beschloß er in Tübingen auch, seine intellektuell-literarischen Ambitionen zumindest vorläufig über die Wünsche seiner Mutter zu stellen (seit 1791 waren die ersten Gedichte gedruckt worden und hatten ihm eine gewisse Reputation verschafft). Anstatt gleich nach dem Studium eine Vikarsstelle anzutreten und zu heiraten, wollte Hölderlin zuerst noch »Hofmeister« werden oder weiterstudieren, am liebsten in Jena, dem Zentrum der progressiven Philosophie- und Literaturbewegung (VI, 1-90). Er löste die Verlobung mit Luise Nast und begründete ihr diese Entscheidung mit seinem intellektuellen Ehrgeiz und seinen literarischen Plänen (VI, 1; 51); an die Mutter schrieb er, er könne sich überhaupt nicht vorstellen, sich in absehbarer Zukunft als Pfarrer und Ehemann zu etablieren (VI, 1; 68). Nach dem Examen konkretisierte sich zunächst das Hofmeisterprojekt. Durch die Vermittlung Gotthold Stäudlins, seines ersten literarischen Förderers, lernte Hölderlin Schiller kennen, dessen Empfehlung ihm eine Stelle bei Charlotte von Kalb auf Schloß Waltershausen im unterfränkischen Grabfeld verschaffte.

Literatur

Zum jungen Hölderlin allgemein

Johannes Allmendinger: Hölderlins Jugendjahre. In: Etudes germaniques 8 (1953) S. 6-11.

Adolf Beck: Aus der Umwelt des jungen Hölderlin. Stamm- und Tagebucheinträge. In: HJb 2 (1947) S.18-46.

Angelika Beck: »Der Bund ist ewig«. Zur Physiognomie einer Lebensform im 18. Jahrhundert. Erlangen 1982.

Anja Benscheidt: Nürtinger Lebenswelten. Alltagskultur in einer württembergischen Kleinstadt zur Zeit Hölderlins. In: Hölderlin und Nürtingen. Hrsgg. von Peter Härtling und Gerhard Kurz. Stuttgart u.a. 1994. S. 31-47.

Joseph Claverie: La jeunesse d'Hoelderlin jusq' au roman d'Hyperion. Paris 1921.

Walter Dierauer: Hölderlin und der spekulative Pietismus Württembergs. Gemeinsame Anschauungshorizonte im Werk Oetingers und Hölderlins. Diss. Mss. Zürich 1986.

Peter Härtling und Gerhard Kurz (Hrsg.): Hölderlin und Nürtingen, Stuttgart, Weimar 1994. Schriften der Hölderlin-Gesellschaft Bd. 19. (Der Band ist Dokumentation einer außerordentlichen Jahresversammlung der Hölderin-Gesellschaft zum Gedenken von Hölderlins 150. Todestag).

Heinrich Hirblinger: Widmungsgedichte und Freundschaftsbund. Hölderlins Lyrik im politischen und sozialen Kontext seiner Zeit. Gauting 1979.

Erwin Hölzle: Das alte Recht und die Revolution. Eine politische Geschichte Württembergs in der Revolutionszeit 1789-1805. München/Berlin 1931.
Götz Eberhard Hübner: Vaterländische Prozeßfiguration und dichterisches Prozeßverhalten in Hölderlins »Francisca«-Ode. Ein philologischer Versuch. In: HJb 18 (1973/74) S. 62-96 (Teil 1) und in: HJb 19/20 (1975-77) S. 156-211 (Teil 2).
Julius Klaiber: Hölderlin, Hegel und Schelling in ihren schwäbischen Jugend-Jahren. Stuttgart 1877 (Frankfurt a. M. 1981).
Peter Lahnstein: Hölderlins Heimatstaat. In: HJb 18 (1973/74) S. 49-61.
Gerhard Schäfer: Der spekulative württembergische Pietismus als Hintergrund für Hölderlins Dichten und Denken. In: Hölderlin: Christentum und Antike. Hrsg. von Valérie Lawitschka. Tübingen 1991. S. 46-78 (Turm-Vorträge 1989/90/91).
Ders.: Non ad omnes, ad nullos quidem pertines. Der Spekulative Pietismus im Württemberg des 18. Jahrhunderts. In: Pietismus und Neuzeit. Ein Jahrbuch zur Geschichte des neueren Protestantismus 19 (1993) S. 24-55.
Ders.: Der spekulative württembergische Pietismus des 18. Jahrhunderts – Systeme und Ausstrahlung. In: Hölderlin und Nürtingen. Hrsgg. von Peter Härtling und Gerhard Kurz. Stuttgart u.a. 1994. S. 48-78.
Robert Schneider: Schellings und Hegels schwäbische Geistesahnen. Würzburg 1938.
Roy C. Shelton: The young Hölderlin. Bern/Frankfurt a. M. 1973.
Friedrich Siegmund-Schultze: Der junge Hölderlin. Analytischer Versuch über sein Leben und Dichten bis zum Schluß des ersten Tübinger Jahres. Breslau 1939.
Emil Staiger: Der Geist der Liebe und das Schicksal. Schelling, Hegel und Hölderlin. Frauenfeld/Leipzig 1935.

Kindheit, Familie, Genealogisches

Eberhard Benz: Nürtingen zur Zeit des jungen Hölderlin. In: Nürtingen und Friedrich Hölderlin. Nürtingen 1971. S. 51-72.
Reinhard Breymayer: Ein unbekanntes Gedicht Friedrich Hölderlins in einer Sammlung württembergischer Familiengedichte. In: Blätter für württembergische Kirchengeschichte 78 (1978) S. 73-145.
Ders.: Neuentdeckte Dokumente zu Hölderlins Leben und Umkreis. In: HJb 21 (1978/79) S. 246-283.
Eva Carstanjen: Hölderlins Mutter. Biographische Fakten. In: HJb 22 (1980/81) S. 357-360.
Dies.: La mère de Hölderlin. Mss. Diss. Paris 1980.
Dies.: Hölderlins Mutter. Untersuchungen zur Mutter-Sohn-Beziehung (=Literarhistorische Untersuchungen Bd. 10). Frankfurt a. M. u.a. 1987.
Hansmartin Decker-Hauff: Friedrich Hölderlins Vorfahren. In: 50 Jahre Familienforschung in Südwestdeutschland. Stuttgart 1970. S. 26-29.

Wulf Erbe: Die Familie Gok aus dem Raum Öhringen. Zur Abstammung von Hölderlins Stiefvater Johann Christoph Gok und zum Entstehen des schlesischen Zweiges. In: Archiv für Sippenforschung 42 (1976) S. 461-474.
Wilhelm Michel: Hölderlins Mutter. In: W. M.: Hölderlins Wiederkunft. Wien 1943. S. 203-219.
Ernst Müller: Heinrich Friedrich Hölderlin, Vater des Dichters. Ein altwürttembergischer Landbeamter. In: Zeitschrift für württembergische Landesgeschichte 6 (1942) S. 414-473.
Hanns Wolfgang Rath: Regina, die schwäbische Geistesmutter. Ludwigsburg/Leipzig 1927 (neu bearbeitet, ergänzt und erweitert durch Hansmartin Decker-Hauff. Limburg/Lahn 1981).
Ders. u. Else Rath-Höring: Ahnengeschichte Hölderlins. Aus dem Nachlaß übertragen und mit neueren Forschungen ergänzt von Hanns-Wolfgang Kress. Limburg 1989 (Forschungen zur deutschen Ahnenkultur).
Barbara Vopelius-Holtzendorff: Familie und Familienvermögen Hölderlin-Gok. Vorstudie zur Biographie Friedrich Hölderlins. In: HJb 22(1980/81) S. 333-356.
Dies.: Friedrich Hölderlin und das Geld. In: Kürbiskern (1980) Nr. 2, S. 139-159.

Zu den Klosterschulen

Julius Eitle: Der Unterricht in den einstigen württembergischen Klosterschulen von 1556-1806. Berlin 1913 (3. Beiheft zu: Zeitschrift für Geschichte der Erziehung und des Unterrichts in Württemberg).
Gustav Lang: Geschichte der württembergischen Klosterschulen von ihrer Stiftung bis zu ihrer endgültigen Verwandlung in evangelisch-theologische Seminare. Stuttgart 1938.
Friedhelm Nicolin: Zu Hölderlins Bildungsgang. Dokumente-Hinweise-Berichtigungen. In: HJb 16 (1969/70) S. 228-253.
Hermann Niethammer: Des Seminaristen Friedrich Hölderlin Reise von Maulbronn in die Pfalz vom 1. bis 6. Juni 1788. In: Tübinger Blätter 38 (1951) S. 24-34.
Christian Gottlieb Wunderlich: Die ehemaligen Klosterschulen und die jetzigen niederen evangelischen Seminarien in Württemberg. Stuttgart 1833.
F. Roland Varwig: Rhetorik und Sprachunterricht im Umkreis des jungen Hölderlin. In: Härtling/Kurz (Hrsg.): Hölderlin und Nürtingen. Stuttgart u.a. 1994. S. 152-174.

Zur Zeit im Stift

Willy Bauer: Christian Ludwig Neuffer. Heidelberg 1931.
Adolf Beck: »Die holde Gestalt«. Zur biographischen Erläuterung zweier Briefe Hölderlins. In: HJb 7 (1953) S. 54-62.

Ders.: Ein Stiftler aus dem Kreise Hölderlins und Hegels. In: Die Pforte 2 (1950) S. 749-757 (zu Karl Christoph Renz).
Ders.: Hölderlin und das Stift im November 1789. In: Glückwunsch aus Bebenhausen. Wilhelm Hoffmann zum fünfzigsten Geburtstag. Stuttgart 1951. S. 18-33.
Ders.: Der Tübinger Freiheitsbaum 1793. Eine Legende. In: Schwäbische Heimat 29 (1978) Nr. 3, S. 152-158.
Walter Betzendörfer: Hölderlins Studienjahre im Tübinger Stift. Heilbronn 1922.
Martin Brecht: Die Anfänge der idealistischen Philosophie und die Rezeption Kants in Tübingen (1788-1795). In: Beiträge zur Geschichte der Universität Tübingen 1477-1977 (Hrsgg. von Hansmartin Decker-Hauff) Tübingen 1977. S. 381-428.
Ders.: Die Entwicklung der Alten Bibliothek des Tübinger Stifts in ihrem theologischen und geistesgeschichtlichen Zusammenhang. Eine Untersuchung zur württembergischen Theologie. In: Blätter für württembergische Kirchengeschichte 63 (1963) S. 3-103.
Martin Brecht/Jörg Sandberger: Hegels Begegnung mit der Theologie im Tübinger Stift. Eine neue Quelle für die Studienzeit Hegels. In: Hegel-Studien 5 (1969) S. 47-81.
Martin Brecht: Hölderlin und das Tübinger Stift 1788-1793. In: HJb 18 (1973/74) S. 20-48.
Ders.: Zum sozialen und geistigen Umfeld von Hölderlins Jugend. In: Bausteine zur geschichtlichen Landeskunde von Baden-Württemberg. Stuttgart 1979. S. 347-356.
Georg Cleß: Der schwäbische Dichter Karl Philipp Conz. Tübingen 1913.
Richard Geis: Die Tübinger Freundeslosungen »Hen kai pan« und »Reich Gottes«. Ein Beitrag zur Frühgeschichte des deutschen Idealismus. Mss. Diss. München 1948.
Julius Hartmann: Das Tübinger Stift. Ein Beitrag zur Geschichte des deutschen Geisteslebens. Stuttgart 1918.
Dieter Henrich/Johann Ludwig Döderlein: Carl Immanuel Diez: Ankündigung einer Ausgabe seiner Schriften und Briefe. In: Hegel-Studien 3 (1965) S. 276-287.
Ders.: Philosophisch-theologische Problemlagen im Tübinger Stift zur Studienzeit Hegels, Hölderlins und Schellings. In: HJb 25 (1986/87) S. 60-92.
Christoph Jamme: »Ein ungelehrtes Buch«. Die philosophische Gemeinschaft zwischen Hölderlin und Hegel in Frankfurt 1797-1800. Bonn 1983.
Gerhard Kurz: Mittelbarkeit und Vereinigung. Zum Verhältnis von Poesie, Reflexion und Revolution bei Hölderlin. Stuttgart 1975.
Jean Laplanche: Hölderlin und die Suche nach dem Vater. Stuttgart 1975.
Erhard Lenk: Friedrich Heinrich Magenau. In: Lebensbilder aus Schwaben und Franken. Bd. X. Stuttgart 1966. S. 233-254.
Martin Leube: Das Tübinger Stift 1770-1950. Stuttgart 1954.
Herbert Meyer: Karl Philipp Conz. In: Schwäbische Lebensbilder V. Stuttgart 1950. S. 107-114.

Friedhelm Nicolin: Zu Hölderlins Bildungsgang (s. S. 27).
Georg Schmidgall: Die französische Revolution im Stift und die Tübinger Studentenschaft. Das Stammbuch des C. F. Hiller. In: Tübinger Blätter 35 (1946/47) S. 37-48.
Elisabeth Stoelzel: Hölderlin in Tübingen und die Anfänge seines Hyperion. Tübingen 1938.
Werner Volke: Gotthold Stäudlin. In: Lebensbilder aus Schwaben und Franken XIII. Stuttgart 1977. S. 114-143.

Waltershausen, Jena, Nürtingen (1793-1795)

Mit der Verpflichtung, nach ihrer Ausbildung in den kirchlichen Dienst zu treten, hatten die Stiftler dem Konsistorium, der obersten Kirchenbehörde, ein Mitspracherecht über ihre Zukunft eingeräumt; wer, wie Hölderlin, eigene Pläne hatte und nach dem Examen keine kirchliche Stelle antreten wollte, mußte eine andere Arbeit nachweisen und um Urlaub bitten. Eine Beschäftigung als Hofmeister, als Hauslehrer also in wohlhabenden Familien, war eine häufige Alternative zum Pfarrdienst. Obwohl Hofmeister sehr abhängig arbeiten und einen niedrigeren sozialen Status akzeptieren mußten, als es einem Absolventen des Stifts eigentlich zukam, war die Hofmeisterei eine Möglichkeit, seinen Horizont zu erweitern und sich Beziehungen zu einflußreichen Leuten, die Basis einer zukünftigen Karriere, zu verschaffen. Auch Hegel und Schelling wurden nach der Stiftszeit zeitweilig Hofmeister, der (etwas ältere) Stiftler Karl Friedrich Reinhard konnte eine Hofmeisterstelle in Genf als Sprungbrett für eine Laufbahn nutzen, die ihn in höchste französische Staatsämter führte.

Charlotte von Kalb ist eine nicht unwichtige Figur in der Literaturgeschichte des späten 18. Jh.s, die eben auch eine gesellschaftliche Bewegung war, aus Freundschaften, Intrigen, Liebschaften, »Salons« bestand. Sie war befreundet mit Schiller und Jean Paul (der sie als Linda im »Titan« portraitierte), sie schriftstellerte selber und war eingeführt in den intellektuellen Zirkeln von Weimar und Jena. Die Bekanntschaft mit ihr war für einen literarisch ambitionierten jungen Mann sehr von Vorteil.

Die Beziehung zu Schiller, die sich mit der Empfehlung nach Waltershausen anbahnte, war noch wichtiger. Obwohl sich Hölderlin gerade in Waltershausen und Jena von Schillers dichterischen Formen (an die er sich in seiner Tübinger Lyrik stark angelehnt hatte, s. S. 70f.) zu lösen begann und eigene Wege zu gehen versuchte, begab er sich in eine emotionale Abhängigkeit von ihm. Von Waltershausen aus begann er ihm zu schreiben, legte ihm Rechenschaft über seine erzieherischen Prinzipien, seine literarischen Pläne und philosophischen Einsichten ab. Der gewundene Stil dieser Briefe gibt Einblick in ein angstbesetztes Autoritätsverhältnis. Schiller nahm sich des jungen Talents »väterlich« an, verschaffte ihm in seinen Zeitschriften Publikationsmöglichkeiten und eröffnete ihm den Zugang zu kulturell einflußreichen Kreisen. Er scheint ihn zeitweilig als eine Art Lieblingsschüler betrachtet zu haben, wahrscheinlich mit dem Gedanken an eine Ausstrahlung eigener Positionen durch solche und ähnliche Verbindungen, an die Bildung einer Schule.

Schloß Waltershausen war ein abgelegener Adelssitz, auf den sich der Major v. Kalb nach langem militärischen Dienst zurückgezogen hatte. Die Hausherrin lebte ganz in ihren literarischen Interessen und Freundschaften. Es ist übrigens vermutet worden, daß Hölderlin mit ihrer »Gesellschafterin«, Marianne Kirms, eine erotische Beziehung gehabt hat; 1795 brachte Marianne ein Kind zur Welt, das in der Zeit gezeugt wurde, in der Hölderlin in Waltershausen war.

In die ersten Fassungen des »Hyperion«, die in der ländlichen Idylle entstanden, ist die vielfältige Lektüre dieser Zeit eingegangen: Schillers kunstphilosophische Schriften, Fichte, Herder, Kant und die »Griechen« (VI, 1; 128), Plato vor allem. Einflüsse Rousseaus belegt Hölderlins erster Brief an Schiller über seine Pädagogik, wo er von einem »schuldlosen Naturzustande« schreibt, in dem das Kind nicht bleiben könne, weswegen es zum »Bewußtsein seiner sittlichen Freiheit« (VI, 1; 111) gebracht werden müsse – ein Begriff, der wiederum aus Kants Ethik stammt. Offensichtlich hat sich der Erzieher Hölderlin in Waltershausen an einem philosophischen Ideal orientiert, das ihn und seinen Schüler völlig überforderte. Nachdem er Fritz von Kalb zu Anfang eher idealisiert hatte, heißt es im Oktober 1794 in einem Brief an Neuffer, alle Bemühungen seien erfolglos, die Talente seines Schülers »ser mittelmäsig« (VI, 1- 136). Eine Hauptrolle bei der Verschlechterung des Verhältnisses spielte Fritz' Masturbation, die Hölderlin – wie die Familie Kalb und die Pädagogik der Zeit überhaupt befangen im Glauben an ihre katastrophale Schädlichkeit – mit allen Mitteln zu verhindern suchte mit Nachtwachen und wohl auch mit Schlägen. Im Winter 1794/95 reiste Hölderlin mit Fritz nach Jena und Weimar. Anfang 1795 wurde eine Trennung im beiderseitigen Interesse notwendig.

Von Weimar aus siedelte Hölderlin direkt nach Jena über – ins Zentrum der intellektuellen Hauptströmungen der Zeit. Er verkehrte viel mit Schiller, kam mit Goethe zusammen, den er wie Herder schon 1794 kennengelernt hatte und zu dem sich kein näheres Verhältnis ergab, traf Friedrich von Hardenberg (Novalis) und vielleicht

Wilhelm von Humboldt. Schiller stellte ihm Mitarbeit an den »Horen« in Aussicht, der halbfertige »Hyperion« wurde auf seine Empfehlung bei Cotta in Stuttgart angenommen. Trotz des Mißerfolges in Waltershausen hatte sich Hölderlin eine gute Ausgangsposition für seine schriftstellerischen Lebenspläne erobert.

Prägend für Hölderlins intellektuelle Entwicklung in Jena ist Fichte, dessen Vorlesungen er regelmäßig besuchte. Fichtes Philosophie, die von der Möglichkeit der Freiheit und der Notwendigkeit des Handelns ausgeht (s. S. 88f.), vermittelte der Studentenschaft starke politische Impulse. Um ihn scharte sich die Gruppe der »Freien Männer«, mit deren Mitgliedern Hölderlin noch in der Homburger Zeit Kontakt hat. Andere Studentenbünde und -orden standen in der Tradition der freimaurerischen oder illuminatischen Geheimbündelei des 18. Jh.s. In der politisierten und intellektuell aufgewühlten Atmosphäre Jenas schloß Hölderlin eine Freundschaft, die ihn bis in die Zeit seiner Krankheit hinein begleiten sollte, die mit Isaak von Sinclair, einem demokratisch gesinnten jungen Adligen aus Homburg vor der Höhe.

Ende Mai 1795 verließ Hölderlin Jena und begab sich damit der Aussichten, die sich ihm dort durch die vielfältigen Anregungen und Schillers Protektion geboten hatten. Die Gründe seines plötzlichen Aufbruchs sind unklar. Wahrscheinlich wirkte die Nähe Schillers erdrückend auf ihn; vielleicht läßt sich seine »Flucht« auf eine psychotische Episode zurückführen (Laplanche, 1975). Hölderlin wanderte nachhaus, über Heidelberg, wo er den Arzt Johann Gottfried Ebel traf, einen Freund Sinclairs, der ihm die Hofmeisterstelle bei Gontards in Frankfurt vermitteln wird. Den Rest des Jahres verbrachte er in Württemberg, vor allem im heimatlichen Nürtingen. Sein psychischer Zustand war kritisch. In einem Brief an Schiller klagte er über depressive Erstarrungszustände: »Ich friere und starre in dem Winter, der mich umgiebt. So eisern mein Himmel ist, so steinern bin ich« (VI, 1; 181).

Literatur

Zur Zeit in Waltershausen und Jena

Noch immer die beste Arbeit zur sozialen Situation der Intellektuellengeneration, aus der Hölderlin stammt und für die er typisch ist, stellt die Dissertation von *Hans Gerth* (1935) dar. Die 22. Jahresversammlung der Hölderlin-Gesellschaft (1992) fand in Jena statt, und Jena ist naheliegenderweise auch zentrales Thema des HJb 28 (1992/93). Darüber hinaus ist unter dem Titel »Das ›Jenaische Projekt‹. Wintersemester 1994/95« eine überaus reichhaltige Studie zur Ausleuchtung der »Jenaer Epoche« und ihrer Bedeutung für Hölderlin vorgelegt worden (*Gaier* u.a. 1995).

Adolf Beck: Das neueste Hölderlin-Schrifttum 1947-48. In: HJb 4 (1950) S. 147-175.

Ders.: Die Gesellschafterin Charlottens v. Kalb. Eine Episode im Leben Hölderlins. Versuch der Sammlung und Erklärung archivalischer Dokumente. In: HJb 10 (1957) S. 46-66.

Fritz Berresheim: Schiller als Herausgeber der Rheinischen Thalia, Thalia und Neuen Thalia und seine Mitarbeiter. Stuttgart 1914.

Hans Heinrich Borcherdt: Schiller und die Romantiker. Stuttgart 1948.

Ida Boy-Ed: Charlotte von Kalb. Eine psychologische Studie. Stuttgart/Berlin 1920.

Helmut Brandt: Als Hölderlin nach Jena kam. In: HJb 28 (1992/93) S. 29-47.

Berthold Dirnfellner: Isaac von Sinclair. Zur Edition seiner Jugendbriefe. In: LpH 4/5 (1980) S. 88-91.

Rudolf Fahrner: Hölderlins Begegnung mit Goethe und Schiller. Marburg/Lahn 1925 (New York/London 1968).

Ludwig Fertig: Friedrich Hölderlin »der Hofmeister«. Darmstadt 1990.

Willy Flitner: A. L. Hülsen und der Bund der Freien Männer. Jena 1913.

Michael Franz: »Platons frommer Garten«. Hölderlins Platonlektüre von Tübingen bis Jena. In: HJb 28 (1992/93) S. 111-127.

Ulrich Gaier, Valérie Lawitschka, Wolfgang Rapp u. Violetta Waibel: Das »Jenaische Projekt«. Wintersemester 1994/95. Herausgegeben von der Hölderlin-Gesellschaft in Zusammenarbeit mit der Deutschen Schillergesellschaft Marbach (Schriften der Hölderlin-Gesellschaft Bd. 20). Tübingen 1995.

Hans Gerth: Die sozialgeschichtliche Lage der bürgerlichen Intelligenz um die Wende des 18. Jahrhunderts. Ein Beitrag zur Geschichte des deutschen Frühliberalismus. Frankfurt a. M. 1935.

Otto Götze: Die Jenaer akademischen Logen und Studentenorden des 18. Jahrhunderts. Jena 1932.

Dieter Henrich: Eine philosophische Konzeption entsteht. Hölderlins Denken in Jena. In: HJb 28 (1992/93) S. 1-28.

Ulrich Herrmann: Erziehungsfragen und pädagogische Reflexion bei Friedrich Hölderlin. In: Gerhard Kurz u.a. (Hrsg.): Hölderlin und die Moderne. Eine Bestandsaufnahme. Tübingen 1995. S. 195-212.

Hans Peter Jaeger: Hölderlin-Novalis. Grenzen der Sprache. Zürich 1949.

Hans Kleiner: Hölderlin und Wilhelmine Kirms. In: Kultur und Geschichte Thüringens (Landeskundliches Jahrbuch für Deutschlands Mitte). Mainz 1981. S. 67-78 (Bd. 2).

Jean Laplanche: Hölderlin und die Suche nach dem Vater. Stuttgart 1975.

Eudo C. Mason: Hölderlin and Goethe. Bern/Frankfurt a. M.1975.

Ders.: Hölderlin und Novalis. Einige Überlegungen. In: HJb 11 (1958/60) S. 72-119.

Max O. Mauderli: Goethe's evaluation of Hölderlin. In: The Germanic review 25 (1950) S. 95-108.

Clemens Menze: Hölderlins Deutung der Bildung als exzentrischer Bahn. In: Vierteljahrsschrift für wissenschaftliche Pädagogik 58 (1982) S. 435-482
Ders.: Hölderlins pädagogische Entwürfe aus seiner Hofmeisterzeit 1794-1795. In: »Frankfurt aber ist der Nabel dieser Erde...« Das Schicksal einer Generation der Goethezeit (hrsgg. von Christoph Jamme und Otto Pöggeler) Stuttgart 1983. S. 261-283.
Konrad Michel: Titans Muse. Charlotte von Kalb, die Freundin Schillers, Hölderlins und Jean Pauls. In: Poetisches Franken 1971. S. 87-103.
Drayton G. Miller: Schiller and Hölderlin. A comparative study. Ann Arbor/London 1977.
Ute Oelmann: Charlotte von Kalb. In: HJb 28 (1992/93) S. 80-94.
Paul Raabe: Das Protokollbuch der Gesellschaft der freien Männer in Jena 1794-1799. In: Festgabe für Eduard Berend zum 75. Geburtstag. Weimar 1959. S. 336-383.
Friedrich Seebaß: Der frühe Hölderlin im Urteil seiner Zeitgenossen. In: Preußische Jahrbücher 186 (1921). S. 348-373.
Friedrich Schilling: Friedrich Hölderlins Weg über Coburg und sein Jahr im Grabfeld. In: Jahrbuch der Coburger Landesstiftung 1973. S. 189-210.
Gerhard Schulz: Zeitgenossenschaft. Hölderlin und der Jenaer Freundeskreis. In: HJb 28 (1992/93) S. 48-67.

Frankfurt (1796-1798)

Die Erstarrung, in die sein Leben getreten war, nachdem Hölderlin den vielversprechenden Aufenthalt in Jena so abrupt beendet hatte, löste sich, als er zur Jahreswende 1795/96 eine neue Stelle als Hofmeister antrat, bei der Familie Gontard in Frankfurt. Nach den Jahren in der gelehrt-idealischen Provinzialität Tübingens und Jenas bedeutete Frankfurt, neben Leipzig und Hamburg eine der großen Handelsmetropolen des Reichs, die erste konkrete Erfahrung mit der großbürgerlichen Schicht, die in der Französischen Revolution gesiegt – und damit die Träume von der befreiten Menschheit ins Reich der dichterischen Illusion verwiesen hatte. Die Gontards waren hugenottische Immigranten, die im Wollhandel und mit Bankgeschäften reich geworden waren. Jacob Gontard, der Vater seines Schülers, spielte eine wichtige Rolle im Frankfurter Patriziat. In den Briefen Hölderlins nach Hause spiegelt sich bald ein gewisses kleinbürgerliches Ressentiment gegen seinen Arbeitgeber und dessen Standesgenossen, ihren protzigen Reichtum und ihre gedankenlose Oberflächlichkeit. Die Gestalten der Frankfurter Gesellschaft erschienen ihm als »ungeheure Karikaturen« (VI, 1; 270); Arbeitsteilung und Klassenschranken verwandelten ihr Leben in eine »ungeheure Mannigfaltigkeit von Widersprüchen und Kontrasten« (VI, 1; 229). Die Erfahrung der »monströsen« Gesellschaft Frankfurts scheint sich verbunden zu haben mit der Enttäuschung über den Verlauf der Französischen Revolution, die ihre begeisternden Anfänge längst hinter sich gelassen hatte und ins Stadium terroristischer Realpolitik eingetreten war. Hölderlins desillusionierte Stimmung schlug sich in der letzten Fassung des »Hyperion« nieder, die in Frankfurt entstand. Die enthusiastische Prophetie der Tübinger Hymnen wird ersetzt durch eine Hinwendung zur widersprüchlichen Realität in den Oden. Hölderlin deutet die Gegenwart jetzt als Krisen- und Übergangszeit, aus der sich das kommende Ideal hervorarbeiten muß, die ihm deshalb als Widerstand, als Medium der Reifung und Selbstdarstellung geradezu notwendig ist. Weil die Realität nur ein Durchgangsstadium darstellt, ist sie erfüllt von Hinweisen, Bildern und poetischen Faustpfändern künftigen Glücks. Die Dichtung hat die Aufgabe, das Bewußtsein davon wachzuhalten. Hölderlin interessiert sich mehr und mehr für die Formen einer Vermittlung von Ideal und Wirklichkeit. Diese Vermittlung erscheint in der Schönheit, der Natur, in heroischen Taten und vor allem im Erlebnis der Liebe, deren »Sprache« einmal die des »Volks« werden soll (II, 1; 21).

Im Zusammenhang mit dieser Suche nach einem neuen Gleichgewicht zwischen Realität und Idealität ist nun Hölderlins Liebesbeziehung zu Susette Gontard, der Mutter seines Schülers, zu verstehen. Hölderlin hat seine Liebe als wahrgewordene Utopie erlebt und in literarischen Formen stilisiert. Schon bevor er Susette kennenlernte, hatte er das Ideal seiner Kunstphilosophie in einer literarischen Figur konzipiert, in der Melite des »Thalia-Fragments« seines Romans (s. S. 75). Als er sich in die sensible, faszinierende und kluge Frau verliebte, die in dem zeremoniellen Rahmen des bourgeoisen Frankfurter Gesellschaftslebens emotional und intellektuell völlig unterfordert war, ergab sich ein merkwürdiges Doppelspiel psychologischer und literarischer Idealisierung. Susette Gontard wird zum Maßstab für Hölderlins »Schönheitssinn« (VI, 1; 235), als »Diotima« zur irdischen Zeugin des Göttlichen und einer schöneren geschichtlichen Zukunft, im »Hyperion«-Roman und in der Lyrik. Die biographisch-literarische Kunstfigur »Diotima« gehört in einen Übergangsraum zwischen Literatur und Leben, in dem Hölderlins Zeit Weiblichkeit überhaupt imaginierte. Im Leben der Frauen, wenn irgendwo, wurde der ästhetische Bildungsgedanke der Goethezeit wirklich, den die Praxis ihrer Ehemänner unaufhörlich Lügen strafte.

Im Januar 1797 siedelte Hegel von Bern nach Frankfurt über und trat eine von Hölderlin vermittelte Hofmeisterstelle an. Zusammen mit Sinclair, der in der nahen Landgrafschaft Homburg ein hoher Staatsbeamter geworden war, setzten die Freunde die Diskussion fort, die sie in Tübingen begonnen hatten. Hegel war in diesem Diskussionszusammenhang durchaus der Belehrte, Nehmende. Hölderlin hatte ihm die Begegnung mit Fichtes Philosophie, überhaupt die Jenaer Anregungen voraus. Nun wurde der Freund, der in seiner Berner Abgeschiedenheit bei dem Kantianismus stehengeblieben war, mit dessen Hilfe die Stiftler die altwürttembergische Orthodoxie kritisiert hatten, in die vereinigungsphilosophischen Gedankengänge eingeführt, die Hölderlin und Sinclair dazu dienten, den Subjektivismus der Fichte'schen Freiheitsphilosophie zu überwinden (s. S. 90f.) – Anregungen, die Hegel auf dem Weg zu seinem System weiterentwickeln sollte. Das »Älteste Systemprogramm des deutschen Idealismus«, ein Text, in dem Anschauungen Hölderlins, Hegels und Schellings, der 1796 Frankfurt besuchte, niedergelegt sind (s. S. 93), dokumentiert den gesellschaftsverändernden Anspruch dieser jungen Philosophie, ihre Freiheitsemphase und ihren ästhetischen Messianismus. Die Dichtung wird als »Lehrerin der Menschheit« eingesetzt, eine »neue Mythologie« soll ihr wieder Autorität und Verständlichkeit verschaffen. In dieser Forderung berührt sich das Denken Hölderlins und seiner Freunde mit den Frühromantikern in Jena, mit denen der Frankfurter Kreis auch als intellektuelles Gruppenphänomen eine gewisse Ähnlichkeit hat.

Das gemeinsame Philosophieren mit den Freunden, das die Tübinger Anfänge im Zeichen einer großen Zukunft wiederzubeleben schien, die Dichtung und die Liebe – in diesen privaten Umkreis zog sich Hölderlin zurück, nachdem die utopischen Hoffnungen auf eine allgemeine Befreiung sich nicht erfüllt hatten. Seine Tragik besteht darin, daß dieses Refugium sich als nicht stabil genug erweisen sollte, ihn aufzufangen und ihm neue Lebensmöglichkeiten zu eröffnen. Der Freundeskreis zerstreute sich; seine Liebe scheiterte an den Umständen. Die Hoffnungen auf ein neues Zeitalter, im Vertrauen auf die er die Sicherheit seiner Heimat, seiner sozialen Schicht und der kirchlichen Laufbahn verlassen hatte, begannen in der Frankfurter Zeit sich als trügerisch zu erweisen. Hölderlin ist nicht der einzige seiner Generation, der in den 90er Jahren zu neuen Ufern aufgebrochen war und nie ankam. Casimir Ulrich Böhlendorff, ein Freund aus dem Homburger Kreis (s. S. 38), wurde gemütskrank; Friedrich Emerich, ein befreundeter Journalist, starb 1802 nach völlig desillusionierenden Erlebnissen im französischen Staatsdienst vereinsamt und paranoid in einem Würzburger Krankenhaus; Stäudlin, Hölderlins erster Verleger, ertränkte sich 1796 bankrott und politisch verfemt im Rhein. »Es wäre ein schreckliches Verzeichnis«

schrieb Achim von Arnim 1815 über Hölderlins Generation, »alle die herrlichen teutschen Geister aufzuzählen, die [...] in Krankheit, Selbstmord oder verhaßten Geschäften untergegangen sind« (VII, 2; 436).

Goethe und Schiller verweigerten sich den »Jungen« – deren unbestrittene Vorbilder sie waren – mit einem befremdlichen Mangel an Einfühlung, der auf die Anstrengung hindeutet, mit der beide das bürgerliche Ideal angesichts der bürgerlichen Wirklichkeit literarisch darstellten und persönlich repräsentierten; es scheint, daß diese Anstrengung nicht gestört werden durfte durch Verständnis für Nachgeborene, die an dem Widerspruch scheiterten, den die Weimarer zu überbrücken versuchten. »Ich möchte wissen, ob diese *Schmidt,* diese *Richter* [gemeint ist Jean Paul, S. W.], diese Hölderlins absolut und unter allen Umständen so *subjectivistisch,* so überspannt, so einseitig geblieben wären [...], oder ob nur der Mangel einer ästhetischen Nahrung und Einwirkung von außen [...] diese unglückliche Wendung hervorgebracht hat« – VII, 2; 107) so spekulierte Schiller 1797 in einem Brief an Goethe über seinen »Freund und Schutzbefohlenen« (VII, 2; 98). Schon früher hatte Schiller Goethe eine Fassung der Elegie »Der Wanderer« ohne Nennung des Autors vorgelegt und dieser hatte sich milde-geringschätzig geäußert, worauf Schiller Hölderlin offenbar fallen ließ.

Wie die Beziehung selbst, erscheint auch die Trennung von Susette Gontard unter dem eigentümlichen Doppelaspekt emotionaler Realität und literarischer Stilisierung – diese Verdoppelung ist der Ansatzpunkt für die auffällig zahlreichen literarischen Gestaltungen, die Hölderlins Leben zum Gegenstand machen und ein Grund für das ungewöhnliche Interesse, das Hölderlin als psychologische Figur stets gefunden hat. Hölderlin muß früh daran gedacht haben, die Stelle in Frankfurt wieder aufzugeben. Ende 1797 schreibt er an die Mutter, schon zu Beginn der Frankfurter Zeit seien im Hause Gontard Parteien für und gegen ihn entstanden – »wovon die eine fast mich übermüthig und die andre oft sehr niedergeschlagen, trüb und manchmal etwas bitter macht« (VI, 1; 256). Auf der einen Seite stand die Hausherrin, die mit Hölderlin in einer geheimen eigenen Welt lebte, beschäftigt mit Kunst, Erziehung, dem Erlebnis der Natur und erfüllt von ihrer Liebe, auf der anderen Seite der ungeliebte Ehemann, der Bourgeois mit der Devise: »Les affaires avant tout«. Hinter dieser Konstellation wird ein tragisches Grundmotiv der bürgerlichen Literatur von Goethes »Werther« bis zu Flauberts »Education sentimentale« und Thomas Manns »Tristan« sichtbar: die Kontroverse ohnmächtiger bürgerlicher Geistigkeit mit geistloser bürgerlicher Macht. Die Diotima-Lyrik Hölderlins ist im Zusammenhang mit dieser literarischen Motivtradition zu interpretieren, die eine archetypische Lebenssituation der traditionellen bürgerlichen Welt formuliert.

Der endgültige Bruch mit der Familie war unvermeidlich. Andeutungen in Susettes Briefen an Hölderlin lassen auf einen Auftritt mit Jakob Gontard schließen – fest steht, daß Hölderlin Ende September 1798 Frankfurt und den Gontardschen Haushalt verließ und nach Homburg vor der Höhe zog. Das Glücksversprechen, zu dem er die Schönheit seiner Geliebten stilisiert hatte, war nicht nur im Leben der Gesellschaft, sondern auch in seinem eigenen unerfüllt geblieben.

Homburg vor der Höhe (1798-1800)

Die Landgrafschaft Hessen-Homburg war bis zu ihrer Auflösung 1806 im Zug der napoleonischen Umgestaltung Westdeutschlands einer der vielen selbständigen Zwergstaaten, die die Landkarte des Deutschen Reichs wie einen Flickenteppich aussehen ließen. In ihrer letzten Phase gab der Landgraf Friedrich V. ein sympathisches Beispiel aufgeklärter, relativ liberaler, künstlerisch interessierter Herrschaft. Hölderlins Beziehungen zum Hof waren bei seinem ersten Aufenthalt weniger eng als 1803/04, als er dem Landgrafen die Hymne »Patmos« und der Prinzessin Auguste die Sophokles-Übersetzung widmete. Augustes schwärmerische Verehrung für Hölderlin und seine Dichtung, vor allem für den »Hyperion«, steht am Anfang einer Tradition »romantischer« Hölderlin-Lektüre, die für die Rezeption seines Werks im frühen 19. Jh. typisch werden wird (s. S. 172).

Ein hoher Funktionär des politisch völlig unbedeutenden Musenhofs war Hölderlins Freund Isaak v. Sinclair. Sinclair verkörpert den im 18. Jh. überraschend häufigen Typus des demokratischen Intellektuellen im absolutistischen Staatsdienst. Erzogen von Mentoren aus der Generation der Aufklärer (im Falle Sinclairs war dies Franz Wilhelm Jung, der sein Amt als Hofrat 1794 seines politischen Radikalismus wegen quittieren mußte), auf der Universität beeinflußt von den philosophischen und politischen Theorien, die auf die Französische Revolution reagierten, philosophisch und dichterisch produktiv, waren diese Generationsgenossen Hölderlins durch ein Netz persönlicher und brieflicher Kontakte über das ganze Reich und darüber hinaus miteinander verbunden. Sie vertraten eine diffuse Befreiungsideologie (Hölderlin ist in beträchtlichem Maße von ihr beeinflußt), identifizierten sich in Begeisterung und

Enttäuschung mit dem revolutionären Frankreich und setzten mit ihren Reformversuchen die Tradition der vorrevolutionären Intellektuellenbünde (wie z.B. der Illuminaten) fort. Sinclair selbst war von seiner Studentenzeit bis 1805, wo er in Württemberg unter der Anklage des Hochverrats zeitweilig gefangengesetzt wurde, in politische Konspirationen verwickelt, deren realer Gehalt heute schwer rekonstruierbar ist. Durch ihn vor allem hatte Hölderlin Kontakt zu umstürzlerischen, »jakobinischen« Bestrebungen und Hoffnungen, wie sie sich in der Sinclair gewidmeten Ode »An Eduard« (II, 1; 39ff.) ausdrücken (s. auch S. 44ff.). Noch von Jena her kannte er den Bund der »Freien Männer«, die sich mit Fichtes tatphilosophischer Ethik identifizierten (s. S. 88f.); mit Friedrich Muhrbeck und Casimir Ulrich Böhlendorff, die diesem Kreis angehörten, ergaben sich 1799 freundschaftliche Beziehungen. Auch die Verbindung mit dem dichterischen Dilettanten und späteren österreichischen Offizier Siegfried Schmid aus Friedberg gehört zu diesem Netzwerk von Freundschaften, das von seinen Mitgliedern als eine Art idealischer Verschwörung erlebt wurde und tatsächlich eine zentrale Form bürgerlicher Gegenöffentlichkeit im 18. Jh. darstellt.

Der Homburger Freundeskreis vermittelte Hölderlin wichtige politische Anregungen. Im Winter 1798 begleitete er Sinclair zum Rastatter Kongreß, wo das Deutsche Reich bis zum Ausbruch des 2. Koalitionskriegs 1799 mit der Französischen Republik über die Abtretung des linken Rheinufers und die damit verbundene Entschädigung für die deutschen Fürsten verhandelte. Der Kongreß war zugleich eine Gelegenheit für die deutschen Reform- und Oppositionspolitiker, untereinander und mit den Franzosen ihre Pläne zu koordinieren. In Schwaben war die profranzösische, republikanische Partei innerhalb und außerhalb der Staatsverwaltung schon im ersten Koalitionskrieg ein Faktor, mit dem die Franzosen rechneten – freilich eher, um den Herzog zu erpressen als um die »Schwäbische Republik« (um die es einigen Oppositionsvertretern ging) zu fördern. Schon 1796 endete der französische Internationalismus genau da, wo die schwäbischen Revolutionäre mit den militärischen Interessen in Konflikt kamen. »Als man euren Projekten Gehör schenkte«, soll der französische Generalstabschef Regnier zu Vertretern der württembergischen Opposition gesagt haben, »rechnete man auf Erleichterung des Rheinübergangs; dieser fand ohne jene Hilfsmittel statt und im Rücken der Armee duldet man keine Revolution« (zit. Bertaux, 1968, S. 93). Bis es dem Herzog im Januar 1800 fürs erste gelang, die Opposition auszuschalten, versuchte sie jedoch beharrlich, eine eigenständige revolutionäre Politik zu treiben. Hölderlin hat in Rastatt einige ihrer Vertreter kennengelernt und war von ihrer

Person und wohl auch von ihrer Politik beeindruckt. Die Bewegung in seinem Heimatstaat scheint ihm neue Hoffnung gegeben und auch seine poetischen Pläne beflügelt zu haben.

Hölderlin hat in seiner Homburger Zeit versucht, sich als freier Schriftsteller zu etablieren. Er wollte seine Ersparnisse dazu verwenden, »mit lebendiger Kraft ein Jahr lang in den höhern und reinern Beschäfftigungen zu leben, zu denen mich Gott vorzüglich bestimmt hat« (VI, 1; 297). Im Zentrum des Homburger Projekts stehen die Ausarbeitung einer eigenen und originellen poetischen Grundposition, die in fragmentarischer Form in den ästhetischen Aufsätzen und in verschiedenen Briefen aus Homburg dargestellt ist und das – ebenfalls Fragment gebliebene – Trauerspiel »Empedokles«, Hölderlins Versuch, ein zugleich öffentlich-politisches und kultisch-religiöses Bild der Einheits- und Naturutopie, der befreiten menschlichen Gemeinschaft und der Erlösung der Zeit durch eine charismatische Führer- und Opfergestalt zu geben (s. S. 119ff.). Sowohl der poetologisch reflektierte Grundzug wie der priesterliche Anspruch seiner Poesie seit der Jahrhundertwende (beides prägt sich besonders deutlich in den späten Hymnen aus, die Hölderlin in Homburg durch seine Pindar-Übersetzung gleichsam vorbereitet, s. S. 134f.) lassen sich auf die Ansätze aus Homburg zurückführen.

Die Homburger Poetologie muß man durchaus auch verstehen als Versuch, die Enttäuschung der Frankfurter Zeit gedanklich zu bewältigen. Ihr Grundmotiv ist das Ringen, »das höhere Leben im Glauben und im Schauen vest zu halten« (VI, 1; 418), die um die Begriffe der Einheit, des Göttlichen, der Liebe und der Schönheit zentrierten Vorstellungen freier Gesellschaftsformen, die in der chiliastischen Begeisterung des Tübinger Jünglingsbundes entworfen worden waren und in der Liebe zu Susette Gontard eine literarisch-scheinhafte Existenz angenommen hatten, angesichts ihres vorläufigen Scheiterns an der Wirklichkeit neu, realistischer und zukunftsorientiert zu formulieren. Die Utopie, die Hölderlins Lebensthema bildet, sollte in einer objektiven literarischen Gesetzlichkeit befestigt werden (s. S. 94ff.). Vielleicht waren die Homburger Aufsätze gedacht als Skizzen einer später zu veröffentlichenden Ästhetik. Hölderlin trug sich mit dem Gedanken, in Jena Vorlesungen zu halten – ein weiterer gescheiterter Plan der Homburger Zeit; seine Jugendfreunde Schelling und Hegel haben Ästhetiken geschrieben und damit ein Vorhaben des gemeinsamen theoretischen Arbeitsplans im »Ältesten Systemprogramm« verwirklicht.

Mit den theoretischen Interessen Hölderlins während seiner Homburger Zeit hängt auch das wichtigste berufliche Projekt dieser Periode zusammen: im Juni 1799 setzte sich Hölderlin mit dem

Stuttgarter Verleger Friedrich Steinkopf in Verbindung und schlug ihm vor, unter seiner Herausgeberschaft eine literarische Zeitschrift zu verlegen. Steinkopf hatte schon Neuffer mit seinem »Taschenbuch für Frauenzimmer« unter Vertrag, zu dem Hölderlin regelmäßig Beiträge lieferte. In Hölderlins Angebot scheint er die Chance gesehen zu haben, über den eher provinziellen Kreis der Beiträger zu Neuffers Journal hinaus die Crème der literarischen Öffentlichkeit zu verlegen – Schiller und Goethe vor allem, die bei Cotta veröffentlichten und zu denen Hölderlin ihm einen Weg bahnen sollte. Literatur war zu Hölderlins Zeit zu einem nicht unbedeutenden Wirtschaftszweig geworden. Zeitschriften wie die geplante, Lesegesellschaften, literarische Salons, ein blühender Buchhandel und unzählige Verlage lancierten Moden, stimulierten literarische Debatten und machten einen erheblichen Umsatz, dessen Früchte allerdings weniger den Autoren als den Verlegern und Buchhändlern zugute kamen. Süddeutschland lag im Schatten des wirtschaftlichen Aufwinds. Cotta ist der einzige Verleger, der zu dieser Zeit mit norddeutschen Konkurrenten wie Tauchnitz, Nicolai oder Göschen verglichen werden kann. Steinkopf kalkulierte demnach ökonomisch, als er Hölderlins Projekt »glänzender haben« wollte (VI, 1; 366) als der Herausgeber selbst, dem es auf ein Forum für unbekanntere Autoren und für ihn selbst ankam, vielleicht auf der Grundlage der Positionen des »Systemprogramms«, wie er sie in seinen ästhetischen Aufsätzen weiterentwickelte (der Name der geplanten Zeitschrift, »Iduna«, verweist auf Herders Schrift »Iduna oder der Apfel der Verjüngung«, die mit ihrem Gedanken einer modernen Mythologie ein Vorläufer des »Systemprogramms« ist).

Nicht nur Goethe und Schiller jedoch, auch Freunde (»auch solche, die nicht ohne wahrhaften Undank mir eine Theilnahme versagen konnten« VI, 1; 366) ließen Hölderlin mit seinem Journal im Stich. Seine Anstrengungen verliefen im Sande. Dieser als sehr schmerzlich erlebte Mißerfolg war nur ein Faktor in einem zerstörerischen psychischen Streßgeschehen während der Homburger Jahre. Hölderlin aß schlecht, scheint zeitweilig buchstäblich gehungert zu haben. Er überanstrengte sich systematisch. Die berufliche Aussichtslosigkeit zerrte an seinen Nerven. Die uneinfühlsam-fordernde Mutter wurde nicht müde, ihm immer neue Landpfarren schmackhaft zu machen, er rechtfertigte in geduldigen, aber bestimmten Briefen seine »Untätigkeit« und Erfolglosigkeit.

Ebenso verschleißend wirkte der quälend lange hinausgezögerte Abschied von Susette Gontard. Die Liebenden versuchten, die Beziehung unter den entwürdigenden Bedingungen, die der vermutlich eklatartige Abschied von der Familie Gontard geschaffen hatte, aufrechtzuerhalten. Hölderlin mußte sich heimlich ins Haus stehlen, es gab Rendezvous, bei denen er Susette nur einige Zeit in ihrem Fenster von der Straße aus ansehen konnte. Ihre Briefe an Hölderlin sind ein erschütterndes Dokument der fast infantilen Ohnmacht psychisch und geistig anspruchsvoller und reifer Menschen gegenüber einer Lebens- und Sozialordnung, die die eine zu einer Existenz als luxuriöses Repräsentationsgeschöpf, den anderen zu einem unsicheren Wanderleben am Rand der gesellschaftlich akzeptierten Existenzmöglichkeiten zwang.

Literatur:

Zur Zeit in Frankfurt und Homburg

Das Verhältnis zwischen Sinclair und Hölderlin hat *Ursula Brauer* in ihrer grundlegenden Biographie Isaac von Sinclairs genauestens ausgeleuchtet.

Herbert Anton: Eleusis. Hegel an Hölderlin. In: HJb 19/20 (1975-77) S. 285-302.
Adolf Beck: Diotima und ihr Haus. Briefe von Susette und Jacob Friedrich Gontard, Dokumente über sie und ihre Familie nebst einem Fragment des »Hyperion«. In: HJb 9 (1955/56) S. 110-173 (Teil 1) und in: HJb 10 (1957) S. 1-45 (Teil 2).
Ders.: Hölderlins Diotima. Susette Gontard. Gedichte, Briefe, Zeugnisse. Mit Bildnissen. Frankfurt a. M. 1980.
Marie Belli-Gontard: Lebens-Erinnerungen. Frankfurt a. M. 1872.
Pierre Bertaux: Hölderlin und die Französische Revolution. Frankfurt a. M. 1968.
Ders.: Hölderlin-Sinclair: »ein treues Paar«? In: Homburg vor der Höhe in der deutschen Geistesgeschichte. Studien zum Freundeskreis um Hegel und Hölderlin. Stuttgart 1981. S. 189-193.
Wolfgang Binder: Hölderlins Dichtung Homburg 1799. In: HJb 19/20 (1975-77) S. 76-93.
Gottfried Borrmann: Der Anatom und der Dichter. Sömmerring und Hölderlin im Hause Gontard. In: Jahrbuch der Vereinigung der Freunde der Universität Mainz 23/24 (1974/75) S. 73-79.
Bernhard Böschenstein: »Was nennst du Glück, was Unglück...mein Vater!« Heinse in Hölderlins Dichtung. In: HJb 26 (1988/89) S. 1-19.
Renate Böschenstein-Schäfer: Hölderlins Gespräch mit Böhlendorff. In: HJb 14 (1965/66) S. 110-124.
Ursula Brauer: Isaac von Sinclair. Eine Biographie. Stuttgart 1993.
Dies.: Landgraf Friedrich V. Ludwig von Hessen-Homburg (1766-1820): Einiges zu den politischen Ansichten und zur Person... In: HJb 27 (1990/91) S. 210-261.
Arnold Escher: Johann Gottfried Ebel. Zürich 1917.

Karl Freye: Casimir Ulrich Boehlendorff, der Freund Herbarts und Hölderlins. Langensalza 1913.

Hans J. Haferkorn: Der freie Schriftsteller. Eine literatur-soziologische Studie über seine Entstehung und Lage 1750-1800. Archiv für die Geschichte des Buchwesens XXXIII (1963).

Cyrus Hamlin: Hölderlins Mythos der heroischen Freundschaft. Die Sinclair-Ode »An Eduard«. In: HJb 17 (1971/72) S. 74-95.

Hannelore Hegel: Isaak von Sinclair zwischen Fichte, Hölderlin und Hegel. Ein Beitrag zur Entstehungsgeschichte der idealistischen Philosophie. Frankfurt a. M. 1971.

Dies.: Reflexion und Einheit. Sinclair und der »Bund der Geister«, Frankfurt 1795-1800. In Rüdiger Bubner (Hrsg.): Das älteste Systemprogramm. Studien zur Frühgeschichte des deutschen Idealismus (Hegel-Studien, Beiheft 9) Bonn 1973. S. 91-106.

Käthe Hengsberger: Isaak von Sinclair, der Freund Hölderlins. Berlin 1920 (Nendeln, Liechtenstein 1967).

Dieter Henrich: Jacob Zwillings Nachlaß. Gedanken, Nachrichten und Dokumente aus Anlaß seines Verlusts. In: Homburg vor der Höhe in der deutschen Geistesgeschichte (s. o.) S. 245-266.

Erich Hock: »Dort drüben in Westfalen«. Hölderlins Reise nach Bad Driburg mit Wilhelm Heinse und Diotima. Münster 1949 [2. Auflage mit Erg. des Verf. hrsgg. von Alfred Kelletat. Stuttgart, Weimar 1995 (Schriften der Hölderlin-Gesellschaft Bd. 14)].

Ders.: Die Nachrichtenquelle für Hölderlins Brief an seinen Bruder vom 6. August 1796. In: HJb 15 (1967/68) S. 255-260.

Ders.: Wilhelm Heinses Urteil über Hölderlins »Hyperion«. In: HJb 4 (1950) S. 108-119.

Ders.: Zu Hölderlins Reise nach Kassel und Driburg. In: HJb 16 (1969/70) S. 254-290.

Johannes Hoffmeister: Hölderlin und Hegel. Tübingen 1931.

Jürgen Isberg: Die Familie der Diotima. In: HJb 5 (1954) S. 110-127.

Ders.: Hölderlin in Homburg 1798-1800. Das Werk und der Wandel des Weltbildes. Mss. Diss. Hamburg 1954.

Heinrich Jacobi: Landgraf Friedrich V. von Hessen-Homburg und Klopstock. Mitteilungen des Vereins für Geschichte und Altertumskunde zu Bad Homburg v. d. Höhe XVI (1952).

Christoph Jamme: »Ein ungelehrtes Buch«. Die philosophische Gemeinschaft zwischen Hölderlin und Hegel in Frankfurt 1797-1800. Bonn 1983.

Ders.: Politik und Natur. Zum historischen Kontext und philosophischen Gehalt von Sinclairs Cevennenkrieg-Trilogie. In: Homburg v. d. Höhe in der deutschen Geistesgeschichte (s. S. 41) S. 194-230.

Ders.: »Ungelehrte« und gelehrte Bücher. Literaturbericht über das Verhältnis von Hegel und Hölderlin. In: Zeitschrift für Philosophische Forschung 35 (1981) S. 628-645.

Carl Jügel: Das Puppenhaus. Ein Erbstück in der Gontard'schen Familie. Bruchstücke aus den Erinnerungen und Familienpapieren eines Siebenzigers. Frankfurt a. M. 1921.

Alfred Kelletat: Casimir Ulrich Boehlendorff ein kurländischer Dichter und Freund Hölderlins. In: Baltische Briefe 5 (1952) Nr. 11, S. 8.

Walther Killy: Hölderlin an Diotima. Das Widmungsexemplar des »Hyperion«. In: HJb 4 (1950) S. 98-107.

Werner Kirchner: Das »Testament« der Prinzessin Auguste von Hessen-Homburg. In: HJb 5 (1951) S. 68-120.

Ders.: Franz Wilhelm Jungs Exemplar des »Hyperion«. In: HJb 8 (1954) S. 79-92.

Ders.: Jourdans Zug durch Homburg v. d. Höhe (1796) nach einem Bericht von Hölderlins Freund Sinclair. Mitteilungen des Vereins für Geschichte und Altertumskunde zu Bad Homburg v. d. Höhe XIX (1936).

Ders.: Prinzessin Amalie von Anhalt-Dessau und Hölderlin. In: HJb 11 (1958/60) S. 55-71.

Oskar Klein-Hattingen: Das Liebesleben Hölderlins, Lenaus, Heines. Berlin 1901.

Gerhard Kurz: »Hyperion« auf dem Fenster. Auguste von Hessen-Homburg und Hölderlin. In: Homburg v. d. Höhe in der deutschen Geistesgeschichte (s. S. 41) S. 48-66.

Friedrich Lotz: Geschichte der Stadt Bad Homburg vor der Höhe. Band 2. Frankfurt a. M. 1972.

Walter Felix Lotz: Die Beziehungen zwischen Friedrich Hölderlin und Isaak v. Sinclair und ihr Verhältnis zu Hegel. Mss. Diss. Basel 1924.

Wilhelm Michel: Hölderlin und Diotima. In: W. M.: Hölderlins Wiederkunft. Wien 1943. S. 168-202.

Herfried Münkler: Siegfried Schmids erzwungene Vernünftigkeit als biographische Alternative zum Wahnsinn Hölderlins und Boehlendorffs. In: Wetterauer Geschichtsblätter 28 (1979) S. 125-135 und in: LpH 7 (1984) S. 41-54.

Otto Pöggeler: Einleitung. In: Homburg v. d. Höhe in der deutschen Geistesgeschichte (s. S. 41) S. 11-24.

Ders.: Ist Hegel Schlegel? Friedrich Schlegel und Hölderlins Frankfurter Freundeskreis. In: »Frankfurt aber ist der Nabel dieser Erde...« (s. S. 41) S. 325-348.

Ders.: Politik aus dem Abseits. Hegel und der Homburger Freundeskreis. In: Homburg v. d. Höhe in der deutschen Geistesgeschichte (s. S. 33) S. 67-98.

Hubert Ohl: Casimir Ulrich Boehlendorff – historische und poetische Gestalt. Zu Johannes Bobrowskis Erzählung »Boehlendorff«. In: JFDH 40 (1978) S. 552-584.

Christoph Prignitz: Hölderlins Konfrontation mit den Reichsstädten. In: »Frankfurt aber ist der Nabel dieser Erde...« (s. S. 33) S. 42-57.

Ders.: »Der würdige Sinclair«. Eine zeitgenössische Stellungnahme zum Hochverratsprozeß gegen Isaak von Sinclair. In: HJb 27 (1990/91) S. 262-273.

Ernst Hans Schultz: Isaak von Sinclair als Dichter. Mss. Diss. Berlin 1923.

Karl Schwartz: Landgraf Friedrich V. von Hessen-Homburg und seine Familie. Rudolstadt 1878.

Stephan Skalweit: Der Homburger Landgrafenhof. In: Homburg v. d. Höhe in der deutschen Geistesgeschichte (s. S. 41) S. 25-47.
Friedrich Strack: Sömmerings Seelenorgan und die deutschen Dichter. In: »Frankfurt aber ist der Nabel dieser Erde...« (s. S. 33) S. 185-205.
Ludwig Strauß: Jacob Zwilling und sein Nachlaß. In: Euphorion 29 (1928) S. 368-396.
Herbert Thiele: Hölderlin und Sömmering. Ein Beitrag zur Geistigkeit des ausgehenden 18. Jh.s. In: Mainzer Zeitschrift 65 (1970) S. 111-114.
Karl Viëtor: Hölderlin und Diotima. In: Preußische Jahrbücher 182 (1920) S. 298-320.
Barbara Vopelius-Holtzendorff: Susette Gontard-Borckenstein. In: HJb 26 (1988/89) S. 383-400.
Christian Waas: Franz Wilhelm Jung und die Homburger Revolutionsschwärmer 1792-94. Mitteilungen für Geschichte und Altertumskunde zu Homburg v. d. Höhe XIX (1936).
Ders.: Friedrich Emerich, ein vergessener Freund Hölderlins. Ein Beitrag zum Wirken Frankreichs im Rheinland. In: Der Türmer 42 (1940) S. 588-593.
Ders.: Siegried Schmid aus Friedberg in der Wetterau, der Freund Hölderlins (1774-1859) Darmstadt 1928.
Gertrud Weinschenk: Isaak von Sinclair als Dramatiker. Mülhausen 1918.
Ernst Zunker: Casimir Ulrich Boehlendorff und die pommerschen Freunde aus der Gesellschaft der freien Männer und im Einflußbereich Hölderlins. In: Baltische Studien 60 (1974) S. 101-126.

Exkurs I: War Hölderlin ein Jakobiner?

Hölderlin wurde »wiederentdeckt« vom Georgekreis (s. S. 175); dessen eher konservative Grundhaltung brachte es mit sich, daß die politischen Momente in seinem Werk und in seiner Biographie – die Revolutionsbegeisterung in Tübingen, die Darstellung der Revolution im »Hyperion«, die Verbindung zu republikanischen Verschwörern in Homburg und in Württemberg – in den 20er Jahren weitgehend ignoriert oder vaterländisch-reaktionär umgedeutet wurden. Nach den politischen »Deutungs«-Exzessen in der Zeit des Faschismus enthielt sich die Hölderlinphilologie der Bundesrepublik verständlicherweise möglichst jeder politischen Interpretation und konzentrierte sich auf Probleme der Textedition und auf die Entschlüsselung der Dichtungslehre Hölderlins. So blieben zwei ursprünglich voneinander unabhängige literaturkritische Traditionen zunächst ohne Einfluß auf das bundesdeutsche Hölderlinbild, die gegen die nationalsozialistische Hölderlinverfälschung einen »linken« Hölderlin gestellt hatten: die französische Hölderlinphilologie (Bertaux, Bianquis, Delorme, Minder) und die marxistische Deutungstradition, die Georg Lukács mit seiner antifaschistischen Umdeutung des literarischen »Erbes« im Moskauer Exil inauguriert hatte.

Lukács' Aufsatz (ursprünglich 1934) über den »Hyperion« interpretiert Hölderlins menschliches und künstlerisches Schicksal als tragische Treue zu den Ursprüngen der Revolution. Hölderlin habe sich nicht damit abfinden können, daß die Idee der Freiheit sich im Kapitalismus verwirklichte, anders als Goethe und Hegel habe er den widersprüchlichen Zusammenhang des einstigen Ideals mit der enttäuschenden Wirklichkeit, den relativen Fortschritt, den die bürgerliche Gesellschaft darstellte, nicht erkennen können und sei als »verspäteter Märtyrer an einer verlassenen Barrikade des Jakobinismus« gefallen (Lukács, 1955, S. 163). Hölderlins Spätwerk mit seinen Versuchen, Ideal und Wirklichkeit zu vermitteln, erscheint bei Lukács als unpolitisch-verzweifelte Mystik. Die Ansicht, daß Goethes Anerkennung der bürgerlichen Welt demgegenüber die historisch progressivere Haltung gewesen sei, verwies Hölderlin im Wissenschaftsbetrieb der DDR (der noch lange nach Lukács Sturz von dessen Grundpositionen geprägt war) auf einen Nebenplatz, gleichsam als radikaler, aber blinder Seitentrieb des literarischen Stammbaums, dessen lebenskräftigere Triebe über die Klassik und Hegel zu Marx weitergewachsen waren. Erst die Jakobinismus-Diskussion in der Bundesrepublik, so scheint es, hat diese Einschätzung Hölderlins in den letzten Jahren verändert, und in der neuen repräsentativen marxistischen Darstellung von Günter Mieth erscheint er als »Dichter der bürgerlich-demokratischen Revolution« stark aufgewertet. Die marxistische Hölderlin-Interpretation ist in der Bundesrepublik freilich nie sehr einflußreich gewesen. Ihre Ergebnisse sind eher auf dem Umweg über die Diskussion mit Pierre Bertaux Ende der 60er Jahre in der deutschen Sekundärliteratur beachtet worden.

Nachdem die Frage nach der politischen Interpretierbarkeit Hölderlins schon in der »Friedensfeier«-Diskussion in den 50er Jahren aufgetaucht war (s. S. 150f.), kam dieser Gesichtspunkt den Philologen und der literarisch interessierten Öffentlichkeit im politisierten Wissenschafts- und Gesellschaftsklima der späten 60er Jahre mit einem geradezu eklatartigen Effekt zum Bewußtsein, als Pierre Bertaux in seinem Buch »Hölderlin und die Französische Revolution« die These aufstellte, Hölderlin habe »der Gesinnung nach zu den deutschen Jakobinern« gehört (Bertaux 1968, S. 13). 1971 wurde Peter Weiss' Hölderlin-Stück aufgeführt, in dem der Dichter gar in eine fiktive Diskussion mit dem jungen Karl Marx verwickelt wird. All das bedeutete eine Provokation tiefverwurzelter bildungsbürgerlicher Gefühle; ähnlich wie bei der Diskussion um den »Fürsten des

Fests« in der »Friedensfeier« wurde die Debatte zu einer Angelegenheit der Feuilletons und in den Auseinandersetzungen über ein neues Selbstverständnis der Germanistik, des Kulturlebens überhaupt, zu einer Grundsatzfrage.

Es gibt mehrere Bedeutungen des Wortes »Jakobiner«. Eine erste bezeichnet einfach ein Mitglied des Jakobinerklubs, einer politischen Gesellschaft, die nach dem Sturz der Monarchie die radikalste Stellung im politischen Spektrum der Französischen Revolution bezog und ihre Ideen durch einen »Terrorismus der Tugend« durchzusetzen versuchte. Aufgrund der starken Fluktuation in den politischen Organisationen dieser Frühzeit der Parteiengeschichte und wegen des schnellen Radikalisierungsprozesses, der sich im Klub der Jakobiner während der Revolution abspielte, ist schon diese scheinbar einfache Definition sehr leicht mißverstehbar. Viele Politiker, die auf der Guillotine starben, als die Jakobiner schließlich die Staatsmacht ergriffen hatten, waren in einer früheren, weniger radikalen Phase Mitglieder des Klubs, vor allem die girondistische Fraktion im Nationalkonvent. Die Bezeichnung »Jakobiner« kann man also organisationspolitisch im Grunde nur in Verbindung mit einer Zeitangabe verwenden, was zu einem eher politisch-inhaltlichen Gebrauch der Vokabel geführt hat: Jakobiner nennt man in der historischen Literatur meistens allein die Politiker des Klubs, die nach dem Auszug der Girondisten und anderer gemäßigter Republikaner – gestützt auf die Pariser Plebejer – die Revolution in ihre terroristische Phase führten.

Die zweite Bedeutung des Begriffs ist entstanden durch seine Verwendung als politisches Schlag- und Schimpfwort. »Jakobiner« bezeichnete (bis weit ins 19. Jh. hinein) einen radikalen Demokraten; das Wort wurde so willkürlich und ungenau verwendet wie heute das Wort »Kommunist«. Es ist klar, daß der Begriff auch in dieser Verwendung für die politische Charakterisierung einer Person nicht viel hergibt.

Die ersten beiden Jakobinismusbegriffe wurden schon von den Zeitgenossen verwendet. Es gibt aber noch einen dritten, der von modernen Historikern eingeführt wurde, um verschiedene Gruppen unter den Parteigängern der Französischen Revolution in Deutschland zu differenzieren. Dieser Jakobinismusbegriff spielte in der Geschichtswissenschaft der DDR zuerst eine Rolle. Für Heinrich Scheel etwa ist ein Jakobiner im Unterschied zu der »großen Masse der 1789 Enthusiasmierten« ein Intellektueller mit der »Einsicht in die Notwendigkeit, mit dem Volk und für das Volk politische Veränderungen zu bewirken« (Scheel, 1969, 1131).

Fritz Valjavec und in der Folge Walter Grab führten dann die Unterscheidung zwischen »Liberalen« und »Jakobinern« (oder »Demokraten«) ein, wobei sie als »liberal« Publizisten verstehen, die die Revolution und auch die Republik bejahten, den jakobinischen Terror aber als eine Entartung der ursprünglichen Idee ablehnten. Die »Jakobiner« dagegen billigten ihn – wenn auch vielleicht bedauernd – als historische Notwendigkeit. Auch dieses Begriffspaar jedoch ist keine exakte organisationspolitische Unterscheidung. »Jakobinische« und »liberale« Momente mischen sich in den Schriften der einzelnen Autoren. Will man einigermaßen typische Figuren benennen, kann man wohl Konrad Engelbert Oelsner, einen engen Freund des wiederum mit Hölderlin befreundeten Johann Gottfried Ebel (s. S. 31) für die »Liberalen«, Georg Forster für die »Jakobiner« reklamieren.

Hölderlin selbst hat sich nie als Jakobiner bezeichnet; das Wort taucht in der Sekundärliteratur in dem biographischen Abriß Christoph Theodor Schwabs in der Ausgabe von 1846 zum ersten Mal auf, offensichtlich eher in dem skizzierten polemisch-oberflächlichen Sinn: Hegel, heißt es hier, habe im Stift »für einen derben Jakobiner« gegolten und Hölderlin sei ebenfalls »dieser Richtung zugethan« gewesen (VII, 1; 448).

In der Auseinandersetzung um Bertaux' These, Hölderlin sei »ein begeisterter Anhänger der Revolution, ein Jakobiner gewesen« (HJb 1967/68, S. 2), hat die deutsche Hölderlin-Forschung vor allem darauf hingewiesen, daß die Gleichung »Anhänger der Revolution« = »Jakobiner« den Verhältnissen in Deutschland nicht gerecht wird, vor allem nicht im Fall Hölderlin, der den ermordeten Marat einen »schändlichen Tyrannen« nannte, die übrigen Jakobiner »Volksschänder«, die für ihre »niedrigen Ränke und unmenschlichen Entwürfe« vom Schicksal noch bestraft würden (VI, 1; 88). Adolf Beck rechnete Hölderlin einer politisch-intellektuellen Strömung zu, die »entschieden nicht-jakobinisch, aber auch keineswegs ›obskurantistisch‹, sondern einfach republikanisch eingestellt war« (HJb 67/68, S. 45). Hölderlin hätte damit der »liberalen« Publizistik nahegestanden, den »deutschen Girondisten« statt den »deutschen Jakobinern«, wozu auch paßt, daß seine Sympathien der girondistischen Partei im Pariser Nationalkonvent gehörten (Brief an Neuffer VI, 1; 95f.). Bertaux hat dagegen wiederum ins Feld geführt, gerade die Sympathie für die Gironde stütze die Ansicht von Hölderlins Jakobinismus, die »Gesinnung [...] der Girondisten« sei »dem Jakobinismus, wie man in Deutschland fälschlich meint, nicht entgegengesetzt« gewesen (HJb 67/68, S. 8). Das stimmt- freilich nur für die Zeit, in der die girondistischen Mitglieder des Nationalkonvents noch im Jakobinerklub waren, für die Zeit vor 1792 also, »Girondismus« bezeichnet ja nicht die Mitgliedschaft in einem Klub, sondern die Zugehörigkeit zu der gemäßigt republikanischen Fraktion im Nationalkonvent, deren Führer zum großen Teil aus der Gironde kamen.

Ob man Hölderlin als Jakobiner bezeichnet oder nicht, ist also im Grunde eine Definitionsfrage; Bertaux legt die Verhältnisse vor 1792 zugrunde, als die girondistischen Abgeordneten noch im Jakobinerklub waren, Beck und mit ihm die meisten deutschen Hölderlinforscher gehen von einem entfalteteren Stadium der Revolution aus, als der Begriff des Jakobinismus durch den Terror, dem unter anderen auch die Girondisten zum Opfer fielen, schon eine eindeutig antigirondistische Bedeutung erhalten hatte. In Deutschland werden Jakobiner und Girondisten vermutlich erst in dieser Phase als gesonderte Gruppierungen wahrgenommen worden sein – ihre historisch bleibende Bedeutung haben die Begriffe in der Zeit erhalten, in der der Kampf der ehemaligen Mitstreiter schon voll entbrannt war. Insofern beschreibt Becks Klassifizierung den Standort Hölderlins in der politischen Landschaft Deutschlands genauer und weniger mißverständlich.

Die deutsche Forschung zu Hölderlins politischen Ansichten hat sich in den 70er Jahren von der Jakobinismusdebatte im engeren Sinn fortbewegt zu der Frage, wie das Erlebnis der Französischen Revolution Hölderlins dichterisches und philosophisches Werk im Detail beeinflußt hat; seine »scheinbare Abkehr von der Revolution« wurde dabei erkennbar als »der Versuch, die Revolution gleichsam mit anderen Mitteln fortzusetzen« (Ryan, 1968, S. 165), nämlich im Medium des poetischen Bildes und der philosophischen Reflexion.

Literatur:

Zur »Jakobinismusdebatte« und zu Hölderlins politischen Anschauungen

Karl Otmar Freiherr von Aretin: Reichstag, Rastatter Kongreß und Revolution. Das Wirken Isaaks v. Sinclair und seiner Freunde am Ende des Heiligen Römischen Reiches. In: HJb 22 (1980-81) S. 4-17.

Adolf Beck: Hölderlin als Republikaner. In: HJb 15 (1967/68) S. 28-52.

Ders.: Hölderlins Weg zu Deutschland. Fragmente und Thesen. Stuttgart 1982.

Ursula Brauer: Isaac von Sinclair. Eine Biographie. Stuttgart 1993 (Schriften der Hölderlin-Gesellschaft Bd. 15).

Paul Böckmann: Die Französische Revolution und die Idee der ästhetischen Erziehung in Hölderlins Dichten. In: Der Dichter und seine Zeit. Politik im Spiegel der Literatur. Heidelberg 1970. S. 83-112.

Pierre Bertaux: Hölderlin. Essai de biographie intérieure. Paris 1936.

Ders.: Hölderlin und die Französische Revolution. In: HJb 15 (1967/68) S. 1-27.

Ders.: Hölderlin und die Französische Revolution. Frankfurt a. M. 1969.
Ders.: War Hölderlin Jakobiner? In: Ingrid Riedel (Hrsg.): Hölderlin ohne Mythos. Göttingen 1973. S. 7-17.
Geneviève Bianquis: Hölderlin et la revolution française. In: Etudes germaniques 7 (1952) S. 105-116.
Maurice Delorme: Hölderlin et la Révolution française. Monaco 1959.
Peter Howard Gaskill: Hölderlin and revolution. In: Forum for modern language studies 12 (1967) S. 118-136.
Walter Grab: Demokratische Strömungen in Hamburg und Schleswig-Holstein zur Zeit der ersten Französischen Republik. Hamburg 1966.
Hans Graßl: Hölderlin und die Illuminaten. Die zeitgeschichtlichen Hintergründe des Verschwörermotivs im »Hyperion«. In: Sprache und Bekenntnis. Hermann Kunisch zum 70. Geburtstag. Berlin 1971. S. 137-160.
Hellmuth G. Hassis: Gebt der Freiheit Flügel. Die Zeit der deutschen Jakobiner 1789-1805. 2 Bände. Reinbek 1988.
Erwin Hökle: Das alte Recht und die Revolution. Eine politische Geschichte Württembergs in der Revolutionszeit 1789-1805. München/Berlin 1931.
Gerhard Kaiser: Über den Umgang mit Republikanern, Jakobinern und Zitaten. In: DVjs 49 (1975) Sonderheft 18. Jh., S. 172-177.
Werner Kirchner: Der Hochverratsprozeß gegen Sinclair. Ein Beitrag zum Leben Hölderlins. Frankfurt a. M. 1969.
Jürgen Kuczynski: Hölderlin – die Tragödie des revolutionären Idealisten. In: J. K.: Gestalten und Werke. Soziologische Studien zur deutschen Literatur. Berlin, Weimar 1969. S. 83-107.
Georg Lukács: Hölderlins Hyperion. In: G. L.: Goethe und seine Zeit. Berlin 1955 (3. Auflage) S. 145-164.
Günter Mieth: Friedrich Hölderlin. Dichter der bürgerlich-demokratischen Revolution. Berlin/DDR 1978.
Ders.: Friedrich Hölderlin – Dichter in einer revolutionären Übergangszeit. In: WB 35 (1989) S. 773-780.
Robert Minder: Hölderlin unter den Deutschen. In: R. M.: Hölderlin unter den Deutschen und andere Aufsätze zur deutschen Literatur. Frankfurt a. M. 1968. S. 20-45.
Walter Müller-Seidel: Hölderlins Dichtung und das Ereignis der Französischen Revolution. Zur Problemlage. In: HJb 17 (1971/72) S. 119-124.
»O Freyheit! Silberton dem Ohre...«: Französische Revolution und deutsche Literatur 1789-1799. Eine Ausstellung des Deutschen Literaturarchivs ... Ausstellung und Katalog: Werner Volke, Ingrid Kussmaul und Brigitte Schillbach. Marbach 1989.
Manfred und Sabine Ott: Hölderlin und revolutionäre Bestrebungen in Württemberg unter dem Einfluß der Französischen Revolution. Köln 1979.
Jean Philipon: De la révolution à l'âge d'or. Réflexions sur la pensée et la position politique de Hölderlin. In: Régéneration et reconstruction sociale entre 1780 et 1848. Paris 1978. S. 45-67.

Christoph Prignitz: Friedrich Hölderlin. Die Entwicklung seines politischen Denkens unter dem Einfluß der Französischen Revolution. Hamburg 1976.
Ders.: Hölderlin als Kritiker des Jakobinismus und Verkünder einer egalitären Gesellschaftsutopie. In: Jahrbuch des Instituts für deutsche Geschichte in Tel Aviv 8 (1979) S. 103-123.
Meinhard Prill: Bürgerliche Alltagswelt und pietistisches Denken im Werk Hölderlins. Zur Kritik des Hölderlin-Bildes von Georg Lukács. Tübingen 1983.
Udo Rameil: Restitutio imperii? Betrachtungen zu Sinclairs Entwurf einer Verfassung Deutschlands mit Rücksicht auf Hegels Verfassungsschrift. In: »Frankfurt aber ist der Nabel dieser Erde...« (s. S. 33) S. 135-170.
Stefanie Roth: Freiheit, Gleichheit, Brüderlichkeit. Die Französische Revolution: Ihre Konsequenzen und die Hoffnungen der deutschen Frühromantik. In: S. R.: Hölderlin und die Frühromantik. Stuttgart 1991. S. 312-337.
Lawrence Ryan: Hölderlin und die Französische Revolution. In: Festschrift für Klaus Ziegler. Tübingen 1968. S. 159-176.
Jürgen Scharfschwerdt. Die pietistisch-kleinbürgerliche Interpretation der Französischen Revolution in Hölderlins Briefen. In: JdSG 15 (1971) S. 174-230.
Ders.: Friedrich Hölderlin. Der Dichter des »deutschen Sonderweges«. Stuttgart u.a. 1994.
Heinrich Scheel: Deutsche Jakobiner. In: Zeitschrift für Geschichtswissenschaft 17 (1969) S. 1130-1140.
Ders.: Süddeutsche Jakobiner. Klassenkämpfe und republikanische Bestrebungen im deutschen Süden Ende des 18. Jh.s. Berlin/DDR 1962 (1971).
Jochen Schmidt: Hölderlins Entwurf der Zukunft. In: HJb 16 (1969-70) S. 110-122.
Ders.: Deutschland und Frankreich als Gegenmodelle in Hölderlins Geschichtsdenken: Evolution statt Revolution. In: Dichter und ihre Nation. Hrsgg. von Helmut Scheuer. Frankfurt a. M. 1993. S. 176-199.
Inge Stephan: Literarischer Jakobinismus in Deutschland (1789-1806) Stuttgart 1976.
Michael J. Sydenham: The Girondins. London 1961.
Peter Szondi: Der Fürstenmord, der nicht stattfand. Hölderlin und die Französische Revolution. In: P. S.: Einführung in die literarische Hermeneutik. Frankfurt a. M. 1975. S. 409-426.
Fritz Valjavec: Die Entstehung der politischen Strömungen in Deutschland 1770-1815. München 1951.
Hedwig Voegt: Die deutsche jakobinische Literatur und Publizistik 1789-1800. Berlin/DDR 1955.
Barbara Vopelius-Holtzendorff: Das Recht des Volkes auf Revolution? Christian Friedrich Baz und die Politik der Württembergischen Landstände von 1797-1800 unter Berücksichtigung von Hegels Frankfurter Schrift

von 1798. In: »Frankfurt aber ist der Nabel dieser Erde...« (s. S. 33) S. 104-134.

Stuttgart (1800)

Der junge Stuttgarter Tuchkaufmann Christian Landauer war ein ausgesprochener Gegentyp zu Jakob Gontard: gebildet, demokratisch-revolutionär eingestellt, gesellig, sensibel und freundschaftlich interessiert an der Persönlichkeit und am Schicksal Hölderlins, den er schon 1795 kennengelernt und bei Messebesuchen in Frankfurt immer wieder gesehen hatte. 1799 besuchte er ihn in Homburg und gab dem in ländlicher Einsamkeit vergrabenen, verbissen und erfolglos an seiner Schriftstellerkarriere arbeitenden Freund den Rat, in die Heimat zurückzukehren. Im Sommer 1800 wanderte Hölderlin nach Schwaben und wohnte, nach einem kurzen Aufenthalt bei der Mutter in Nürtingen, den Sommer und Herbst über in Landauers Haus in Stuttgart – soweit man sehen kann, eine der wenigen glücklichen Perioden seines Lebens. Die familiär-freundliche Umgebung, der Umgang mit den Stuttgarter Freunden und die Achtung, die sie ihm entgegenbrachten, gaben ihm genug Geborgenheit und Ruhe einerseits, genug Anregungen andererseits und ermöglichten ihm eine Zeit inspirierter und fruchtbarer Arbeit. Hölderlin setzte in Stuttgart die theoretischen Einsichten aus der Homburger Zeit und die dichterische Erfahrung, die er in der angestrengten Arbeit an dem problematischen und schließlich aufgegebenen Empedokles-Projekt gewonnen hatte, in Dichtungen um. Die konkrete Anschauung des Lebens in der Heimat und im Kreis der Freunde verbindet sich mit einer geschichtsphilosophischen Perspektive und einer formalen Bewußtheit, die auf die strenge Reflexion der ästhetischen Aufsätze zurückzugehen scheint. Neben bedeutenden Oden, vor allem Erweiterungen der Frankfurter Kurzoden, und dem großen Hexameterhymnus »Der Archipelagus« sind besonders die Elegien typisch für die Stuttgarter Konzeption. Landpartien, die Stadt am Abend, eine Wanderung durch Schwaben: solche Alltäglichkeiten werden in der elegischen Behandlung transparent und eröffnen die Sicht auf das Ideal des Vaterländischen, auf die Antike als dessen Vorbild, auf eine schönere Zukunft. Wie in den Oden der Frankfurter Zeit und in der Endfassung des »Hyperion« wird die prophezeite Utopie, deren Erfüllung zunächst ausgeblieben war, in die Zukunft projiziert. In der ersten Elegie, »Menons Klagen um Diotima«, die noch in Homburg entworfen worden war, erscheint Diotima, Verkörperung des zurückliegenden, von Hölderlin als endgültig vergangen begriffenen Jahrzehnts politischer Hoffnungen und ästhetischer Begeisterungen, als heroisierter Genius, der über das Ende der Kunst- und Revolutionsperiode hinaus auf eine Zukunft verweist, in der »die Gesänge wahr« sein werden (II, 1; 79).

Es hielt Hölderlin nicht lange in Stuttgart. Schon im Herbst bemühte er sich wieder um eine Hofmeisterstelle und sagte schließlich Anton von Gonzenbach zu, einem Kaufmann in Hauptwil in der Schweiz, wohin er im Dezember 1800 aufbrach.

Hauptwil, Nürtingen, Bordeaux (1801-1802)

Über keine Periode in Hölderlins Leben weiß man so wenig wie über seine Wanderungen in den Jahren 1801 und 1802. Im Februar 1801 tritt er seine neue Hofmeisterstelle in Hauptwil an und schreibt zufriedene, glückliche Briefe nach Nürtingen und Stuttgart. Geradezu euphorische Stimmung löst in dieser Zeit der Friede von Lunéville aus, den Hölderlin in Briefen und in der Hymne »Friedensfeier« als Beginn eines neuen Zeitalters feiert (der Friedensschluß ist übrigens auch von den Zeitgenossen in seiner historischen Bedeutung maßlos überschätzt worden). Im April kündigt ihm Gonzenbach mit der möglicherweise vorgeschobenen Begründung, Hölderlins eigentliche Aufgabe sei es gewesen, zwei Knaben aus der Verwandtschaft zu unterrichten, die nun doch nicht hätten zu seinen Stunden kommen können. Hölderlin wandert wieder nach Hause und verbringt den Sommer in Nürtingen. Von hier aus wendet er sich noch einmal an Schiller und bittet um die Vermittlung einer Professur für griechische Literatur in Jena; Schiller antwortet nicht. Stuttgarter Freunde besorgen eine Hofmeisterstelle in dem großbürgerlichen Haushalt des Hamburgischen Konsuls in Bordeaux, Daniel Christoph Meyer. Wieder im Dezember, 1801, reist Hölderlin zu Fuß nach Frankreich und kommt nach einer langen und nicht ungefährlichen Wanderung durch die Auvergne Ende Januar 1802 in Bordeaux an. Die Briefe von seinem neuen Aufenthaltsort sind positiv und zuversichtlich. Auch von Bordeaux jedoch geht Hölderlin nach einigen Monaten, im Mai, wieder weg, aus unbekanntem Grund, sicher aber nicht im Unfrieden mit seinen Gastgebern. Über Paris, wo er die Antikensammlungen besichtigt, kehrt er in die Heimat zurück, wo er im Juni oder im Juli eintrifft – dem Zeugnis der Familie und der Freunde nach verwahrlost, körperlich zerrüttet und geistig gestört. Kurz nach dieser Heimkunft traf den psychisch offensichtlich völlig Geschwächten die Nachricht vom Tod Susette Gontards, die, schon seit einiger Zeit tuberkulös, im Juni an den Röteln gestorben war. Ob Hölderlin nach dem Grenzübertritt in Straßburg nach Frankfurt gegangen ist und dort Susettes »Todeskampf miterlebte«, wie es Bertaux für möglich hält (HJb 1975/77, 103), oder ob er, wie Beck argumentiert, für einen solchen Umweg (der auch wegen des gespannten Verhältnisses zur Familie der Geliebten recht unwahrscheinlich ist) keine Zeit hatte und die Todesnachricht erst im Juli durch einen Brief Sinclairs erfuhr: es steht fest, daß ihn der endgültige Verlust seiner Geliebten tief schockiert hat. Bertaux macht plausibel, daß Hölderlins Mutter in seinem von Bordeaux vorausgeschickten Gepäck die Briefe der Verstorbenen gefunden und den Heimkehrenden über diese »ungehörige« Verbindung ausgefragt hat (HJb 1975/77, S. 104f), worauf Hölderlin mit Wutanfällen reagierte. Zum Schmerz um den Tod Susettes trat ein Bruch des Vertrauens zur Mutter, an die er sich in einer symbiotisch-distanzlosen Weise gebunden fühlte, bei der er in einer hochkritischen Situation Geborgenheit suchte und Unverständnis fand. Dieses Erlebnis der Zurückweisung und des Alleingelassenwerdens könnte tiefe frühkindliche Traumata wiederbelebt haben; rechnet man dazu das Gefühl Hölderlins, die Gunst und Protektion der »Vaterfigur« Schiller verloren zu haben, bekommt man einen Begriff von dem Druck, unter dem die Psyche Hölderlins damals gestanden haben muß.

In zwei Briefen an Böhlendorff aus Nürtingen, vor und nach der Reise nach Bordeaux (VI, 1; 425ff. und VI, 1; 432f.), finden sich Anspielungen auf Inspirationserlebnisse, die im Bild einer Überwältigung durch die Gottheit Erfahrungen außerhalb des »normalen« psychischen Spektrums zu schildern scheinen: »wie man Helden nachspricht, kann ich wohl sagen, daß mich Apollo geschlagen« (VI, 1; 432). Die erste Hymne des Spätwerks »Wie wenn am Feiertage...« zeigt, daß solche Erlebnisse im Zentrum der späten Hymnen stehen. Der Dichter, der sich von einer göttlichen Macht berührt glaubt, versucht, seine Erfahrung des Absoluten, die ihn selbst gefährdet und zerrüttet, seinen Mitmenschen »ins Lied/Gehüllt« (II, 1; 120) mitzuteilen. Der Topos der göttlichen Inspiration (Curtius, 1948, S. 467f.) dient Hölderlin dazu, inkommensurable innere Vorgänge zu erklären und mitzuteilen – derselbe Topos beeinflußt übrigens das Hölderlinbild vom frühen 19. Jh. bis heute (s. S. 172f.).

Die utopischen Motive, die in der Tübinger Zeit verbunden mit relativ konkreten Hoffnungen in Hölderlins Werk eingetreten und seit der Frankfurter Periode in immer unbestimmtere Zukunft projiziert worden waren, erhalten damit in den späten Hymnen eine mythisch-religiöse Form. Nicht mehr die Realität selbst bewegt sich auf ihre bessere, sozusagen eigentliche Gestalt hin, sondern die Berührung eines Göttlichen verwandelt das wirkliche ins schönere Leben.

Exkurs II: War Hölderlin geisteskrank?

1978 erschien Pierre Bertaux' Biographie »Friedrich Hölderlin«. Ihre Grundthese – Hölderlin sei nach 1806 nicht verrückt gewesen, sondern habe die Maske des Wahnsinns freiwillig und bewußt angelegt, aus Ekel vor der Gesellschaft seiner Zeit und um politischer Verfolgung zu entgehen – löste wie sein Buch über Hölderlin und die Französische Revolution (s. S. 41ff.) in der wissenschaftlichen und feuilletonistischen Presse ein starkes Echo aus und veranlaßte die kritische Überprüfung von Positionen, die lange außer Frage gestanden hatten.

Zur Geschichte der Ansicht von Hölderlins Wahnsinn sei soviel vorgegeben: Es ist unbestritten, daß bei Hölderlin nach 1800 ein Prozeß der Persönlichkeitsveränderung einsetzte, und es ist offensichtlich, daß der endgültige Zusammenbruch (oder Rückzug) nach 1806 eine längere Vorgeschichte hat, sie sei nun pathologisch oder nicht. Hölderlin selber hat sich – durchaus im Zusammenhang mit seiner pietistischen Neigung zu Introspektion und Eigenbeobachtung – schon als Schüler um seine seelische Balance gesorgt und sich über sie geäußert (VI, 1; 7). Der Stiftler kennt intensive psychosomatische Beschwerden und deutet die Symptome als »Kolik« (VI, 1; 69). Die »Flucht« aus Jena führte zu schweren Depressionen – man hat hinter ihr eine psychotische Episode vermutet (Laplanche, 1975). In Homburg entladen sich die verschiedenen psychischen Spannungen, denen Hölderlin ausgesetzt war, wiederum in offensichtlich ziemlich ernsten Depressionen und in einer »Gallenkolik« (VI, 1; 317); der »böse, krampfhafte Zustand« (VI, 1; 385) wurde damals behandelt von dem Homburger Arzt Dr. Müller, der auch später, in der »Hochverrats«-Affäre um Sinclair im Jahr 1805 Hölderlins »Wahnsinn« attestiert hat (wenn er auch vielleicht übertrieben hat, um Hölderlin vor der Verfolgung durch die württembergischen Untersuchungsbehörden zu bewahren, s. S. 61). In einem Brief Hölderlins an die Mutter vom 29. 1. 1800 und in dem späteren Attest Müllers ist der Homburger Zustand als »Hypochondrie« bezeichnet (VI, 1; 385 / VII, 2; 337).

Die Bezeichnungen »Wahnsinn« und »Hypochondrie« hatten um 1800 nicht die naturwissenschaftlich-medizinische Bedeutung des heutigen Sprachgebrauchs. Mehr als heute schwangen in ihnen poetische oder religiöse Nuancen mit. »Hypochondrie« bezeichnete wie »Melancholie« im 18. Jh. verschiedene Formen der Depression, besonders wenn sie sich körperlich äußerten. Melancholie galt als die Krankheit der intellektuell und künstlerisch Begabten – eine Vorstellung, die sich noch im Klischee vom neurasthenischen Künstler findet und die Diagnose schon zu Hölderlins Lebzeiten beeinflußt haben könnte.

Ähnliches gilt für den Begriff des Wahnsinns; hier ist die Konnotation mit der Figur des Künstlers noch deutlicher. Auf den Topos vom »göttlichen Wahnsinn der Dichter« (Curtius, 1948, S. 467), der Hölderlins Selbstinterpretation nach 1800 prägt, wurde schon hingewiesen (s. S. 42). Susan Sontag (1977) hat gezeigt, daß Geisteskrankheiten in ihrem »metaphorischen« Wert der Tuberkulose gleichen, die im 19. Jh. und noch in Thomas Manns »Zauberberg« als Krankheit der Künstler vorgestellt wurde, als ein Leiden, das durch Vergeistigung, Isolation, Reisen, eine Distanz zum »Leben« und damit die höheren Einsichten und Gefühle hervorbringt, die man dem Dichter zuschrieb. Solche Zuschreibungen haben die Rezeption Hölderlins von jeher stark beeinflußt (man denke an den Brief-Roman »Die Günderrode« von Bettine von Arnim s. S. 172) und sind auch in der gegenwärtigen Diskussion latent. Wie das Leben Goethes wurde auch Hölderlins Biographie oft als »Kunstwerk« mißverstanden – während dabei Goethes Karriere mehr einem Roman geglückter Bildung zu gleichen schien, machte man Hölderlin eher zum Helden einer Künstlertragödie, einer Gattung, in der metaphorisch stark »besetzte« Krankheiten wie Tuberkulose, Krebs, Syphilis oder eben Geisteskrankheiten oft eine wichtige Rolle spielen. Auch wenn solche Konnotationen weder für noch gegen Hölderlins Kranksein sprechen, ist es nicht unwichtig, sie sich bewußt zu halten, denn sie machen einen großen Teil der Faszination aus, die Bertaux' Fragestellung auf sich gezogen hat.

Die »metaphorischen« Nuancierungen im Begriff des Wahnsinns wurden im Laufe des 19. Jh.s immer mehr zurückgedrängt. »Wahn« wurde zum Gegenstand der sich als Institution etablierenden klinischen Medizin, als Krankheit (und als nichts sonst) gedeutet und positivistisch klassifiziert. Die für Hölderlin wichtigste dieser Klassifikationen stammt von dem Psychiater Erich Kraepelin (1856-1926), der bestimmte krankhafte Verhaltensänderungen als »Dementia praecox« bezeichnete, ein Begriff, der von Eugen Bleuler 1911 durch den der »Schizophrenie« ersetzt wurde. Inzwischen war 1909 eine »Pathographie« Hölderlins erschienen, von Wilhelm Lange (später Lange-Eichbaum), der die Persönlichkeitsveränderungen Hölderlins (ohne das geringste Verständnis für den literarischen Rang seines Spätwerks, das als klinisches »Belegmaterial« herhalten mußte) einem bestimmten Krankheitsbild der »Dementia praecox«-Gruppe zuordnete, der »katatonen« Form, für die motorische Störungen, Tobsuchtsanfälle und Veränderungen des Sprachverhaltens typisch sind. Nach Einführung des Schizophreniebegriffs wurde es in der Folge zum »einhelligen consensus der Psychiatrie«, daß Hölderlin an einer katatonen Schizophrenie gelitten habe (VII, 3- 340).

Daß dieser Konsens von Bertaux herausgefordert werden konnte, liegt daran, daß der Schizophreniebegriff, der Begriff der Geistes-Krankheit überhaupt, inzwischen sehr umstritten ist. Behandlungsformen wie die Schocktherapie, der politische Mißbrauch der Psychiatrie, die Erinnerung an die faschistischen Programme zur Vernichtung »unwerten Lebens« haben zu Mißtrauen gegenüber der Psychiatrie ebenso Anlaß gegeben wie die Schule der »Antipsychiatrie«, die eine neue, im Kern nicht psychiatrische Ansicht des »Wahns« propagiert hat. David Cooper und Ronald D. Laing in Großbritannien, Thomas Szasz in Amerika, Franco Basaglia in Italien interpretieren den Schizophreniebegriff als eine willkürliche Etikettierung, mit der sozial, politisch oder geistig deviante Menschen stigmatisiert und ausgegrenzt werden.

Bertaux argumentiert in bezug auf Hölderlin ähnlich wie die Antipsychiatrie, übernimmt aber nicht ihre grundlegende Annahme, daß als Wahn etikettierte Zustände prinzipiell keine Krankheiten seien, sondern Formen der Abweichung von sozialen Codes und Diskursformen. Bertaux glaubt durchaus, daß es Geisteskranke und »Psychopathen« gibt (1978, S. 634) – nur Hölderlin soll nicht zu ihnen gehört haben. Er begründet das damit, daß er Hölderlins Devianz nach 1802 als verstehbare Reaktion auf die Enttäuschungen darstellt, die der Dichter sein Leben lang erlitten hat. Daß man Hölderlins Verhalten verstehen kann, ist aber kein Argument gegen die Ansicht der Psychiatrie, daß er (spätestens nach 1806) krank gewesen sei: die Psychiatrie weiß seit langem, daß Psychosen sich reaktiv entwickeln, daß sie als Rückzug zu begreifen sind, als ein Rückzug freilich, der insofern eindeutigen Krankheitscharakter hat, als er den Realitätsbezug aufgibt, die Brücken zur Wirklichkeit regressiv abbricht.

Bertaux' Argumentationsstrategie läuft im Grunde darauf hinaus, daß er zur Erklärung des »Falles Hölderlin« die vormedizinischen, religiös und poetisch konnotierten Erklärungsmodelle ausspielt gegen die Psychiatrie (die sich, was Hölderlin angeht, durch Vertreter wie Lange kompromittiert hat). So etwa, wenn Bertaux den platonischen Topos des göttlichen Wahnsinns der Poeten wiederbelebt und behauptet: »einer, der als geborener Dichter [...] für die poetische Ausdrucksweise außerordentlich begabt ist, [...] ist kein ›normaler‹ Mensch. Mit den ›normalen‹ Menschen kann er immer weniger verkehren, denn sie verstehen ihn nicht mehr« (1981, S. 113).

Bertaux macht den vergessenen und verlassenen Dichter im Tübinger Turm wieder zu der romantischen Figur des eremitischen Sehers, dessen Anders-Sein kein Kasus für die psychiatrische Gesundheitsbürokratie, sondern ein Gegenstand der Verehrung ist. In solcher Argumentation liegt einerseits das Einleuchtende und Berechtigte an Bertaux' Einwand gegen die klinische Betrachtung. An Hölderlins Spätwerk wird augenfällig, daß im Schatten einer »Geisteskrankheit« (und vielleicht im Versuch, sie zu bewältigen, mittelbar also durch sie) ein weltliterarisch einzigartiges Werk entstehen kann, daß eine Reduktion dieses Vorgangs auf medizinische Symptomatik Hölderlins »Verrücktheit« mißversteht, trivialisiert. Andererseits macht Bertaux' unvermittelter Rückgriff auf die vormedizinische, »metaphorische« Deutung des Wahns sein Argument so verwundbar (am vernichtendsten haben ihn Adolf Beck 1980/81 im HJb vom Standpunkt des Biographen, Uwe Henrik Peters 1982 vom Standpunkt des Mediziners angegriffen). Bertaux unternimmt es ja nicht, die Konzeption der Geistes-Krankheit grundsätzlich zu leugnen oder zu destruieren (wie das die Antipsychiatrie versucht), sondern er ignoriert sie nur im Fall des Dichters, der über eine klinische Betrachtung erhaben sein soll.

Die Entscheidung darüber, ob Hölderlin geisteskrank war oder sich freiwillig zurückgezogen hat, hängt entscheidend davon ab, ob man den Veränderungen seiner Persönlichkeit nach 1806 Krankheitswert zusprechen will oder nicht. Schon eine solche Diagnose für einen lebenden Menschen zu stellen, ist schwierig und problematisch genug. Noch schwieriger aber ist es, ein so lang schon beendetes Leben in dieser Hinsicht zu beurteilen. Allerdings: »wie fließend auch immer Krankheit oder Normalität heute aufzufassen sind, so sind doch nicht alle Grenzen zu verwischen« (Walter Müller-Seidel, 1981, S. 163). Akzeptiert man prinzipiell, daß es so etwas wie Geisteskrankheit gibt (Bertaux tut es), dann kann die Interpretation, daß Hölderlin nach 1806 krank war, doch erheblich mehr Wahrscheinlichkeit beanspruchen als die, daß er sich fast 40 Jahre lang verstellt hat.

Literatur:

Zur Diskussion um Hölderlins Krankheit

Adolf Beck: Rezension zu Pierre Bertaux: »Friedrich Hölderlin« (Frankfurt a. M. 1978). In: HJb 22 (1980/81) S. 399-424.

Pierre Bertaux: Friedrich Hölderlin. Frankfurt a. M. 1978.

Ders.: Der »Fall Hölderlin«. In: Gebhard Krämer/Hartmut Prottung (Hrsg.): Friedrich Hölderlin. Salzburg 1981. S. 106-113.

Eugen Bleuler: Dementia praecox oder die Gruppe der Schizophrenien. Wien 1911.

Klaus Conrad: Die beginnende Schizophrenie. Stuttgart 1958.
Renate Böschenstein-Schäfer: Rez. von Laplanche 1975. In: HJb 21 (1978/79) S.335-348.
Dieter Burdorf: Hölderlins späte Gedichtfragmente: »Unendlicher Deutung voll«. Stuttgart u.a. 1993. S. 85-95.
Ernst Robert Curtius: Europäische Literatur und Lateinisches Mittelalter. Bern/München 1948.
Michel Foucault: Der Name/Das Nein des Vaters (frz. 1962). In: LpH 8 (1988) S. 73-92.
Gerhard Fichtner: Der »Fall« Hölderlin. Psychiatrie zu Beginn des 19. Jh.s und die Problematik der Pathographie. In: Beiträge zur Geschichte der Universität Tübingen 1477-1977. Tübingen 1977. S. 497-513.
Ders.: Psychiatrie zur Zeit Hölderlins. Katalog zur Ausstellung anläßlich der 63. Jahrestagung der Deutschen Gesellschaft für Geschichte der Medizin, der Naturwissenschaften und der Technik in Tübingen. Tübingen 1980.
Michael Franz: Annäherungen an Hölderlins Verrücktheit. In: HJb 22 (1980/81) S. 274-294.
Viktor Hanke: Farbpräferenz und schizophrene Sprache, pathographische und farbpsychologische Studien am Beispiel des Gedichtwerks von Friedrich Hölderlin. Diss. Univ. Hamburg 1986.
Norbert von Hellingrath: Hölderlins Wahnsinn. In: N. v. H.: Hölderlin. Zwei Vorträge. München 1921. S. 51-84.
Christoph Jamme: »ein kranker oder gesunder Geist«?. Berichte über Hölderlins Krankheit in den Jahren 1804-1806. In: Jamme/Pöggeler (Hrsg.): Jenseits des Idealismus. Stuttgart 1988. S. 279-290.
Karl Jaspers: Strindberg und van Gogh. Versuch einer pathographischen Analyse unter vergleichender Heranziehung von Svedenborg und Hölderlin. Bremen 1949 (Bern 1922).
Monika Kiehn: Hölderlin. Zur Zeitgestalt seiner Sprachveränderung aus patholinguistischer Sicht. Diss. Hamburg 1985.
Karl Peter Kisker: Über die Einsamkeit der Abwegigen, unter anderem über Hölderlin. In: K. P. K.: Mit den Augen eines Psychiaters. Stuttgart 1976. S. 27-37.
Gerhard Kurz: Hölderlin und die Frage nach dem Wahnsinn. In: Euphorion 73 (1979) S. 186-198.
Wilhelm Lange: Hölderlin. Eine Pathographie. Stuttgart 1909.
Wilhelm Lange (-Eichbaum): Genie, Irrsinn und Ruhm. Eine Pathologie des Genies. Tübingen 1927.
Jean Laplanche: Hölderlin und die Suche nach dem Vater. Stuttgart 1975.
Karl Leonhard: Die genauere Form der Schizophrenie bei Hölderlin in Beziehung zu seinem Sprachgenie. In: Psychiatrie, Neurologie und medizinische Psychologie 16 (1964) S. 41-44.
Walter Müller-Seidel: Höderlins Dichtung und Wahnsinn im Verständnis der Wissenschaft. In: Wahn, Wirklichkeit, Religion. Hrsgg. von Wolfgang Böhme. Karlsruhe 1978. S. 11-41.
Ders.: Hölderlin in Homburg. Sein Spätwerk im Kontext seiner Krankheit.

In: Bad Homburg vor der Höhe in der deutschen Geistesgeschichte (s. S. 41) S. 161-188.
Leo Navratil: Schizophrenie und Sprache. Zur Psychologie der Dichtung. München 1966.
Uwe Henrik Peters: Hölderlin. Wider die These vom edlen Simulanten. Reinbek 1982.
D.E. Sattler/Karl Corion/Pierre Bertaux/Dietrich Uffhausen/Helm Stierlin/Peter Härtling/Hans Dieter Zimmermann: Protokoll der Diskussion (über Hölderlins Krankheit, anläßlich des Frankfurter Hölderlin-Colloquiums vom 3. Juni 1983). In: LpH 7 (1984) S. 55-68
Hans Schadewaldt: Friedrich Hölderlin. Pathographische Paralipomena. In: Die medizinische Welt 22 (1971) S. 33-38.
Hans Schneider: Hölderlins »Hälfte des Lebens« Ein daseinsanalytischer Versuch. In: Monatsschrift für Psychiatrie und Neurologie 111 (1946) S. 292-301.
Klaus Schonauer: Hölderlins Echo. Psychiatrie, Sprachkritik und die Gangarten der Subjektivität. Münster 1993.
Susan Sontag: Illness as metaphor. New York 1977 (dt. »Krankheit als Metapher«).
Helm Stierlin: Hölderlins dichterisches Schaffen im Lichte seiner schizophrenen Psychose. In: Psyche 26 (1972) S. 530-548.
Ders.: Nietzsche, Hölderlin und das Verrückte. Systemische Exkurse. Heidelberg 1992.
Ulrich Supprian: Schizophrenie und Sprache bei Hölderlin. Eine psycholinguistische Studie zum Problem der spätschizophrenen Psychopathie In: Fortschritte der Neurologie, Psychiatrie und ihrer Grenzgebiete 42 (1974).
Rudolf Treichler: Die seelische Erkrankung Friedrich Hölderlins in ihren Beziehungen zu seinem dichterischen Schaffen. In: Zeitschrift für die gesamte Neurologie und Psychiatrie 155 (1936) S. 41-144.
Dietrich Uffhausen: »Weh! Närrisch machen Sie mich.« Hölderlins Internierung im Autenriethschen Klinikum (Tübingen 1806/07) als die entscheidende Wende seines Lebens. In: HJb 24 (1984/85) S. 306-365).
Gerhard Weinholz: Zur Genese des »Wahnsinns« bei Friedrich Hölderlin. Ein Erklärungsmodell aus dem Kontext seines Lebens und seiner Zeit. Essen (2. überarb. u. erw. Auflage) 1991.

Nürtingen, Homburg (1802-1806)

Angespannte literarische Arbeit und fortschreitende Veränderungen seiner Persönlichkeit bestimmen Hölderlins Leben in den folgenden Jahren. Er lebte zunächst bei seiner Mutter- die anfänglichen Wutanfälle legten sich. Familie und Freunde standen seinem Zustand befremdet und ratlos gegenüber. Verschiedene Ärzte in seiner Heimatstadt »behandelten« ihn ohne Erfolg und ohne den Verwandten viel Hoffnung zu machen.

Im Herbst 1802 reiste Hölderlin nach Regensburg, auf Einladung Sinclairs, der dort zusammen mit dem Landgrafen bei der Reichsdeputation zu tun hatte. Sinclair ist Zeuge für das Flair von Kreativität und Faszination, das Hölderlin trotz fortlaufender Verschlimmerung seiner »Symptome« in dieser Zeit ausstrahlte. Obwohl er seinen Freund schon 1802 für wahnsinnig hielt (VII, 2; 238), schrieb Sinclair an Hölderlins Mutter, er habe »nie grösere Geistes u. Seelenkraft als damahls bei ihm gesehen« (VII, 2; 254). Hölderlin scheint in einem emotionalen und intellektuellen Erregungszustand gewesen zu sein, in dem höchste geistige Fruchtbarkeit und Realitätsverlust ineinander übergingen. Die späten Hymnen, die in dieser Zeit entstanden, überschreiten den zeitgenössischen Erfahrungs- und Ausdruckshorizont in einer Radikalität, die erst 100 Jahre später nachvollziehbar wurde. Diese literarische Leistung – vielleicht ein Versuch, die andrängenden psychotischen Attacken zu bewältigen und auszudrücken – ging einher mit einem Abbruch der Kommunikation, mit einer Weigerung, sich der Formen des gängigen literarischen Diskurses zu bedienen. Diese Weigerung zeigt sich besonders deutlich an den Sophokles-Übersetzungen und den dazugehörigen Anmerkungen, die in dieser Zeit zum letzten Mal überarbeitet wurden und 1804 bei Wilmans in Frankfurt erschienen – in einer apodiktischen Selbstverständlichkeit, mit der Hölderlin sich hier durchgehend implizit auf seine (beim Publikum durchaus nicht vorauszusetzende) Dichtungstheorie bezieht und die einen sehr weitgehenden Verlust des Realitätsgefühls anzeigt.

Die Reaktion der Zeitgenossen war entsprechend. »Was sagst du zu Hölderlins Sophokles?« schrieb Heinrich Voß, Sohn des Idyllendichters und Übersetzers und Verfasser einer bemerkenswert arroganten und bornierten Rezension, an einen Freund. »Ich habe neulich abends als ich mit Schiller bei Goethe saß, beide recht damit regaliert [...] Du hättest Schiller sehen sollen, wie er lachte« (VII, 2; 303 f.).

Es war der allgemeine Eindruck im Freundeskreis und in der Familie, daß in dem engen Milieu Nürtingens nicht auf Besserung zu hoffen sei. Im Sommer 1804 holte Sinclair den Kranken deshalb nach Homburg; Hölderlin wurde pro forma als Bibliothekar des Landgrafen angestellt und von Sinclairs Gehalt bezahlt. 1805 erfuhr er dort eine neue Erschütterung, die seinen Zustand weiter destabilisierte. Sinclair hatte im Sommer des Vorjahres, als er sich in Württemberg aufhielt und Hölderlin abholte, mit Persönlichkeiten der württembergischen Revolutionspartei Kontakt gehabt. Der historische Augenblick war kritisch. Friedrich I., ein Enkel Carl Eugens, der seit 1797 regierte, 1803 durch den Reichsdeputationshauptschluß Kurfürst geworden war und 1805 sich auf die Seite Frankreichs schlug, was ihm schließlich die Königswürde einbrachte, drohte den inzwischen einberufenen Landtag aufzulösen (was kurz vor der Abreise Sinclairs und Hölderlins nach Homburg auch geschah) und schikanierte die Vertreter der Opposition. Auf zwei Abendgesellschaften (an der zweiten nahm Hölderlin teil) wurden heftige politische Diskussionen geführt. Bei diesen Gesprächen mit den württembergischen Demokraten war auch Alexander Blankenstein anwesend, ein Finanz-Abenteurer und Betrüger, den Sinclair naiverweise in homburgische Dienste gestellt hatte, mit dem Auftrag, die Einkünfte der Landgrafschaft durch eine staatliche Lotterie zu vermehren. Als Sinclair schließlich mißtrauisch wurde und Blankenstein Anfang 1805 entließ, denunzierte der seinen ehemaligen Beschützer bei der Württembergischen Regierung und gab an, bei den Gesprächen im Sommer 1804 sei ein Anschlag auf den Kurfürsten geplant worden. Sinclair wurde im Februar auf Verlangen Württembergs ausgeliefert und in Stuttgart wegen Hochverrat angeklagt, im Juli nach ergebnisloser Untersuchung wieder freigelassen. Blankenstein hatte auch Hölderlin in die Untersuchung mit hineingerissen. Bei württembergischen Stellen und bei der homburgischen Regierung wurden Auskünfte über ihn eingeholt, und vielleicht hat ihn nur die durch ein medizinisches Gutachten bestätigte Angabe aus Homburg, der landgräfliche Bibliothekar sei wahnsinnig, vor einer Anklage bewahrt (s. S. 54).

Sinclairs Verhaftung setzte Hölderlin erneut in Zustände hochgradiger Erregung und verschlimmerte seine Krankheit. 1806 wurde die Landgrafschaft aufgelöst und dem Großherzogtum Hessen-Darmstadt eingegliedert, einem Mitgliedstaat des unter französischer Hegemonie gegründeten Rheinbunds. Sinclair konnte nicht mehr für Hölderlins Unterhalt aufkommen. Im September 1806 wurde Hölderlin, der sich mit Händen und Füßen wehrte, in die Heimat zurückgebracht, nicht zur Mutter, die er wahrscheinlich nie wieder gesehen hat, sondern in das Tübinger »Clinicum« (ein Vorläufer der Universitätskliniken). Der zweite Teil seines Lebens, die Zeit der Hospitalisierung, begann.

Das »Clinicum« wurde von Johann Heinrich Ferdinand von Autenrieth geleitet, einem für seine Zeit fortschrittlichen Mediziner – es war keine speziell psychiatrisch ausgerichtete Krankenanstalt. Autenrieth plädierte für eine »pädagogische« Behandlung psychisch Kranker, freundlich, aber autoritär und gelegentlich – im Rahmen der ohnehin geltenden Vorstellungen von Erziehung – brutal, für Spaziergänge, Beschäftigungstherapie, vernünftig-strenge Gespräche. Was mit Hölderlin geschah (ob ihm etwa, wie man oft vermutet, die berüchtigte Gesichtsmaske aufgesetzt wurde, mit der Autenrieth tobende Patienten zu fixieren pflegte), wissen wir nicht – das Rezeptbuch verzeichnet Mittel gegen Herzschwäche, Beruhigungs- und Abführpräparate. Insgesamt scheint der Aufenthalt im Clinicum seinen Zustand eher verschlimmert zu haben. Im Mai 1807 wurde er entlassen, als unheilbar, harmlos und pflegebedürftig.

Ernst Friedrich Zimmer, ein Tübinger Schreinermeister, der ein einfühlsames menschliches Interesse für den Patienten des Clinicums entwickelt hatte, nahm Hölderlin in seinen Haushalt auf. Zimmer ist ein Beispiel dafür, daß die Bildungs- und Literaturbewegung der Zeit nicht auf die kleine Zahl der Intellektuellen beschränkt war. Er war erstaunlich belesen und kannte auch den »Hyperion«. Es ist einer der wenigen Glücksfälle in Hölderlins Leben, daß er während der Monate seiner Behandlung bei Autenrieth diesem sensiblen und integren Mann begegnete. Die im Sommer 1991 entdeckten Nürtinger Pflegschaftsakten bieten nun einen gründlichen Einblick in die Zeit des Turms 1807-1843 (*Gregor Wittkop* 1993). Hölderlin lebte von nun an in einem turmartigen Anbau des Zimmer'schen Hauses, auf den Neckar hinaus.

Seine Symptome sind seit dieser Zeit durch viele Berichte belegt. Der auffallendste Zug in seinem Verhalten war ein merkwürdig zerfahrener, zugleich manirierter und assoziativer Stil des Sprechens, eher ein Versuch, Kommunikation zu vermeiden, als sich mit seiner Umwelt auszutauschen. »Ich, mein Herr, bin nicht mehr von demselben Namen«, sagte er zu einem der Stiftsstudenten, die sich mit ihm angefreundet hatten, »ich heiße nun Killalusimeno. Oui, Eure Majestät: Sie sagen so, Sie behaupten so! Es geschieht mir nichts« (VII, 3; 69). Versuche, die so geschaffene Distanz zu durchbrechen, Erzählungen über ihm nahestehende Personen aus der Zeit vor 1806, emotionale Ausbrüche von Besuchern wehrte er mit Kälte und Förmlichkeit oder mit Wutanfällen ab. Die Zimmers und andere beschrieben seine große Unruhe, tagelange Spaziergänge im Garten oder in seiner Stube, stereotype, autistisch wirkende Handlungen und Bewegungen, unaufhörliche Selbstgespräche. Hölderlin hat in seiner Tübinger Zeit noch immer Gedichte geschrieben (s. S. 164f.); einige sind erschütternd hellsichtig und emotional, wie der berühmte Vierzeiler »Das Angenehme dieser Welt.. » (II, l; 267) oder das Gedicht »Wenn aus der Ferne.. «, das an die Diotima-Lyrik der Frankfurter Zeit anschließt (II, 1; 267 f.).

Der Kontakt zu den früheren Freunden riß völlig ab. Mit der Mutter pflegte Hölderlin eine formelhaft-unterwürfige Korrespondenz, die wie eine Karikatur des früheren Verhältnisses wirkt. Vertreter der Schwäbischen Romantik – Justinus Kerner, Gustav Schwab, Ludwig Uhland – machten sich um die Rezeption, die jetzt zögernd und begrenzt einsetzte, verdient; Uhland und Gustav Schwab redigierten die Gedicht-Ausgabe von 1826 (s. S. 173). Im Stift, einen Steinwurf von Zimmers Anwesen entfernt, »zirkulirten seine jugendlich schönen Griechenlieder in Abschriften, und gingen von Mund zu Mund«, wie sich Gustav Schwab erinnerte (VII, 2; 417) – für die Stiftler war Hölderlin eine lebende Erinnerung an die heroischen 90er Jahre, und für viele wurde er eine wichtige Figur ihrer Jugend: für Christoph Theodor Schwab, der zusammen mit seinem Vater Gustav eine Gesamtausgabe veranstaltete, für Eduard Mörike, der für die Rezeptionsgeschichte vor allem als Sammler von Hölderlin-Manuskripten wichtig ist und für Wilhelm Waiblinger, der einen biographischen Versuch verfaßte und Hölderlins Leben in seinem Roman »Phaëton« gestaltete.

An Hölderlins Pflegebedürftigkeit hat sich – trotz eines lichten Intervalls im Jahr 1823 – nichts mehr geändert. Am 7. Juni 1843 ist er an Altersschwäche gestorben.

Literatur:

Zur Zeit nach 1800

Adolf Beck: Aus dem Freundeskreis Hölderlins nach 1800. In: In Libro Humanitas. Festschrift für Wilhelm Hoffmann. Stuttgart 1962. S. 315-335.

Ders.: Eine Personalbeschreibung von Hölderlin und die Frage seines Weges nach Bordeaux. In: HJb 10 (1957) S. 67-72.

Ders.: Hölderlin im Juni 1802 in Frankfurt? Zur Frage seiner Rückkehr nach Bordeaux. In: HJb 19/20 (1975-77) S. 458-475.

Ders.: Vorarbeiten zu einer künftigen Hölderlin-Biographie. 1. Zu Hölderlins Rückkehr von Bordeaux. In: HJb 4 (1950) S. 72-95. 2. Moritz Hartmanns »Vermuthung«. In: HJb 5 (1951) S. 50-67.

Pierre Bertaux: Hölderlin in und nach Bordeaux. Eine biographische Untersuchung. In: HJb 19/20 (1975-77) S. 94-111.

Ders.: Zu Hölderlins Reise nach Bordeaux. In: HJb 23 (1982/83) S. 258-260.
Wilhelm Böhm: Hölderlin und die Schweiz. Frauenfeld/Leipzig 1935.
Bernhard Böschenstein: Das Bild der Schweiz bei Ebel, Boehlendorff und Hölderlin. In: »Frankfurt aber ist der Nabel dieser Erde...« (s. S. 33) S. 58-72.
Michael Franz: September 1806. In: LpH 6 (1983) S. 9-53.
Christoph Jamme: Sinclairs Briefe an Hegel 1806/07. In: Hegel-Studien 13 (1978) S. 17-52.
Lothar Kempter: Hölderlin in Hauptwil. St. Gallen 1946 (bearbeitete Auflage Tübingen 1975).
Werner Kirchner: Der Hochverratsprozeß gegen Sinclair. Ein Beitrag zum Leben Hölderlins. Marburg 1949 (Frankfurt a. M. 1969).
Irene Koschlig-Wiem: Ein neues Hölderlin-Bildnis. Zur Auffindung einer Zeichnung Louise Kellers aus dem Jahre 1842. In: HJb 7 (1953) S. 74-79.
Jean-Pierre Lefebvre: Neue Fragestellungen zu Hölderlins Reisen und zu seinem Aufenthalt in Frankreich. In: Turm-Vorträge (1987/88). Tübingen 1988. S. 131-139.
Ders.: Hölderlin, journal de Bordeaux (1er janvier – 14 juin 1802). London 1990.
Günter Mieth: Hölderlins Frankreich-Aufenthalt im Jahre 1802 als »Totalerfahrung« und als eine entscheidende Voraussetzung für sein Spätwerk. In: HJb 29 (1994/95) S. 150-152.
Ilva Oehler: Die schweizerische Publizistik zur Zeit des Friedens von Lunéville. In: HJb 12 (1961/62) S. 242-249.
Paul Raabe: Der Verleger Friedrich Wilmans. Ein Beitrag zur Literatur- und Verlagsgeschichte der Goethezeit. In: Bremisches Jahrbuch 45 (1957) S. 79-162.
Eberhard Stübler: Johann Heinrich Ferdinand v. Autenrieth. In: Schwäbische Lebensbilder V. Stuttgart 1950. S. 149-160.
Peter Szondi: Hölderlins Brief an Boehlendorff vom 4. Dezember 1801. Kommentar und Forschungskritik. In: Euphorion 38 (1964) S. 260-275.
Dietrich Uffhausen: Ein neuer Zugang zur Spätdichtung Hölderlins. Lexikalisches Material in der poetischen Verfahrensweise. In: HJb 22 (1980/81) S. 311-332.
Gregor Wittkop (Hrsg.): Hölderlin. Der Pflegesohn. Texte und Dokumente 1806-1843 mit den neu entdeckten Nürtinger Pflegschaftsakten. Stuttgart, Weimar 1993 (Schriften der Hölderlin-Gesellschaft Bd. 16).

Gesamtdarstellungen

Die »Große Stuttgarter Ausgabe« ist die größte *Dokumentensammlung* zu Hölderlins Leben, in den Briefbänden und den eigentlichen Dokumentenbänden (VI-VII).

Ein gelungener Versuch einer literarisch-dokumentarischen Darstellung des Lebens Hölderlins ist *Peter Härtlings:* Hölderlin. Ein Roman. Darmstadt/Neuwied 1976 (s.a. *Wolfgang Klimbacher* 1993). *Emery Edward George*

(1990) hat eine kritische Durchsicht der bislang vorliegenden Hölderlin-Biographien vorgenommen.

Adolf Beck/Paul Raabe: Hölderlin. Eine Chronik in Text und Bild. Frankfurt a. M. 1970.
Marianne Beese: Friedrich Hölderlin. Leipzig 1981.
Pierre Bertaux: Hölderlin. Essai de biographie intérieure. Paris 1936.
Ders.: Hölderlin ou le temps d'un poète. Paris 1983.
Ders.: Hölderlin Variationen. Frankfurt a. M. 1984.
Wilhelm Böhm: Hölderlin. 2 Bände. Halle/Saale 1928-30.
Henning Bothe: Hölderlin zur Einführung. Hamburg 1994.
Ulrike Brommer: »...und Wasser trink ich oft dazu«. Das private Leben der großen schwäbischen Dichter. Gerlingen 1993. S. 106-165 (Hölderlin).
David Constantine: Hölderlin. Oxford 1989 (Constantines einführende Hölderlindarstellung in den Beck'schen Autorenbüchern »D. C.: Friedrich Hölderlin. München 1992«) ist vor dem Hintergrund dieser umfangreichen Studie zu verstehen).
Wilhelm Dilthey: Das Erlebnis und die Dichtung. Lessing, Goethe, Novalis, Hölderlin. Leipzig 1906.
Emery Edward George: Hölderlin and his biographers. In: JEGPH 89 (1990) S. 51-85.
Ulrich Häussermann: Friedrich Hölderlin in Selbstzeugnissen und Bilddokumenten. Reinbek 1961.
Norbert v. Hellingrath: Hölderlins Wahnsinn. In: N. v. H.: Hölderlin-Vermächtnis. München 1936.
Alexander Jung: Friedrich Hölderlin und seine Werke. Mit besonderer Beziehung auf die Gegenwart. Stuttgart/Tübingen 1848.
Katharina Kaspers: »Der arme Hölderlin«: Über den Umgang mit der Person und der Idee des wahnsinnigen Dichters. In: K. K.: Der arme Poet. Wandlungen des dichterischen Selbstverständnisses in der deutschen Romantik. Frankfurt a. M. u.a. 1989. S. 25-63.
Wolfgang Klimbacher: »Der irre Hölderlin«. Das literarische Hölderlinbild. Mythos, Legende und eine Annäherung. Eine Untersuchung über die Hölderlin-Roman von Wille, Ott und Härtling. Mss. Diss. Uni Klagenfurt 1993.
Carl T. Litzmann: Friedrich Hölderlins Leben. In Briefen von und an Hölderlin. Berlin 1890.
Wilhelm Michel: Das Leben Friedrich Hölderlins. Bremen 1940 (Darmstadt 1963).
Günter Mieth: Friedrich Hölderlin. Dichter der bürgerlich-demokratischen Revolution. Berlin/DDR 1978.
Ronald Peacock: Hölderlin. London 1938.
Ludwig v. Pigenot: Hölderlin. Das Wesen und die Schau. Ein Versuch. München 1923.
Lawrence Ryan: Hölderlin. Stuttgart 1961.
Gerhard Sauder: Hölderlins Laufbahn als Schriftsteller. In: HJb 24 (1984/85) S. 139-166.

Gerhard Schulz: »Auf der Suche nach Friedrich Hölderlin«. Überlegungen zum Verhältnis zwischen Biographie und Kunstwerk. In: Bad Homburger Hölderlin-Vorträge (1992/93). Bad Homburg v. d. Höhe 1993. S. 7-22.
Christoph Theodor Schwab: Hölderlins Leben. In: Hölderlin: Sämmtliche Werke, Band 2. Stuttgart 1846.
Gustav Schwab/Christoph Theodor Schwab: Lebensumstände des Dichters. In: Hölderlin: Gedichte, 2. Auflage Stuttgart/Tübingen 1843. S. V-XX.
Werner Volke (Hrsg.): Hölderlin zum 200. Geburtstag. Katalog der Ausstellung des Schiller-Nationalmuseums Marbach a. Neckar. Stuttgart 1970.
Friedrich Wilhelm Waiblinger: Friedrich Hölderlins Leben, Dichtung und Wahnsinn. In: StA VII, 3; S. 50-88.

4. Werk

Jugendgedichte

Als »Jugendlyrik« oder »frühe Gedichte« werden in der Sekundärliteratur meist die Gedichte des Klosterschülers Hölderlin bezeichnet, der seine frühen Werke am Ende der Maulbronner Zeit in einer Reinschrift (dem »Maulbronner Quartheft«) sammelte; aber noch die Gedichte zu Beginn der Tübinger Periode – bis zum Entstehen der »Tübinger Hymnen«, die sich als formal und inhaltlich einheitliche Gruppe von den früheren Gedichten deutlich unterscheiden – stehen dem Werk der Schulzeit sehr nahe.

In seinem Jugendwerk setzt sich Hölderlin experimentierend den Anregungen seiner literarischen Umwelt aus, es ist formal recht heterogen. Acht- und vierzeilige Reimstrophen, Hexameter, ans Kirchenlied angelehnte Formen stehen neben asklepiadeischen, alkäischen oder selbsterfundenen antikisierenden Maßen und neben freien Rhythmen, die Hölderlin von Klopstock und Stolberg übernahm.

Es gab in Württemberg in den 80er Jahren ein fruchtbares Literaturleben. Um den 1782-1787 von Gotthold Stäudlin (s. S. 25) herausgegebenen und 1792/93 (dann schon unter Mitarbeit von Neuffer und Hölderlin) wiederbelebten »Schwäbischen Musenalmanach« formierte sich eine Gruppe epigonaler Klassizisten mit dem Ehrgeiz, »dem ganzen unschwäbischen Teutschland ein Generaltreffen zu liefern, und dieses soll kein Haar weniger als das Genie der Provinz entscheiden« – so Schiller in seiner Rezension des ersten Almanachs, zu dem er übrigens selbst beigetragen hatte (Nationalausgabe, Bd. 22, S. 187f.). Johann Jakob Thill, ein empfindsamer schwäbischer Dichter, dessen frühem Tod Hölderlin eine Ode widmete (»An Thills Grab« I, 1; 83f.) war ein viel sentimentalisierter Vorläufer der damaligen Literaturblüte in Württemberg, Christian Friedrich Schubart, bis 1787 Gefangener des Herzogs, ihr politischer Märtyrer.

Hölderlin hatte schon als Schüler ein Interesse für die Literatur entwickelt, dessen Ernsthaftigkeit und Engagement auf die heute nicht mehr unmittelbar verständliche Bedeutung dieser damals neben der Philosophie repräsentativen bürgerlichen Ausdrucksform verweist, die am Ende des 18. Jh.s die Begabtesten vieler Generationen anzog. Die Beiträger zu Stäudlins Musenalmanachen (zu denen auch einer der Lehrer im Stift, Karl Philipp Conz, und der spätere französische Diplomat Karl Friedrich Reinhard gehörten) prägten die Atmosphäre, in der Hölderlin die Themen und Formen der Empfindsamkeit und des Sturm und Drangs aufnahm, die Dichter des Göttinger Hainbunds und vor allem Klopstock las. Der Einfluß Schillers ist greifbar (»Der nächtliche Wanderer« I, 1; 7), in einigen Gedichten finden sich ossianische Stimmungen (»Auf einer Haide geschrieben« I, 1; 29f.). Antityrannisch-vaterländische Anklänge an Schubarts Lyrik stehen neben untertänigen Preisgedichten an die Herzogin Franziska (I, 1; S. 24f.) und auf die schulischen und kirchlichen Obrigkeiten. Ein Einfluß Goethes ist nicht zu erkennen; über Wieland äußert sich Hölderlin in einem Brief an Immanuel Nast (VI, 1; 10) abschätzig. Von Klopstock übernimmt Hölderlin am meisten: nicht nur stilistische Manierismen wie den absolut verwendeten Komparativ (»doch freut sich meine Seele schöner« I, 1; 31), sondern vor allem die Verbindung christlicher, pietistisch geprägter Hymnik mit jener »empfindsamen« Emotionalität, die als grundlegende Komponente des sich formenden bürgerlichen Selbstbilds die zeitgenössische Literatur bestimmte.

Die literarischen Einflüsse in Hölderlins Jugendgedichten und ihr Weiterwirken in den späteren Werkperioden haben lange Zeit nur wenig Interesse in der Forschung gefunden, eine der Ausnahmen stellt z. B. die Studie von Adolf Beck dar, der Hölderlins Rezeption der Gedichte Leopold zu Stolbergs bis in die Frankfurter Zeit hinein nachzeichnete. Es ist aber offensichtlich, daß Motive, die schon im Jugendwerk auftauchen – etwa die Hölderlin zuerst wohl von Stolberg vermittelte platonische Begeisterungs- und Inspirationsmetaphysik – noch im Spätwerk eine bestimmende Rolle spielen (s. S. 143f.). Einen gründlichen Einblick in die literarischen, geschichts- und religionsphilosophischen Kontexte, in denen Hölderlins Werk steht, bietet nun die hervorragende Einführung von Ulrich Gaier. Sie führt dem Leser jenes zeitgenössische Kontinuum eines komplexen, aber einheitlichen kulturellen Dialogs vor Augen, in dem Hölderlins Texte als »Mitsprache und Antwort im Gespräch der Zeitgenossen über Aufklärung uns Emanzipation im Glauben, Denken, Fühlen, im gesellschaftlichen und geselligen Zusammenleben, in der Literatur und Ästhetik« zunehmend nachvollziehbar werden.

Literatur:

Jugenddichtung

Käte Bäumer: Die innere Entwicklung der Jugendlyrik Hölderlins. Mss. Diss. Göttingen 1949.
Wolfgang Binder: Sinn und Gestalt der Heimat in Hölderlins Dichtung. In: HJb 8 (1954) S. 46-78.
Wolfgang Braungart: »Die Teck«. In: Interpretationen. Gedichte von Friedrich Hölderlin. (Reclam U.B. 9472). Tübingen 1996. S. 7-13.
Rudolf Grosch: Die Jugenddichtung Friedrich Hölderlins. Berlin 1899.
Götz-Eberhard Hübner: Vaterländische Prozeßfiguration und dichterisches Prozeßverhalten in Hölderlins »Francisca«-Ode. Ein philologischer Versuch. In: HJb 18 (1973/74) S. 62-96 (Teil 1) und in: HJb 19/20 (1975-77) S. 156-211 (Teil 2).
Karin Kroll: Klopstocks Bedeutung für Hölderlins Lyrik. Mss. Diss. Kiel 1960.
Roy Cherry Shelton: The young Hölderlin. Bern/Frankfurt a. M. 1973.
Friedrich Siegmund-Schultze: Der junge Hölderlin. Analytischer Versuch über sein Leben und Dichten bis zum Schluß des ersten Tübinger Jahres. Breslau 1939.
Werner Volke: Nachwort. In: Hölderlin: Die Maulbronner Gedichte 1786-1788. Faksimile des »Marbacher Quartheftes«. Marbach/Neckar 1977. S. 147-160.

Die frühen Hymnen

Vom Jugendwerk, in dem sich die verschiedenartigsten Einflüsse überkreuzen, hebt sich die Gruppe der frühen Hymnen als der erste relativ geschlossene Werkkomplex ab. Ihr formales Kennzeichen ist die (aus Schillers »Ideenhymnik« übernommene) hymnische Reimstrophe mit meist acht iambischen oder trochäischen Versen im Reimschema ABAB. Obwohl sich diese Form auch schon in den Jugendgedichten findet und selbst in der Frankfurter Zeit noch einzelne Reimhymnen entstehen, stammt die Mehrzahl dieser frühen hymnischen Gedichte aus Hölderlins Zeit im Tübinger Stift – man bezeichnet sie deshalb auch oft als »Tübinger Hymnen«.

Die Hymne gehört an ihrem Ursprung in den Zusammenhang des antiken griechischen Kults. Das spiegelt sich in der inhaltlichen Gattungstradition wider: die Hymne beschwört die Sphäre des Absoluten, des Göttlichen. Typische Themen der antiken Hymne waren die Götter des griechischen Olymp, Heroen, der späteren christlichen Hymnik Gott oder, besonders häufig, Maria.

Im 18. Jh. kommt ein ideengeschichtlicher Prozeß der Säkularisation auf seinen Höhepunkt, in dessen Verlauf die Form der Hymne entsteht, wie wir sie von Schiller und aus Hölderlins Frühwerk kennen. Das christliche Dogma wird in diesem Prozeß mehr und mehr entweder subjektiv verinnerlicht oder idealistisch umgedeutet, rationalisiert oder pantheistisch ausgeweitet. Pietismus, Aufklärung, idealistische Philosophie, pantheistische Strömungen oder auch die Vereinigungsphilosophie, von der Hölderlin vor allem beeinflußt ist, wirken in einem Erosionsprozeß zusammen, der den als Person gedachten Gott schrittweise in ein Abstraktum verwandelt. Viele Philosophen, die Hölderlins Entwicklung im Stift beeinflußt haben – Leibniz, Spinoza, Herder, Rousseau – sind mit solchen Strömungen in Verbindung zu bringen.

In Schillers Ideenhymnen, dem unmittelbaren Vorbild für Hölderlins lyrisches Frühwerk, stehen nicht mehr die christliche Gottheit oder von ihr abgeleitete Wertvorstellungen im Mittelpunkt, sondern geschichtsphilosophische Utopien und ästhetische Ideale: Schönheit, Harmonie, Antike. Hölderlin griff diese neugeschaffene und heftig diskutierte Gattung in einer ganz spezifischen Situation auf, als angehender Theologe im Tübinger Stift, dessen Atmosphäre von der Auseinandersetzung um die neuen Statuten (s. S. 24) und die Französische Revolution aufgewirbelt war. Die jungen Intellektuellen, die im Stift den Ton angaben, standen zwischen der Orthodoxie, die sie später vertreten sollten, und den neuen philosophischen und politischen Ideen. Die meisten sympathisierten mit der Französischen Revolution; zumindest während deren Anfangsphase galt sie Hölderlin und seinen Freunden als der historische Fixpunkt all ihrer Hoffnungen, Träume und Utopien. Hegel schilderte aus späterer Erinnerung heraus das Erlebnis der Revolution als einen »herrlichen Sonnenaufgang«; die Idee, daß »der Gedanke die geistige Wirklichkeit regieren solle«, versetzte die deutsche Gelehrtenrepublik in »erhabene Rührung« und wurde als »Versöhnung des Göttlichen mit der Welt« verstanden (Werke 12, S. 529).

Die Begeisterung in Deutschland mißverstand die politische Bewegung im Nachbarland als Verwirklichung jener Ideen, in die der überkommene Gottesbegriff inzwischen zerfallen war; der »Gedanke«, das »Göttliche«, schien in Paris an die Macht gekommen zu sein. Hölderlins Hymnik ist genau von diesem Mißverständnis inspiriert. Ausgehend von einer religiös-idealistischen Interpretation der französischen Umwälzung versucht er, den Enthusiasmus für ihre vermeintlichen Ideale auch in Deutschland zu entzünden: die frühen Hymnen sind Hölderlins »eigentliche Revolutionsdichtung« (Prignitz, 1976, S. 41).

Die Idealvorstellungen und Werte, die er in die Französische Revolution projiziert, entstammen zum größten Teil der Tradition der Vereinigungsphilosophie, die von seiner Tübinger Zeit an sein Denken und seine Poesie in verschiedenen Formen beherrschen wird (sie ist in den frühen Hymnen allerdings noch nicht im Kontext und in der Terminologie der Idealismus-Diskussion formuliert, wie etwa in dem Fragment über »Urteil und Sein«, wo Hölderlin gegen Fichte und Schiller argumentiert – s. S. 91f.). Die Vereinigungsphilosophie entstammt der platonischen bzw. neuplatonischen Überlieferung und erlebte im 18. Jh. eine intensive Renaissance in England (Shaftesbury und die Cambridger Schule), in den Niederlanden (Hemsterhuis) und auch in Deutschland, wo Jacobi, Herder und Schiller vereinigungsphilosophische Motive aufgreifen. Sie versteht das Absolute als die harmonische Einheit aller Lebewesen, die höchste Bestimmung des Menschen sieht sie in der Vereinigung mit allem, was ihn umgibt. Ihr wesentliches Problem liegt in der Frage, wie eine solche Einheit zu erreichen sei, ohne daß sich die Individuation des Menschen auflöst und er mit der Welt verschmilzt. In einer Konzeption der Harmonie, die »Liebe und Selbstheit« – so lautet der Titel eines einflußreichen vereinigungsphilosophischen Essays Herders – miteinander verbindet, sieht auch Hölderlin das Ideal seiner Dichtung und der zukünftigen Gesellschaft, für die er schreibt. Wie dieses Ideal ästhetisch darzustellen und historisch herbeizuführen sei, ist für Hölderlin »das Problem, dessen Lösungsversuche sein Werk gliedern« (Kurz, 1975, S. 19).

In den Hymnen der Tübinger Zeit wird das vereinigungsphilosophische Ideal deklamatorisch der Wirklichkeit entgegengesetzt. Das Bild der Einheit und von ihr abgeleiteter begrifflicher Wesenheiten wird als eine Art heiliger Begriffsfamilie vor das Auge des Lesers gerufen. Die stilistischen Mittel gehören in den »erhabenen Stil« der traditionellen Rhetorik, die poetische Bewegung erinnert an eine Predigt – auch dies ein Zeichen dafür, wie eng die Ideenhymne mit dem beschriebenen Säkularisierungsprozeß zusammenhängt.

Die erste der eigentlichen Tübinger Hymnen, der »Hymnen an die Ideale der Menschheit«, wie Dilthey sie genannt hat (1906, S. 289), richtet sich an die »Göttin der Harmonie«. Die Einheit wird personifiziert als Urania, als die himmlische Aphrodite – eine geistige Form der Liebe, die der Ordnung des Weltalls nach vereinigungsphilosophischer Lehre zugrundeliegt – Weltenschöpferin und Seele des Universums zugleich: »Thronend auf des alten Chaos Woogen / Majestätisch lächelnd winktest du, / Und die wilden Elemente flogen / Liebend sich auf deine Winke zu« (I, 1; 131). Die Natur ist durch die Harmonie aus dem Chaos erschaffen worden und drückt ihr Wesen aus. Sie ist nicht mehr der Spiegel Gottes, wie in der christlichen Literatur, sondern der Spiegel der Einheit, die die Welt geschaffen hat und zugleich das Gesetz der menschlichen Innerlichkeit ist: »Meine Welt ist deiner Seele Spiegel, / Meine Welt, o Sohn! ist Harmonie, / Freue dich! Zum offenbaren Siegeln / Meiner Liebe schuff ich dich und sie« (I, 1; 132).

Indem er dem Leser der hymnischen »Predigt« die Einheit als den Inhalt des Weltalls und zugleich seiner eigenen Seele bewußtmacht, verfolgt der Dichter die Absicht, ihn zu bessern. Er wendet sich an eine Gemeinde von »Brüdern« – das idealisierte bürgerliche Publikum – und fordert sie auf, ihr Leben an jenem Einheitszusammenhang zu orientieren, dessen sie die Hymne versichert hat. Der »verjährte Wahn« und die »Lüge« sollen untergehen, »Liebe«, »Wahrheit« und »Weisheit« den neuen Brüderbund regieren (I, 1; 133). Die Hymnen enden oft mit relativ deutlichen antityrannischen Anklängen: »Erdengötter, werft die Kronen nieder!« (I, 1; 134) heißt es in der Schlußstrophe der Hymne an die Harmonie und in der an die Freiheit wird das »süße, heißerrungene Ziel«, der »Erndte großer Tag« beschworen, an dem »verödet die Tirannenstühle, / Die Tirannenknechte Moder sind« (I, 1; 142).

Die Wendung des sich als Priester verstehenden Dichters an ein göttlich-begriffliches Wesen, dessen Existenz in der poetischen Begeisterung beglaubigt und einer »Gemeinde« Gleichgesinnter verkündigt wird – diese poetische Bewegung ist das Grundmuster der Tübinger Hymnen Hölderlins. Ihre Themen sind verschiedene Aspekte der Einheit. Sie wird platonisch als Schönheit und Liebe erfahren (s. das Kapitel zum »Hyperion«, S. 77ff.) oder rousseauistisch im Zusammenhang der Natur. Besonders wichtig ist die Thematik des Heroischen und ihr zentrales poetisches Bild, der Halbgott Herakles, in dem sich die Einheit aktiv, kämpferisch, im Prozeß ihrer Realisierung ausdrückt. Der Heros verwirklicht sich in einer zerrissenen Welt; seine Taten vereinigen Subjektivität und Welt, und er wird damit zu einem Symbol der neuen revolutionären Zeit, deren heroisch-antike Selbstdarstellung in Frankreich von Hölderlin vereinigungsphilosophisch ausgedeutet wird:

> Verlaß mit deinem Götterschilde,
> Verlaß, o du der Kühnen Genius!
> Die Unschuld nie. Gewinne dir und bilde
> Das Herz der Jünglinge mit Siegsgenuß !
> O säume nicht! ermahne, strafe, siege!
> Und sichre stets der Warheit Majestät,
> Bis aus der Zeit geheimnißvoller Wiege
> Des Himmels Kind, der ew'ge Friede geht (I, 1; 178).

Die Themen der Tübinger Hymnen stehen in enger Beziehung zueinander: Schönheit, Freiheit, Freundschaft, Liebe, Kühnheit stellen sämtlich verschiedene Aspekte der Harmonie dar und diese Aspekte entwickeln sich in einem gegenseitigen Explikationsprozeß. »Schönheit will nicht nur dasein, sondern angeschaut werden, also ruft sie Liebe hervor; Liebe, wenn sie rein erfahren wird, schenkt Freiheit; Freiheit, sobald sie sich fühlt, erkennt Wahrheit; Wahrheit weckt Gerechtigkeitssinn, sodann Kühnheit, darauf Mut zum Gesang und in diesem zuletzt wieder Schönheit- oder wie man den Kreis anordnen oder erweitern will, den jede Hymne variiert« (Binder, 1973/74, S. 6). In diesem zyklischen Entfaltungsprozeß progressiver gesellschaftlicher Ideale steckt Hölderlin den Kreis der Themen ab, die ihn sein Leben lang beschäftigen werden.

Die frühen Hymnen sind arm an Konkretem, Sinnlichem. Natur, Gesellschaft, Politik erscheinen nur schemenhaft, stilisiert und als Beleg für die enthusiastisch in den Vordergrund gestellten Begriffe. Diese Weltlosigkeit des lyrischen Frühwerks ist der Grund dafür, daß es in der Zeit nach dem Tübinger Stift in eine Krise geriet. Hölderlin wandte sich nun einerseits intensiver der Philosophie zu und versuchte, das vereinigungsphilosophische Begriffsuniversum im Kontext der idealistischen Diskussion zu formulieren, andererseits gab ihm die Arbeit an seinem Roman »Hyperion« die Möglichkeit, den moralisch-politischen Enthusiasmus seines Frühwerks in der Freundschaft seiner Figuren Hyperion und Alabanda als Moment einer konkreten Handlung zu erproben, zu relativieren und zu korrigieren.

Literatur:

Gute Einführungen sind:

Wolfgang Binder: Einführung in Hölderlins Tübinger Hymnen. In: HJb 18 (1973/74) S. 1-19.
Ulrich Gaier: Hymnische Dichtung der Studienjahre. In: U. G.: Hölderlin. Eine Einführung. Tübingen u.a. 1993. S. 13-56.

Paralleltexte versammelt:
Paul Böckmann: Hymnische Dichtung im Umkreis Hölderlins. Eine Anthologie. Tübingen 1965.

Ernst Bauer: Hölderlin und Schiller. Borna/Leipzig 1908.
Adolf Beck: Hölderlin und Friedrich Leopold Graf zu Stolberg. Die Anfänge des hymnischen Stils bei Hölderlin. In: A. B.: Forschung und Deutung. Ausgewählte Aufsätze zur Literatur. Hrsgg. von Ulrich Fülleborn. Frankfurt a. M./Bonn 1966. S. 236-264.

Friedrich Beißner: Hölderlins Hymne an das Schicksal. In: F. B.: Hölderlin. Reden und Aufsätze. Weimar 1961. S. 15-30.
Paul Böckmann: Der hymnische Stil in der deutschen Lyrik des 18. Jh.s. In: P. B.: Hymnische Dichtung im Umkreis Hölderlins. Eine Anthologie. Tübingen 1965 (Schriften der Hölderlin-Gesellschaft 4) S. 1-24.
Götz-Lothar Darsow: »...aber von Ihnen dependier ich unüberwindlich...«. Friedrich Hölderlins ferne Leidenschaft. Stuttgart 1995.
Wilhelm Dilthey: Das Erlebnis und die Dichtung. Lessing, Goethe, Novalis, Hölderlin. Leipzig 1906.
Willard T. Daetsch: The almanachs of Gotthold Friedrich Stäudlin 1782-1787 and 1792-1793 with special emphasis on their significance for Friedrich Schiller and Friedrich Hölderlin. Ann Arbor 1970.
Jochen Hengst: Jedes Wort ist ein Wahn. Versuch, Hölderlins frühe Texte aus der Perspektive seiner späten zu lesen. Frankfurt a. M. u.a. Mss. Diss. Univ. Hannover 1988.
Ulrich Hötzer: Die Gestalt des Herakles in Hölderlins Dichtung. Stuttgart 1956.
Hans Jacobs: Untersuchungen zu Raum und Landschaft im Frühwerk Friedrich Hölderlins. Kiel 1964.
Hans-Dieter Jünger: Das idealische Erinnern bei Hölderlin. Das Sein des Ahnens in Hölderlins früher Dichtung. In: ders.: Mnemosyne und die Musen. Vom Sein des Erinners bei Hölderlin. Würzburg 1993. S. 193-224.
Gerhard Kaiser: »Hymne an die Freiheit«. In: Interpretationen. Gedichte von Friedrich Hölderlin (Reclam U.B. 9472). Tübingen 1996. S. 31-47.
Günter Mieth: Hölderlins Tübinger Hymnen. Wirklichkeit und Dichtung. Mss. Diss. Leipzig 1965.
Ders.: Friedrich Hölderlin und Friedrich Schiller – Die Tragik einer literaturgeschichtlichen Konstellation. In: HJb 28 (1992/93) S. 68-79.
Drayton G. Miller: Schiller and Hölderlin. A comparative study. Ann Arbor/London 1977.
Ernst Planck: Die Lyriker des schwäbischen Klassizismus. Stäudlin; Conz; Neuffer; Hölderlins Jugenddichtung. Stuttgart 1896.
Christoph Prignitz: Hölderlins früher Patriotismus. Struktur und Wandlung seines patriotischen Denkens bis zu den Tübinger Hymnen. In: HJb 21 (1978/79) S. 36-66.
Ders.: Friedrich Hölderlin. Die Entwicklung seines politischen Denkens unter dem Einfluß der Französischen Revolution. Hamburg 1976.
Jürgen Scharfschwerdt: Die Revolution des Geistes in Hölderlins »Hymne an die Menschheit« In: HJb 17 (1971/72) S. 56-73.
Ders.: Hölderlins ›Interpretation‹ des »Contrat social« in der »Hymne an die Menschheit«. In: JdSG 14 (1970) S. 397-436.
Ders.: Das Erbe des schwäbischen Pietismus. In: J. Sch.: Friedrich Hölderlin. Der Dichter des »deutschen Sonderweges«. Stuttgart u.a. 1994. S. 66-99.
Willibald Stöber: Ich und Welt im Ausdruck der lyrischen Sprachform Hölderlins. Leipzig 1944.

Elisabeth Stoelzel: Hölderlin in Tübingen und die Anfänge seines Hyperion. Tübingen 1938.
Klaus Vieweg: »Meine Liebe ist das Menschengeschlecht«. Die Idee der Weltbürgerlichkeit in Hölderlins Tübinger Hymnen und in Fichtes Jenaer Vorlesungen über die Bestimmung des Gelehrten. In: HJb 28 (1992/93) S. 192-203.
Martin Vöhler: Danken möcht' ich, aber wofür? Studien zur Tradition und Komposition von Hölderlins Hymnik. Mss. Diss. FU Berlin 1995.
Kurt Wendt: Hölderlin und Schiller. Eine vergleichende Stilbetrachtung. Berlin 1929 (Nendeln/Liechtenstein 1967).
Friedrich Wentzlaff-Eggebert: Die Bedeutung des Ursprungsgedankens für die Schicksalsauffassung in Hölderlins Jugendlyrik. In: Festschrift für Paul Kluckhohn und Hermann Schneider. Tübingen 1948. S. 299-316.
Zum Einfluß Rousseaus s. S. 160f. (die Literaturangaben zu »Der Rhein«).

Der Roman – »Hyperion oder der Eremit in Griechenland«

Hölderlin hat sich mit seinem Roman über einen sehr langen Zeitraum hinweg beschäftigt; dementsprechend existieren mehrere fragmentarische Vorfassungen. Schon gegen Ende der Stiftszeit (1792/93) schreibt Hölderlin an einem Romanmanuskript, von dem allerdings nichts erhalten ist. Die von den Herausgebern der »Frankfurter Ausgabe« aufgestellte These, Hölderlins Fragment »An Kallias« (StA IV, S. 218-219. und FHA 10, S. 35-40) sei »der erste Ansatz zum ›Hyperion‹ überhaupt« (FHA 10, S. 35), findet innerhalb der Forschung zunehmend Zustimmung (vgl. Gaier 1993, S. 63ff.). Die erste überlieferte und unstrittige Fassung, das »Fragment vom Hyperion«, ist 1794 in Waltershausen entstanden und erscheint im gleichen Jahr in Schillers »Thalia«, weshalb sie in der Forschung oft als »Thaliafragment« bezeichnet wird. In Jena, unter dem Einfluß der Diskussion um Fichtes Philosophie, geht Hölderlin an die Niederschrift einer neuen Fassung, deren philosophischer Gehalt diese Diskussion und seine eigene, von Plato beeinflußte Position in ihr (s. S. 89f.) spiegelt. Er geht ab von der Briefform des ersten Fragments und benutzt fünffüßige Jamben. Auch dieser Ansatz eines Versromans wird im Laufe des Jahres 1795 wieder verworfen – es entsteht eine neue Fassung, »Hyperions Jugend«, die der metrischen Fassung inhaltlich allerdings sehr nahe steht. In einem darauffolgenden, in die zweite Hälfte des Jahres 1795 zu datierenden Manuskript, das als »Vorletzte Fassung« bezeichnet wird, kehrt Hölderlin zur Briefform zurück. 1796 entstehen eine »Vorstufe der endgültigen Fassung« sowie die Druckvorlage des ersten Bandes, der zu

Ostern 1797 bei Cotta in Stuttgart erscheint, gefolgt vom zweiten Band im Herbst 1799.

Die langwierige Entstehungsgeschichte des Romans ist ein Grund für seine zentrale Stellung in Hölderlins Werk, dessen Grundgedanken – Liebe, Freiheit, Einheit, Gott, Heros, Freundschaft, Antike vollständig in ihm versammelt sind. Es gibt »kaum *ein* Motiv seiner früheren Dichtung, das nicht im Hyperion erst seine wahre Form fände, kaum eines der spätern, das nicht vorgebildet wäre« (N. v. Hellingrath, zit. in: Hölderlins Sämtliche Werke II, besorgt durch Friedrich Seebaß, s. S. 9; S. 4).

Daß gerade ein Roman die Tendenzen des Gesamtwerks in dieser Weise zu bündeln vermag, liegt im Charakter dieser Gattung begründet, die zur Entstehungszeit des »Hyperion« erst seit sehr kurzer Zeit als ernste Literatur akzeptiert, daher von der traditionellen Gattungstheorie nicht festgelegt war und verschiedenste Materialien und Reflexionen integrieren konnte. Hölderlin hat versucht, dieser »offensten« Gattung des zeitgenössischen Literaturensembles eine seinen Zwecken entsprechende objektive formale Disziplin zu geben. Der Roman war, wie Hölderlin an Neuffer schreibt, eine »terra incognita« im »Reiche der Poësie« (VI, 1; 87), ein Gebiet also, das die Entwicklung neuer poetischer Modelle erlaubte und forderte.

Hölderlins eigene Lösung, wie sie in der Endfassung schließlich vorliegt, entwickelt die Form des Briefromans weiter, die von Richardson, Rousseau und Goethe zu einer Leitform des 18. Jh.s gemacht worden war. Seine Hauptfigur Hyperion beschreibt in Briefen an einen idealen deutschen Leser, Bellarmin (ein sprechender Name, der das französische »belle«, die Anspielung auf den germanischen Nationalhelden Arminius, das lateinische »bellum« und das französische »les armes« enthält), sein Leben und entwickelt die Gedanken und Gefühle, die die Erinnerung in ihm erweckt. Im Unterschied zu Goethe im »Werther« benutzt Hölderlin den Briefroman also nicht zur Fiktion unmittelbarer Subjektivität, sondern er spiegelt die Erlebnisse der Romanfigur, die bereits hinter ihr liegen, als sie zu schreiben beginnt, in der erinnernden Reflexion des Erzählvorgangs. Es entstehen so zwei Entwicklungslinien, die der realen Ereignisse und die der Reflexion des schreibenden Helden über diese Ereignisse. Daß Reflexion nicht nur äußerliche Dreingabe zum erzählten Vorgang bleibt, sondern für das Erzählen selber konstitutiv wird, hebt Hölderlins Briefroman von seinen Vorgängern und von späteren Beispielen der Gattung ab und macht ihn lesbar als ein »poetisches Analogon der werdenden idealistischen Philosophie des Geistes« (Binder, 1965/66, S. 63).

Hölderlins Rolle im Entstehungsprozeß des Idealismus ist geprägt vom Einfluß der Vereinigungsphilosophie, deren Motive schon in den Hymnen der Tübinger Zeit hervortreten (s. S. 70f. und S. 89ff.). Auch sein Roman ist eine poetische Formulierung dieser Philosophie. Schon der zweite Brief des ersten Bandes erklärt die Einheit »mit Allem, was lebt« (III, 9) programmatisch zum höchsten Gut. Die Bestimmung des Menschen liegt darin, seine Vereinzelung, die Trennung von den anderen Menschen, von der Natur, von der Sphäre der sittlichen Ideale, zurückzunehmen und einen ursprünglichen, als göttlich gedachten Einheitszustand wiederherzustellen. Diese Bestimmung ist das Zentrum eines utopischen Menschen- und Gesellschaftsbilds, das von der Romanfigur Diotima folgendermaßen geschildert wird: »Ach! nun verließen so leicht sich nicht die geselligen Menschen; wie der Sand im Sturme der Wildnis irrten sie untereinander nicht mehr, noch höhnte sich Jugend und Alter, noch fehlt' ein Gastfreund dem Fremden und die Vaterlandsgenossen sonderten nimmer sich ab und die Liebenden entlaideten alle sich nimmer; an deinen Quellen, Natur, erfrischten sie sich [...] und die Götter erheiterten wieder die verwelkliche Seele der Menschen« (III, 130 f.).

Der Roman verfolgt die Sehnsucht nach diesem utopischen Einheitszustand in der Geschichte. Die Handlung spielt zur Zeit des griechischen Aufstandes gegen die Türken 1770, der als poetische Travestie der Französischen Revolution zu verstehen ist. Hyperion, ein junger Grieche von der Kykladeninsel Tina, wird von seinem Lehrer und Geliebten Adamas erzogen im Geist der heroischen Antike. In der Hafenstadt Smyrna begegnet er der bürgerlich-beschränkten Welt »lebendiger Tätigkeit« mit ihren prosaischen Idealen von »Bildung« und »Fortschritt« (III, 20), die ihm bald erscheint, als habe »sich die Menschennatur in die Mannigfaltigkeiten des Thierreichs aufgelöst« (III, 22). Er freundet sich an mit dem älteren Alabanda, der seinen Ekel an der Moderne teilt. Gemeinsam träumen sie davon, das »Vaterland« zu »erretten« (III, 29), die türkische Fremdherrschaft abzuschütteln und antik-heroische Lebensformen zu erneuern. Die schwärmerische Freundschaft hat ihren Inhalt in der gemeinsamen Begeisterung für die Ideale der Freiheit, Menschheitsverbrüderung und Unsterblichkeit, die in den frühen Hymnen Hölderlins besungen werden. Sie findet ein abruptes Ende, als Hyperion entdeckt, daß Alabanda einem Geheimbund angehört, der mit gewaltsamen Mitteln einen Umsturz herbeiführen will, und er sich von ihm abwendet. Dieser »Bund der Nemesis« trägt Züge der Illuminaten, der Jakobiner, aber auch der »Turmgesellschaft« in Goethes »Lehrjahren«; seine Schilderung zeigt Hölderlins Ablehnung staatlich-revolutionärer Gewaltapparate (s. S. 44ff.).

Hyperion verfällt nach der Trennung in tiefe Depression, aus der ihn erst die Begegnung mit der dritten Hauptgestalt des Romans, Diotima, herausführt. In der Liebe zu Diotima und durch die Gespräche mit ihr bildet sich ihm eine sinnliche Anschauung der Vereinigungsutopie. Ihre Schönheit wird in platonischem Sinn geschildert als irdische Verkörperung des summum bonum, der Einheit alles Lebendigen: »O ihr, die ihr das Höchste und Beste sucht, in der Tiefe des Wissens, im Getümmel des Handelns, im Dunkel der Vergangenheit, im Labyrinthe der Zukunft, in den Gräbern oder über den Sternen! wißt ihr seinen Nahmen? den Nahmen deß, das Eins ist und Alles? Sein Nahme ist Schönheit.« (III, 52f.).

Diotima bestätigt Hyperion, daß das Absolute existiert. Ihre Gestalt ist damit die ästhetische Lösung einer philosophischen Aporie, die Hölderlin zur Abkehr von Kant, Fichte und Schiller geführt hatte: der Unmöglichkeit, das Sinnliche mit der sittlichen Substanz in einer realen Anschauung zu vereinigen (s. S. 90f.). Daß sich Hölderlin einer platonischen Tradition zuwandte, um den frühen Idealismus zu ergänzen und zu korrigieren, ist schon am Namen der Romangestalt Diotima abzulesen (höchstwahrscheinlich Reaktion Hölderlins auf Friedrich Schlegels Aufsatz »Über die Diotima« aus dem Jahr 1794), – so heißt nämlich in Platos »Symposion« eine Priesterin, die von Sokrates als Quelle seiner für die Vereinigungsphilosophie zentralen Liebesmetaphysik zitiert wird. *Ulrich Gaier* (1991) hat eine differenzierte Analyse der verschiedenen »Bedeutungsschichten« des Namens Diotima durchgeführt. Die eigentliche Grundlage für Hölderlins Überwindung idealistischer bzw. subjektphilosophischer Positionen stellt die Liebestheorie und Schönheitslehre von Marsilio Ficino dar. »Die Seele des Liebenden als steigernder Spiegel des Geliebten, der Seelentausch, Tod und Wiedergeburt in der Seele des anderen, das Geliebte als Einlösung und Verwirklichung eines a priori in die Seele eingeprägten Bildes des Geliebten und des Menschen überhaupt, das sind Bestimmungen der Liebestheorie Ficinos, in der dieser platonische, christliche, altorientalische Elemente mit der Liebestheorie des dolce stil nuovo verbunden hatte« (Gaier, 1991, S. 165).

Eine weitere Bestätigung seiner utopischen Einheitssehnsüchte findet Hyperion in der Antike, in den Ruinen des alten Athen, die er zusammen mit Diotima und anderen Freunden aufsucht. Der letzte Brief des ersten Bandes, der »Athenerbrief«, entwickelt eine Geschichtsphilosophie, die Antike und Moderne als weltgeschichtliche Epochen der Einheit und der Entzweiung miteinander konfrontiert. Die Athener, so sagt Hyperion hier, entwickelten sich wie ein Kind, das noch nicht gelernt hat, zwischen sich und seiner Umgebung zu unterscheiden: in glücklicher Einheit mit der Welt. Sie sind deshalb wie das Kind und wie Diotima ein Analogon der ursprünglichen göttlichen Einheit, eine irdische Erscheinung des »Seyns« (s. S. 91). Diotimas Schönheit gleicht der Schönheit der Athener; beide sind zu verstehen als das sinnlich erscheinende Absolute, die verwirklichte Utopie: »Der Mensch ist [...] ein Gott, sobald er Mensch ist. Und ist er ein Gott, so ist er schön [...] Du hast noch nie so tief aus meiner Seele gesprochen, rief Diotima. Ich hab' es von dir, erwiedert' ich« (III, 79).

Eine Humanität, die den Menschen mit seiner Welt vereinigt, und die Schönheit als sinnliches Zeichen ihrer Gottähnlichkeit sind die Wurzeln der antiken Lebensformen, der griechischen Kunst, Mythologie, Politik und Philosophie. Da jedoch – in Diotima und Hyperions Liebe zu ihr – dieser Ursprung des antiken Lebens auch in der Moderne noch existiert, muß es möglich sein, die Antike wiederherzustellen – eine Intention, die an den Versuch einer Restauration der antiken Staatlichkeit und Kultur in der Französischen Revolution erinnert. Es kommt nur darauf an, die Erfahrung von Einheit, Göttlichkeit und Schönheit, die Hyperion in seiner Liebe aufgegangen ist, der gesamten Menschheit zugänglich zu machen: »Es werde von Grund aus anders! Aus der Wurzel der Menschheit sprosse die neue Welt! [...] In der Werkstatt, in den Häusern, in den Versammlungen, in den Tempeln, überall werd' es anders!« (III, 89).

Mit dieser Verheißung endet der erste Band. Der zweite schildert den Versuch, sie in die Wirklichkeit umzusetzen. Alabanda schreibt Hyperion, er habe sich aufständischen Bauern auf der Peloponnes angeschlossen und hoffe, den Kriegszustand zwischen Rußland und dem Osmanischen Reich für eine Befreiung Griechenlands ausnutzen zu können. Hyperion versöhnt sich mit ihm, und sie ziehen gemeinsam in den Befreiungskrieg. Sein Traum, die Antike revolutionär zu erneuern, scheitert jedoch an der Realität. Die Freischärler fallen mordend und plündernd über die Stadt Misistra her, und die Freunde wenden sich in maßloser Enttäuschung von der Erhebung ab. Hyperion will sterben, entsagt Diotima in einem Abschiedsbrief und sucht im Dienst bei der russischen Flotte den Tod im Kampf gegen die Unterdrücker. Er überlebt. Diotima jedoch, die Verkörperung seiner Ideale, stirbt. Alabanda verläßt Hyperion, um sich vom »Bund der Nemesis« als Abtrünniger töten zu lassen. Hyperion geht nach Deutschland, das in einer »Scheltrede« geschildert wird als Beispiel jener seelenlosen, arbeitsteiligen und materialistischen Gesellschaft, die er vergeblich zu erneuern versuchte. Nach dieser letzten Enttäuschung läßt er sich wieder in Griechenland nieder. Hier beginnt der literarische Reflexionsprozeß, dessen Ergebnis der Roman selber ist.

Thema dieser Reflexion ist das Scheitern der Utopie. Seine politische Utopie ist an der Habgier und Rohheit der Griechen (i. e. der Französischen Revolutionäre) gescheitert und Diotimas Tod bedeutet die Unmöglichkeit, nach dieser Katastrophe die Ideale der Freiheit noch aufrecht zu erhalten. Damit ist zugleich der philosophische Traum des »Athenerbriefs« gescheitert, der Glaube, in Diotima die ideale Menschheit der Antike und das platonische summum bonum der absoluten Einheit sinnlich anschauen zu können. All diese Enttäuschungen stellen im Roman die Situation her, die zum Ausgangspunkt der Homburger Fragmente werden wird (s. S. 94f.); der Romanfigur stellt sich die Frage, ob die Erfahrung der Einheit mit den historischen Wechselfällen vereinbar ist oder ob sie ein leerer Traum war. Zu Beginn der Niederschrift der Briefe, bevor die Ereignisse durch die Reflexion Hyperions gegangen sind, erscheint ihm sein Ideal radikal vernichtet, kein Zusammenhang seiner gegenwärtigen Situation mit den Träumen der Vergangenheit mehr denkbar: »Mein Geschäft auf Erden ist aus. Ich bin voll Willens an die Arbeit gegangen, habe geblutet darüber, und die Welt um keinen Pfennig reicher gemacht« (III, 8). Am Schluß des Romans dagegen heißt es: »Wie der Zwist der Liebenden, sind die Dissonanzen der Welt. Versöhnung ist mitten im Streit und alles Getrennte findet sich wieder« (III, 160). Im Verlauf seines Erzähl- und Reflexionsprozesses hat Hyperion seine Einstellung zu den erzählten Erlebnissen gewandelt. Das Leiden an der Trennung und der Einsamkeit ist am Schluß des Romans relativiert durch die Gewißheit, daß – allen Dissonanzen zum Trotz – die Welt aus einem universalen Einheitszusammenhang besteht. Diotimas Abschiedsbrief deutet die Trennung gerade als ein Moment dieses Zusammenhangs, als Phase in einem Prozeß, der Entzweiung und Einheit als einander zugehörige Aspekte vermittelt: »Wir trennen uns nur, um inniger einig zu seyn, göttlicher friedlich mit allem, mit uns« (III, 148). Im Zusammenhang dieses Prozesses betrachtet, sind die wechselnden Schicksale der Welt ebenso eine Darstellungsform der vorempirischen absoluten Einigkeit wie Diotima und die Griechen. Das Göttliche kann im Irdischen nicht anders erscheinen, als daß es seine Aspekte im Wechsel von Trennungserfahrung und Einheitssehnsucht auseinanderlegt – so wie es im Gedicht nicht rein, sondern nur im Prozeß des »Tönewechsels« dargestellt werden kann (vgl. S. 79f.). Diotima faßt den Trost, den die vereinigungsphilosophische Reflexion dem vereinsamten Hyperion geben kann, angesichts des eigenen Todes folgendermaßen zusammen: »Beständigkeit haben die Sterne gewählt, in stiller Lebensfülle wallen sie stets und kennen das Alter nicht. Wir stellen im Wechsel das Vollendete dar« (III, 148).

Hölderlin hat im »Hyperion« eine poetische Lösung seines philosophischen Grundproblems vorgelegt, er hat die Widersprüche, an denen seine Figuren scheitern, als Durchgangsstadium in einem Prozeß gedeutet, in dessen Verlauf sich die absolute Einheit selbst expliziert, bestimmt, findet. Die Darstellung des »Vollendeten« im »Wechsel« wird in den Homburger ästhetischen Fragmenten zu einer systematischen Poetik ausgebaut.

Zugleich hat er aber auch historische und lebensgeschichtliche Traumen zu bewältigen versucht: seine Enttäuschung darüber, daß die begeisterte Hoffnung auf eine Befreiung der Menschen und auf eine radikale Erneuerung aller Lebensformen, die sich in seinen frühen Hymnen ausdrückte, weder durch die Französische Revolution noch durch die historischen Ereignisse in Deutschland erfüllt wurde und die bittere Erkenntnis, daß seine Liebe zu Susette Gontard, die er in Briefen und Gedichten nach dem Modell der literarischen Diotima stilisiert hatte, scheitern mußte.

Die Einsicht in den dialektischen Zusammenhang von Einheit und Trennung, die sich in der letzten Fassung des Romans endgültig durchsetzt, markiert den Übergang vom Früh- zum Spätwerk, das nicht mehr einer abstrakt negierten Wirklichkeit ebenso abstrakte Ideale entgegenhält, sondern sich um die Vermittlung der Geschichte mit der absoluten Einheit in der ästhetischen Form bemüht.

Literatur:

Als Einführung eignet sich am ehesten *Ulrich Gaiers* umfangreiche Einführung zu Hölderlin aus dem Jahr 1993, auch *Henning Bothe* (1995) vermittelt in seiner Einführung eine gute Orientierung. Das Buch, das auf die neuere Sekundärliteratur über Hölderlins Roman am stärksten gewirkt hat (das von *Ryan,* 1965), ist leider für Anfänger nicht leicht zu lesen.

Christoph V. Albrecht: Über neue Realien des »Hyperion«. In: HJb 29 (1994/95) S. 248-261.

Walter Allgöwer: Gemeinschaft, Vaterland und Staat im Werk Hölderlins. Frauenfeld 1939.

Friedbert Aspetsberger: Welteinheit und epische Gestaltung. Studien zur Ichform von Hölderlins Roman »Hyperion«. München 1971.

Max Lorenz Baeumer: Hölderlin und das Hen kai Pan. In: Monatshefte für deutschen Unterricht 59 (1967) S. 131-147.

Friedrich Beißner: Über die Realien des Hyperion. In: HJb 8 (1954) S. 93-109 (s. auch die Erläuterungen in Band III der GrStA).

Franziska Binder: Kluft und Zwiesprache. Ein literaturwissenschaftlicher Versuch zu Hölderlins »Hyperion«. Stuttgart 1994 (Stuttgarter Arbeiten zur Germanistik, 301).

Wolfgang Binder: Hölderlins Namenssymbolik. In: HJb 12 (1961/62) S. 95-204 und in: W. B.: Hölderlin-Aufsätze Frankfurt a. M. 1970. S. 134-260.
Ders.: Hölderlins Dichtung im Zeitalter des Idealismus. In: HJb 14 (1965/66) S. 57-72.
Paul Böckmann: Hölderlin und seine Götter. München 1935. S. 80-152.
Wilhelm Böhm: »So dacht' ich. Nächstens mehr.« Die Ganzheit des Hyperion-Romans. In: Hölderlin. Gedenkschrift zu seinem 100. Todestag. Hrsgg. von Paul Kluckhohn. Tübingen 1944. S. 224-239.
Wolfgang Braungart: Hyperions Melancholie. In: Hölderlin: Christentum und Antike. Hrsgg. von Valérie Lawitschka. Tübingen 1991. S. 111-140 (Turm-Vorträge 1989/90/91).
Maria Cornelissen: Hölderlins Brief an Kallias – ein frühes »Hyperion«-Bruchstück? In: JdSG 10 (1966) S. 237-249.
Dies.: Zur Entstehung von Hölderlins Roman. In: Festschrift für Friedrich Beißner. Bebenhausen 1974. S. 90-102.
Wolfgang de Boer: Hölderlins Deutung des Daseins. Zum Normproblem des Menschen. Frankfurt a. M./Bonn 1961.
Joseph Claverie: La jeunesse d'Hölderlin jusqua' au roman d'Hyperion. Paris 1921.
Gisela Dischner: Liebe und Revolution. Hölderlins Traum einer ästhetischen Weltrepublik im »Hyperion«. In: Napoleon kam nicht nur bis nach Waterloo. Die Spur der gestürzten Giganten in Literatur, Sprache, Kunst und Karikatur. Frankfurt a. M. 1992. S. 256-285.
Manfred Engel: Der Roman der Goethezeit. Bd. 1: Anfänge in Klassik und Frühromantik – Transzendentale Geschichten. Stuttgart, Weimar 1993 (Germanistische Abhandlungen Bd. 71) S. 321-380 (»Hyperion«).
Hildegard Emmel: »Hyperion« ein anderer »Agathon«? Hölderlins zwiespältiges Verhältnis zu Wieland. In: Hansjörg Schelle (Hrsg.): Christoph Martin Wieland 1983. Tübingen 1984.
Walter Erhart: »In guten Zeiten giebt es selten Schwärmer« – Wielands »Agathon« und Hölderlins »Hyperion«. In: HJb 28 (1992/93) S. 173-191.
Lawrence Frye: Seasonal and Psychic Time in the Structuring of Hölderlins »Hyperion«. In: Emery E. George (Hrsg.): Friedrich Hölderlin. An Early Modern. Ann Arbor 1975. S. 48-79.
Ulrich Gaier: Hölderlins »Hyperion«. Compendium, Roman, Rede. In: HJb 21 (1978/79) S. 88-143.
Ders.: Diotima, eine synkretistische Gestalt. In: Hölderlin: Christentum und Antike. Hrsgg. von Valérie Lawitschka. Tübingen 1991. S. 141-172 (Turm-Vorträge 1989/90/91).
Ders.: Das Hyperion-Projekt. In: U. G.: Hölderlin. Eine Einführung. Tübingen u.a. 1993. S. 57-220.
Rüdiger Görner: Exzentrizität und Mitte im Haperion. In.: R. G.: Hölderlins Mitte. Zur Ästhetik eines Ideals. München 1993. S. 29-44.
Howard Gaskill: Hölderlins »Hyperion«. Durham 1984.
Ders.: Open circles. ETA Hoffmann's »Kater Murr« and Hölderlin's »Hyperion«. In: Colloquia Germanica 19 (1986) S. 21-46.

Ingeborg Gerlach: Natur und Geschichte. Studien zur Geschichtsauffassung in Hölderlins »Hyperion« und »Empedokles«. Frankfurt a. M. 1974.
Hans Graßl: Hölderlin und die Illuminaten. In: Sprache und Bekenntnis. Festschrift für Hermann Kunisch. Berlin 1971. S. 137-160.
Adolf v. Grolman: Friedrich Hölderlins Hyperion. Stilkritische Studien zum Problem der Entwicklung dichterischer Ausdrucksformen. Karlsruhe 1919.
Brigitte Haberer: Zwischen Sprachmagie und Schweigen. Metamorphosen des Sprechens in Hölderlins »Hyperion oder Der Eremit in Griechenland«. In: HJb 26 (1988/89) S. 117-133.
Dies.: Sprechen, Schweigen, Schauen. Rede und Blick in Hölderlins »Der Tod des Empedokles« und »Hyperion«. Bonn u.a. 1991.
Cyrus Hamlin: The Poetics of Self-Conciousness in European Romanticism: Hölderlin's *Hyperion* and Wordworth *Prelude*. In: Genre 6 (1973) S. 142-177.
Hans-Ulrich Hauschild: Die idealistische Utopie. Untersuchungen zur Entwicklung des utopischen Denkens Friedrich Hölderlins. Bern/Frankfurt a. M. 1977.
Dieter Henrich: Die Fassungen des Romans und die Entwicklung des Denkens. In: D. H.: Der Grund im Bewußtsein. Untersuchungen zu Hölderlins Denken (1794-1795). Stuttgart 1992. S. 239-266.
Kurt Hildebrandt: Hölderlins und Goethes Weltanschauung, dargestellt am »Hyperion« und »Empedokles«. In: Hölderlin. Gedenkschrift zu seinem 100. Todestag. Hrsgg. von Paul Kluckhohn. Tübingen 1944. S. 134-173.
Erich Hock: Wilhelm Heinses Urteil über Hölderlins »Hyperion«. In: HJb 1950. S. 108-120.
Jochen Hörisch: Die »poetische Logik« des »Hyperion«. Versuch über Hölderlins Versuch einer Subversion der Regeln des Diskurses. In: F. A. Kittler und Horst Turk: Urszenen. Literaturwissenschaft als Diskursanalyse und Diskurskritik. Frankfurt a. M. 1977. S. 167-193 (auch in: J. H.: Die andere Goethezeit. Poetische Mobilmachung des Subjekts um 1800. München 1992. S. 68-92).
Jürgen Jacobs: Wilhelm Meister und seine Brüder. Untersuchungen zum deutschen Bildungsroman. München 1972. S. 120-123.
Marlies Janz: Hölderlins Flamme – Zur Bildwerdung der Frau im »Hyperion«. In: HJb 22 (1980/81) S. 122-142.
Klaus Jeziorkowski: Text-Sonate. Beobachtungen an Hölderlins »Hyperion«. In: The Romantic tradition. German literature and music in the nineteenth century. Lanham u.a. 1992. S. 165-179.
Johannes Klein: Die musikalischen Leitmotive in Hölderlins »Hyperion«. In: Germanisch-Romanische Monatsschrift 23 (1935) S. 177-192.
Erich Kleinschmidt: Die weibliche Maske der Poesie. Zur Geschlechterimmanenz von Autorschaft um 1800 in der Poetik Friedrich Hölderlins. In: DVjs 67 (1993) S. 625-647.
Meinhard Knigge: Hölderlin und Aias oder Eine notwendige Identifizierung. In: HJb 24 (1984/85) S. 264-282.

Otto Kohlmeyer: Hyperion. Eine pädagogische Hölderlinstudie. Frankfurt a. M. 1924.

Gerhard Kurz: Höhere Aufklärung. Aufklärung und Aufklärungskritik bei Hölderlin. In: Idealismus und Aufklärung. Kontinuität und Kritik der Aufklärung in Philosophie und Poesie um 1800. Hrsgg. von Ch. Jamme u. G.K. Stuttgart 1988. S. 259-282.

Jürgen Kuczynski: Hölderlin – die Tragödie des revolutionären Humanisten. In: J. K.: Gestalten und Werke. Soziologische Studien zur deutschen Literatur. Berlin/Weimar 1969. S. 83-107.

Stefan Lampenscherf: »Heiliger Plato, vergieb...«. Hölderlins »Hyperion« oder Die neue Platonische Mythologie. In: HJb 28 (1992/93) S. 128-151.

Gisbert Lepper: Zeitkritik in Hölderlins »Hyperion«. In: Literatur und Geistesgeschichte. Festgabe für Heinz Otto Burger. Hrsgg. von Reinhold Grimm und Conrad Wiedemann. Berlin 1968. S. 188-207.

Jürgen Link: »Hyperion« als Nationalepos in Prosa. In: HJb 16 (1969/70) S. 158-194.

Georg Lukacs: Hölderlins Hyperion. In: G. L.: Goethe und seine Zeit. Berlin/DDR 1955. S. 145-164.

Gunter Martens: »Das Eine in sich selbst unterschiedene«. Das Wesen der Schönheit als Strukturgesetz in Hölderlins »Hyperion«. In: Neue Wege zu Hölderlin. Hrsgg. von Uwe Beyer. Würzburg 1994. S. 185-198.

Gerhard Mayer: Hölderlins »Hyperion« – ein frühromantischer Bildungsroman. In: HJb 19/20 (1975/77) S. 244-266.

Clemens Menze: Hölderlins Deutung der Bildung als exzentrischer Bahn. In: Vierteljahrsschrift für wissenschaftliche Pädagogik 58 (1982) S. 435-482.

Mark R. Ogden: Amor dei intellectualis. Hölderlin., Spinoza and St. John. In: DVjs 63 (1989) S. 420-460.

Hans-Georg Pott: Natur als Ideal. Anmerkungen zu einem Zitat aus dem »Hyperion«. In: HJb 22 (1980/81) S. 143-157.

Christoph Prignitz: Der Gedanke des Vaterlands im Werk Hölderlins. In: JFDH 38 (1976) S. 88-113.

Ders.: Die Bewältigung der Französischen Revolution in Hölderlins »Hyperion«. In: JFDH 37 (1975) S. 189-211.

Ders.: Friedrich Hölderlin. Die Entwicklung seines politischen Denkens unter dem Einfluß der Französischen Revolution. Hamburg 1976.

Ders.: »Der Vulkan bricht los«: das Kriegsmotiv in Hölderlins »Hyperion«. In: Der deutsche Roman der Spätaufklärung. Fiktion und Wirklichkeit. Heidelberg 1990. S. 91-105.

Evelyn Radczun: Hölderlins Revolutionsbild im Hyperion. In: Wissenschaftliche Zeitschrift der Friedrich-Schiller-Universität Jena. Gesellschafts- und Sprachwissenschaftliche Reihe 21 (1975) S. 405-412.

Dieselbe: Zu Hölderlins Roman »Hyperion oder der Eremit in Griechenland« – seine weltanschauliche und poetische Bedeutung. In: Friedrich Hölderlin. Beiträge zu seinem 200. Geburtstag. Berlin/DDR 1970. S. 5-27.

Paul Requadt: Das literarische Urbild von Hölderlins Diotima. In: JdSG 10 (1966) S. 250-265.

Mark William Roche: Dynamic Stillness. Philosophical Conceptions of »Ruhe« in Schiller, Hölderlin, Büchner, and Heine. Tübingen 1987. S. 63-119.
Lawrence Ryan: Hölderlin und die Französische Revolution. In: Festschrift für Klaus Ziegler. Tübingen 1968. S. 159-176.
Ders.: Hölderlins »Hyperion«. Exzentrische Bahn und Dichterberuf. Stuttgart 1965.
Ders.: Hölderlins »Hyperion«: ein »romantischer« Roman? In: Jochen Schmidt (Hrsg.): Über Hölderlin. Frankfurt a. M. 1970. S. 175-212.
Wolfgang Schadewaldt: Das Bild der exzentrischen Bahn bei Hölderlin. In: HJb 6 (1952) S.1-16.
Ders.: Hölderlin und Homer. Zweiter Teil. In: HJb 1953. S. 1-53.
Jürgen Scharfschwerdt: Das Gesellschaftsbild des »Hyperion«. In: J. Sch.: Friedrich Hölderlin. Der Dichter des »deutschen Sonderweges«. Stuttgart u.a. 1994. S. 100-126.
Jochen Schmidt: Hölderlins Entwurf der Zukunft. In: HJb 16 (1969/70) S. 110-122.
Heinz Gustav Schmiz: »Kritische Gewaltenteilung«. Mythenrezeption der Klassik im Spannungsfeld von Antike, Christentum und Aufklärung: Goethes »Iphigenie« und Hölderlin »Hyperion«. Frankfurt u.a. 1988 (Frankfurter Hochschulschriften zur Sprachtheorie und Literaturästhetik).
Klaus Schuffels: Schicksal und Revolution. Hyperion oder der Eremit in Griechenland. In: LpH 2 (1977) S. 35-53.
Ernst Schütte: Hölderlins Hyperion. Eine philosophisch-ästhetische Studie. In: Xenien 2 (1909) Bd. 2. S. 1-21; 78-94.
Dietrich Sekel: Hölderlins Sprachrhythmus. Leipzig 1937.
Andreas Siekmann: Die ästhetische Funktion von Sprache, Schweigen und Musik in Hölderlins »Hyperion«. In: DVjs 54 (1980) S. 47-57.
Walter Silz: Hölderlin's Hyperion. A critical reading. Philadelphia 1969.
Jürgen Söring: Zur Poetologie von Naturerfahrung in Hölderlins »Hyperion«. In: JFDH 56 (1994) S. 82-107.
Elisabeth Stoelzel: Hölderlin in Tübingen und die Anfänge seines Hyperion. Tübingen 1938.
Heinz Stolte: Hölderlin und die soziale Welt. Eine Einführung in »Hyperion« und »Empedokles«. Gotha 1949.
Friedrich Strack: Auf der Suche nach dem verlorenen Erzähler. Zu Aufbau, Programm und Stellenwert von Hölderlins Romanfragment »Hyperions Jugend«. In: Euphorion 69 (1975) S. 267-293.
Ludwig Strauss: Das Problem der Gemeinschaft in Hölderlins »Hyperion«. Leipzig 1933.
Claus Träger: Hölderlins »Hyperion« als Widerspiegelung der progressivsten Tendenzen der Französischen Revolution. In: Wissenschaftliche Zeitschrift der Karl-Marx-Universität Leipzig (1952/53) S. 511-516.
Silvio Vietta: Die literarische Moderne. Eine problemgeschichtliche Darstellung der deutschsprachigen Literatur von Hölderlin bis Thomas Bernhard. Stuttgart 1992 (zum Hyperion s. S. 53-70).

Stephan Wackwitz: Zum Begriff des Ideals bei Friedrich Hölderlin. In: Poetische Autonomie? Zur Wechselwirkung von Dichtung und Philosophie in der Epoche Goethes und Hölderlins. Hrsgg. von Helmut Bachmaier und Thomas Rentsch. Stuttgart 1987. S. 101-134.
Margarethe Wegenast: Hölderlins Spinoza-Rezeption und ihre Bedeutung für die Konzeption des *Hyperion*. Tübingen 1990.
Jürgen Wertheimer: Sprachzeichen: Zeichensprache – Hyperions Weg ins dialogische Abseits. In: Gerhard Kurz u.a. (Hrsg.): Hölderlin und die Moderne. Eine Bestandsaufnahme. Tübingen 1995. S. 213-223.
Franz Zinkernagel: Die Entwicklungsgeschichte von Hölderlins Hyperion. Straßburg 1907.

Philosophische und ästhetische Schriften

In Hölderlins philosophisch-ästhetischem Werk, das mit Ausnahme der Kommentare zu den Sophokles-Übersetzungen in fragmentarischer Form vorliegt, überlagern sich zwei verschiedene Denktraditionen des 18. Jh.s.

Hölderlin spielt – als Schüler Fichtes und Schillers und als Anreger Schellings und Hegels – eine eigenständige Rolle in der philosophischen Bewegung des deutschen Idealismus, die in den 90er Jahren des 18. Jh.s, ausgehend von Kant und unter dem Eindruck der politischen Umwälzungen in Frankreich, das erste philosophische System bürgerlich-modernen Denkens ausgearbeitet hat. Sein Beitrag zu dieser Bewegung ist allerdings stark beeinflußt von der älteren, diffuseren Tradition der Vereinigungsphilosophie, einem »Nebenstrom« der Philosophiegeschichte (Henrich 1971, S. 13), der von Shaftesbury, Hemsterhuis und Herder aus dem Platonismus hergeleitet worden war.

Die ersten selbständigen philosophischen Versuche Hölderlins in Walthershausen und Jena 1794/95 stehen im Zusammenhang mit dem Projekt des »Hyperion« und unter dem Einfluß Schillers. Schillers Philosophie knüpfte an eine ethische Problemlage an, die Kant in seiner »Kritik der reinen Vernunft« exponiert hatte, die Antinomie von Sittlichkeit und Sinnlichkeit. Die Sinnlichkeit des Menschen, sein Wille und seine Triebe, stehen unter dem Gesetz der Natur und der Kausalität; wäre der Mensch diesem Gesetz, wie das Tier, vollständig unterworfen, könnte er nicht autonom handeln, und Moralität wäre eine Illusion. Das Problem der Moralphilosophie Kants besteht deshalb in der Frage, wie der Wille des Menschen durch die Prinzipien und Maximen der Vernunft beeinflußt werden kann. Kant löste dieses Problem durch eine radikale Formalisierung seiner Konzeption sittlichen Handelns; um sittlich zu handeln, darf der Mensch nicht seinen empirischen Interessen folgen, selbst wenn sie ihn auf moralisch akzeptable Ziele führen sollten. Sittliches Handeln kann seine Maximen zuverlässig nur aus einer Forderung ableiten, die universal gilt, unabhängig von der sinnlich bestimmten und deshalb wechselhaften Lebenslage des Einzelnen. Der »Kategorische Imperativ« ist Kants Formulierung einer solchen Forderung. Freilich bringt Kant damit den sittlich Handelnden unter den Zwang, moralisch richtige Entscheidungen unter Absehung von seinen empirisch-sinnlichen Interessen, ja gegen seine Sinnennatur fällen zu müssen. »In der Kantischen Moralphilosophie ist die Idee der *Pflicht* mit einer Härte vorgetragen, die alle Grazien davon zurückschreckt und einen schwachen Verstand leicht versuchen könnte, auf dem Wege einer finstern und mönchischen Ascetik die moralische Vollkommenheit zu suchen« (Schiller, Nationalausgabe, Bd. 20, S. 284).

Die deutschen Intellektuellen der 90er Jahre identifizierten sich mit der Französischen Revolution, die sie als den Versuch interpretierten, mit der Philosophie Ernst zu machen, die Sittlichkeit in der sinnlichen Sphäre zu verwirklichen. Ihnen konnte eine Moralphilosophie nicht genügen, die diese Bereiche so streng antinomisch bestimmte, wie es Kant getan hatte.

Schiller versuchte, die Beschränkung der Kantischen Ethik zu durchbrechen, indem er in den ästhetisch-lebenspraktischen Haltungen der »Anmut« und der »Würde« Möglichkeiten postulierte, sinnliche und sittliche Natur des Menschen zu versöhnen. Im Leitbild der »schönen Seele« hat sich »das sittliche Gefühl aller Empfindungen des Menschen endlich bis zu dem Grade versichert [...], daß es dem Affekt die Leitung des Willens ohne Scheu überlassen darf, und nie Gefahr läuft, mit den Entscheidungen desselben im Widerspruch zu stehen« (Nationalausgabe Bd. 20, S. 287). In den »Briefen über die ästhetische Erziehung des Menschen« schlägt Schiller gleichfalls eine ästhetische Überwindung der Antinomie Kants vor. Anthropologisch-psychologisch gewendet erscheint diese Antinomie hier als der Gegensatz zweier Wesensbereiche des Menschen, der »Person«, einem autonomen und freien Wesenskern, und dem »Zustand«, derjenigen Seite des Menschen, die den Wechselfällen der Objektivität ausgeliefert ist. Ein »Stofftrieb« entspricht dem »Zustand«, ein »Formtrieb« den autonomen Regungen der »Person«. Da der Mensch nur als Sinnenwesen und nur durch Objekte existieren kann, ihn andererseits aber seine autonomen, göttlichen Anteile, seine »Person« erst über das Tierreich hinaushebt und ihm sittliches Handeln ermöglicht, muß der »Antagonism beider Triebe« versöhnbar sein, und Schiller zeigt die Möglichkeit ihrer Versöhnung im »Spieltrieb« auf, der sich im Ästhetischen verwirklicht. Das Schöne ist der gemeinsame Gegenstand beider Grundtriebe und die Verwirklichung menschlicher Harmonie.

Hölderlins früheste philosophische Fragmente »Über das Gesetz der Freiheit« (1794) und »Über den Begriff der Straffe« (Frühjahr 1795) sind im Umkreis der Versuche Schillers zu interpretieren, Kants moralphilosophische Position zu überschreiten. Hölderlin folgt seinem Lehrer sehr weitgehend, wenn er theoretisch versucht, »das Notwendige mit der Freiheit, das Bedingte mit dem Unbedingten, das Sinnliche mit dem Heiligen [...] zu verbrüdern« (IV, 1; 211). Seinem Vertrauten Neuffer schreibt Hölderlin allerdings, er wolle seinerseits über Schillers Lösungsversuche der Kantschen Antinomie hinaus; in einem ästhetischen Aufsatz, der die Form eines Kommentars zu Platons »Phaidros« haben sollte, will Hölderlin die ästhetische Auflösung der Moralphilosophie in »Über Anmut und Würde« im Sinn seines Lehrers weitertreiben, jedoch konsequenter sein als Schiller selbst, der »doch auch einen Schritt weniger über die Kantische Gränzlinie gewagt hat, als er nach meiner Meinung hätte wagen sollen« (VI, 1; 137).

Hölderlin wendet sich hier offensichtlich gegen Schillers Vorstellung, nur in ästhetischen Haltungen, allein als künstlerisches Spiel, könne die Sittlichkeit, könnten die Ideen der Freiheit, des Guten, des höchsten Wesens sinnlich werden. Schiller ließ die grundlegende Antinomie Kants unangetastet und konnte deshalb auch keine Handlungsperspektiven begründen. Politische Verwirklichung der Sittlichkeit, an der Hölderlins Generation vor allem interessiert war, wird in Schillers ästhetischen Schriften sogar ausdrücklich abgewehrt: »Hier also in dem Reiche des ästhetischen Scheins wird das Ideal der Gleichheit erfüllt, welches der Schwärmer so gern auch dem Wesen nach realisiert sehen möchte« – so lautet das Fazit seiner »Ästhetischen Briefe« (Nationalausgabe, Bd. 20; S. 412). Hölderlin will gegen Schiller und über ihn hinaus eine sinnliche Wirklichkeit der sittlichen Ideen philosophisch konstruieren und ästhetisch darstellen – die Melite-Gestalt in der ersten Fassung des Romans »Hyperion« ist etwa ein solcher Versuch.

Der Skeptizismus und Quietismus der ästhetischen Moral Schillers wird für Hölderlin theoretisch vollends unbefriedigend, als er im November 1794 mit seinem Schüler Fritz v. Kalb zu einem kürzeren Aufenthalt nach Jena reist, nach seiner Trennung vom Hause v. Kalb dann ganz dorthin übersiedelt und unter den Einfluß Fichtes gerät, der die Kantischen Widersprüche – anders als Schiller – durch eine Philosophie des Handelns aufzulösen versuchte. Fichte, die »Seele von Jena«, wie ihn Hölderlin in einem Brief an Neuffer nennt (VI, 1; 139), entwickelt seine »Reflexionsphilosophie« in Reaktion auf dieselbe Problemlage, die Schillers Ästhetik angeregt hatte.

In »Über die Bestimmung des Gelehrten« (1794), einer Art von Rechenschaftsbericht über Ziele und Voraussetzungen des akademischen Berufs, wendet Fichte Kants Lehre von Sittlichkeit und Sinnlichkeit ähnlich wie Schiller (der sich in seinen »Erziehungsbriefen« ausdrücklich auf Fichtes Schrift beruft) anthropologisch. In der menschlichen Natur lassen sich zwei verschiedene Anteile erkennen: zunächst das von der Sinnlichkeit unbeeinflußte, autonome »reine Ich«; als reines Ich ist der Mensch völlig unabhängig, »absolutes Seyn«. Dieser Bereich der Persönlichkeit ist der Sitz der Freiheit, damit auch der Sittlichkeit, wie die »Person« bei Schiller. Das »reine Ich macht allerdings nicht allein den realen Menschen aus, der in einer sinnlichen Welt lebt. Es ist notwendig verbunden mit dem »empirischen Selbstbewußtsein«, dem Teil des Menschen, der von der Welt der Gegenstände regiert wird, seiner Sinnennatur. Die »Cultur« erhält die Aufgabe, die bei Schiller dem ästhetischen Spiel zugefallen war: beide menschlichen Wesensbereiche zu vereinigen und damit die Voraussetzungen für moralisches Handeln, Freiheit und Autonomie in der Realität zu schaffen. Fichtes Reflexionsphilosophie, niedergelegt in den verschiedenen Fassungen seiner »Wissenschaftslehre«, stellt die philosophischen Grundlagen für diese »Cultur« bereit, zu der seine Lehrtätigkeit anregen will. Im Zentrum dieser Philosophie steht die »Tathandlung«, ein Akt, in dem das Ich sich selbst zusammen mit seiner Antithese, dem es beschränkenden »Nicht-Ich« setzt und damit die Wirklichkeit aus sich hervorbringt. Fichtes Modell der Tathandlung bedeutete die Möglichkeit, jene Spaltung zwischen Subjekt und Objekt, Sinnlichkeit und Sittlichkeit, Empirie und Idee, die die von Kant geprägte philosophische Diskussion vor ihm beschäftigt hatte, in einem dynamischen Prinzip aufzuheben. Dieses Moment des Dynamischen in seiner Philosophie befriedigte zugleich das Bedürfnis der zeitgenössischen Intellektuellen nach einer Ethik, die den Aufgaben des revolutionären Zeitalters angemessen war.

Hölderlin wohnt in Jena in Fichtes Nähe; »Ich hör' ihn alle Tage. Sprech' ihn zuweilen« (VI, 1; 140). In einem Brief an Hegel, in dem er dem Freund die »Wissenschaftslehre« und die Vorlesungen über die Bestimmung des Gelehrten ans Herz legt, teilt er jedoch mit, daß ihn auch Fichtes Lösung der philosophischen Epochenproblematik nicht befriedigt. Hölderlin sieht in ihr das Problem des Selbstbewußtseins vernachlässigt: »sein absolutes Ich (Spinozas Substanz)« – Hölderlin meint die »Tathandlung« – »enthält alle Realität; es ist alles, u. außer ihm ist nichts; es giebt also für dieses abs. Ich kein Object [...]; ein Bewußtsein ohne Object ist aber nicht denkbar [...]« (VI, 1; 155). Hölderlin deutet Fichtes Tathandlung als die »Substanz« Spinozas, das göttliche »ens realissimum«, das sich in der gesamten Wirklichkeit offenbart. Wird das Ich so zur Ursache seiner selbst und seiner Welt gemacht, wie es Hölderlins Interpretation zufolge in Fichtes Philosophie geschieht, dann verliert die Realität, das »Nicht-Ich«, die Kraft, dem Ich eigenständig entgegenzutreten, und der Subjektivität fehlt die Möglichkeit, ihr Wesen an etwas von ihr Verschiedenem zu bestimmen. Kritisierte Hölderlin an Schiller die Realitätslosigkeit seiner rein ästhetischen Vermittlung von Sinnlichkeit und Sittlichkeit im schönen Schein, so wirft er andererseits Fichte vor, die Realität im Ich aufgehen zu lassen. Hölderlin sucht nach einem Gegenstand des Denkens und der Poesie, der einerseits vollkommen real und andererseits vollkommen sittlich ist. Darin, daß er Fichtes Tatphilosophie in spinozistischem Sinne auffaßt, zeigt sich schon der Einfluß der eingangs erwähnten platonischen Unter- und Nebenströmung der Vereinigungsphilosophie.

Ein Exzerpt vom Beginn der 90er Jahre bezeugt die erste Beschäftigung mit Spinoza, zu dessen – von der theologischen Orthodoxie verfemten – Gedanken sich Lessing spektakulär bekannt hatte. Jacobi hatte dieses Bekenntnis in seiner Schrift »Über die Lehre des Spinoza in Briefen an Herrn Moses Mendelssohn« (1785) der Öffentlichkeit bekannt gemacht und damit eine heftige Debatte in der deutschen Gelehrtenrepublik ausgelöst. Hölderlin notiert sich in einem Exzerpt dieser Briefe Jacobis: »1. Leßing war ein Spinozist [...] Die orthodoxen Begriffe von der Gottheit waren nicht für ihn. Er konnte sie nicht genießen. Εν και Παν! Anders wußte er nichts.« (IV, 1; 207). Mit der griechischen Formel εν και παν (eins und alles, gesprochen: Hen kai Pan) ist eine Grundüberzeugung der Vereinigungsphilosophie zusammengefaßt, die Ansicht, daß der Vielfalt und Widersprüchlichkeit der empirischen Phänomene eine umfassende Einheit zugrundeliege, in der die Momente der Wirklichkeit ursprünglich vereinigt waren und in Zukunft wieder vereinigt werden sollen. Der Schluß des »Hyperion« formuliert diese vereinigungsphilosophische Weltformel in der Metapher der Liebe: »Wie der Zwist der Liebenden, sind die Dissonanzen der Welt. Versöhnung ist mitten im Streit und alles Getrennte findet sich wieder.« (III, 160).

Wenn die Widersprüche der Welt gedacht werden als Trümmer dieser ursprünglichen Einheit, in die alles Seiende wieder eingehen wird, dann ist auch der Ort gefunden, wo jene Widersprüche, die

Kants Philosophie beherrscht hatten und die nach Hölderlins Ansicht von Schiller und Fichte nur ungenügend gelöst worden waren, befriedet sind. So wie in Platos Philosophie die Seele sich erhebt, um das wahre Sein in der Idee zu erblicken, die sich in den empirischen Gegenständen nur verschleiert abbildet, so hat sich in Hölderlins nun entstehender Konzeption der Blick der Poesie und der Philosophie auf die Spuren der Einheit in der empirischen Dissoziation zu richten. Der Ästhetik kommt bei dieser Bemühung eine Schlüsselrolle zu. Sie erkennt nämlich die Vereinigung im Schönen wieder, das zum systematischen Zentrum von Hölderlins Denken wird. Die Schönheit macht die absolute Einheit zugänglich. Ihr »verborgener Sinn« ist es, »das hohe Urbild aller Einigkeit« (III, 191) zu enthüllen. Sie ist gleichzeitig materiell und ideell, ein sinnlicher Eindruck wie eine Darstellung des Sittlichen, ein Gegenstand der autonomen wie der wirklichkeitsverhafteten Anteile des Menschen.

Von Schillers Schönheitskonzeption unterscheidet sich die Hölderlins darin, daß für ihn diese Schönheit kein Spiel ist, sondern Realität. Die Frauengestalt, die im Zentrum aller Fassungen des »Hyperion« steht, ist eine reale Verkörperung der Einheit, die nationale Befreiungskriege inspiriert und kochend am Herdfeuer steht. In ihrer physischen Existenz ist das richtige Leben im falschen wahr geworden:

»Man sagt sonst, über den Sternen verhalle der Kampf, und künftig erst, verspricht man uns, wenn unsere Hefe gesunken sey, verwandle sich in edlen Freudenwein das gährende Leben, die Herzensruhe der Seeligen sucht man sonst auf dieser Erde nirgends mehr. Ich weiß es anders. Ich bin den nähern Weg gekommen. Ich stand vor ihr und hört' und sah den Frieden des Himmels [...]« (III, 58f.).

Von Fichte wiederum unterscheidet sich Hölderlins Theorie durch die Annahme eines Einheitsgrundes, aus dem sowohl das Subjekt wie das Objekt hervorgegangen sind, die damit nicht voneinander abgeleitet sind, sondern sich eindeutig voneinander unterscheiden – so erst, glaubt Hölderlin, ist Bewußtsein erklärbar.

In dem Fragment »Urtheil und Seyn« wird der Stand seiner philosophischen Bemühung im Jahr 1795 resümiert; es stellt eine Mischung aus reflexionsphilosophischen und vereinigungstheoretischen Motiven dar. Hölderlin postuliert einen logisch-genetisch am Anfang der Welt wie der Philosophie liegenden Einheitszustand, das »Seyn«, in dem eine Trennung in objektive und subjektive Sphäre noch nicht stattfindet, ebensowenig wie die Spaltung in Sinnliches und Geist. All das entsteht erst auf der dem »Seyn« folgenden Stufe, dem »Urtheil«, das Hölderlin folgendermaßen definiert:

»Urtheil. ist im höchsten und strengsten Sinne die ursprüngliche Trennung des in der intellectualen Anschauung [ein anderer Ausdruck für einen Aspekt der ursprünglichen Einheit, S.. W..] innigst vereinigten Objects und Subjects, diejenige Trennung, wodurch erst Subject und Object möglich wird, die Ur-Theilung« (IV, 1; 217).

Es ist offensichtlich, daß diese Konzeption Hölderlins begrifflich uneinheitlich ist. Das »Urtheil« ist in der Terminologie Fichtes bestimmt, das »Seyn« entstammt der vereinigungstheoretischen Ontologie. Die beiden philosophischen Sphären sind nicht auseinander abgeleitet, sondern einander aufmontiert. Probleme birgt diese Konzeption vor allem deshalb, weil ein Sprung, eine Art philosophischer Sündenfall anzunehmen ist, um theoretisch vom »Seyn« zum »Urtheil« zu gelangen.

So aporetisch die Konzeption dieses Fragments jedoch in theoretischer Hinsicht ist, so fruchtbar ist sie als Grundlage für Poesie. Die Dichtung, die Liebe zum Schönen, erhält philosophische Weihen als eine Führerin zur ursprünglichen Einheit. Allerdings ist auch die Stellung des Schönen unbefriedigend geklärt: es soll die Einheit realisieren, die doch im »Urtheil« per definitionem schon aufgegeben ist.

»Für Hölderlin ergab sich die eigentümliche Aporie, die Grundrisse zweier Lehren miteinander verbinden zu wollen, die sich einem solchen Verfahren notwendigerweise entziehen müssen, – Schillers Version von Kants Ethik und Platons Ideenlehre. Mit Schiller sieht Hölderlin in der Liebe die Kraft, welche die beiden Grundtriebe des Menschen miteinander vereinigt. Zugleich aber soll im Bereich des einen dieser Triebe, als schöne Natur, das Urbild aller Einigkeit erscheinen. Ist aber der eigentliche Sinn von Einigkeit die Vereinigung beider Triebe miteinander, so kann man nicht einsehen, wie im ›Sinnenland‹ allein ein Spiegelbild der Einigkeit erscheinen soll, die doch nur dann verstanden werden kann, wenn beide Kräfte des Menschen miteinander ins Spiel kommen.« (Henrich, 1965/66, S. 81f.).

Im Frühsommer des Jahres 1795 verläßt Hölderlin fluchtartig Jena. In der folgenden Zeit formuliert er seine philosophischen Einsichten vor allem im Briefwerk. Hölderlin dachte daran, die Anregungen aus Jena in systematischer Form auszuarbeiten. Für das »Philosophische Journal« Friedrich Immanuel Niethammers waren »Neue Briefe über die ästhetische Erziehung des Menschen« geplant, die ein Prinzip systematisieren sollten, »das mir die Trennungen, in denen wir denken und existiren, erklärt, das aber auch vermögend ist, den Widerstreit verschwinden zu machen, den Widerstreit zwischen dem Subject und dem Object, zwischen unserem Selbst und der Welt, ja auch zwischen Vernunft und Offenbarung« (VI, 1; 203). Dieses Prinzip sollte ästhetisch sein.

In einem Brief an Schiller heißt es, »die unnachläßliche Forderung, die an jedes System gemacht werden muß, die Vereinigung des Subjects und Objects in einem absoluten – Ich oder wie man es nennen will«, sei in theoretischer und in praktischer Anstrengung stets nur annähernd zu erreichen – ästhetisch jedoch sei diese Vereinigung real (VI, 1; 181). Aus Frankfurt schreibt Hölderlin an den Bruder, alle Anstrengung im »Labyrinth der Wissenschaft« müsse gleichsam erlöst werden im »stillen Lande der Schönheit«, wo allein das »reine Ideal alles Denkens und Thuns« (VI, 1; 206) aufbewahrt sei. Die Ästhetik soll die in »Urtheil und Seyn« niedergelegte Aporie auflösen. In der Schönheit soll wirklich werden, was theoretisch nicht zu denken und praktisch nicht zu erreichen ist: Einheit in der widersprüchlichen Welt. Hölderlin hat diese Anschauung- obwohl sie sein gesamtes Schaffen beherrscht – nie durchgehend systematisch formuliert, wohl auch ihre Problematik geahnt: »Verschiedene Linien verschlingen sich in meinem Kopf, und ich vermag sie nicht zu entwirren.« (VI, 1; 202).

In mehreren Gesprächen hat sich Hölderlin mit Schelling über seine theoretischen Pläne auseinandergesetzt, »nicht immer accordirend« (VI, 1; 203) allerdings. Die Gespräche mit Schelling sind eingegangen in ein Dokument, das für die philosophische Entwicklung der Jugendfreunde Schelling, Hegel und Hölderlin gleichermaßen bedeutsam ist, das sogenannte »Älteste Systemprogramm des deutschen Idealismus«, eine Skizze, die in Hegels Handschrift überliefert ist und vermutlich im Sommer 1796 entstand. Der programmatische Text legt gemeinsame Grundpositionen der Freunde zur Ethik, Naturwissenschaft, Politik, Religion und Ästhetik nieder. Besonders der Teil über die Ästhetik ist von Hölderlin geprägt. Die Poesie wird als »Lehrerin der Menschheit« (IV, 1; 298) bezeichnet – ein Titel, der auf dem Hintergrund der Hölderlinschen Lehre erklärbar wird, daß in der Schönheit Subjekt und Objekt, Sittlichkeit und Sinnlichkeit, Geist und Empirie ihren realen Indifferenzpunkt gefunden haben. Allein in der Schönheit, postuliert der Entwurf, sind Wahrheit und Güte »verschwistert« (IV, 1; 298). Das »Systemprogramm« enthält zugleich die poetologische Forderung einer »sinnlichen Religion«, einer neuen »Mythologie der Vernunft« – abstrakte Ideen sollen durch die Poesie sinnlich und damit volkstümlich werden.

Während der Frankfurter Zeit geht die philosophische Reflexion vor allem in die endgültige Fassung des »Hyperion« ein (s. S. 77ff.). Hölderlin hebt die Philosophie in der Poesie des Romans auf, der in Kapiteln wie etwa dem »Athenerbrief« am Ende des ersten Bandes ganz die literarische Form des philosophischen Gesprächs annimmt. Im wesentlichen handelt es sich dabei um die Probleme der Jenaer

Zeit, erweitert im Zusammenhang mit der politischen Thematik des Romans.

Die systematischen Absichten des »Systemprogramms« werden nach dem Abschied von Frankfurt in Homburg wieder aufgenommen, wo Hölderlin vom Winter 1798 bis zum Sommer 1800 als freier Schriftsteller und Gelehrter lebt. Hölderlin arbeitet hier den wichtigsten Aspekt seines Denkens, die Ästhetik, in einer Reihe philosophischer Skizzen genauer aus. Diese fragmentarischen Texte, die nicht zur Publikation bestimmt waren, sondern den Charakter von Notizen zur Selbstverständigung tragen, sind schwierig zu interpretieren. Ihr Rang als bedeutsame und originelle Poetik wurde erst relativ spät erkannt, aber seit Lawrence Ryans grundlegender Publikation von 1960 hat ihre Auslegung die Hölderlin-Philologie intensiv beschäftigt. Die Terminologie der Skizzen ist unklar und schwankend; Hölderlin hat nicht mit späteren Lesern gerechnet. Sie tragen die Kennzeichen schneller, fast überstürzter Niederschrift.

Der Titel, den man dem größten und wohl bedeutendsten Fragment gegeben hat, bezeichnet im Grunde die Thematik des gesamten Komplexes: »Über die Verfahrensweise des poetischen Geistes«. Hölderlin definiert die Dichtung als eine Grundtätigkeit der menschlichen Intelligenz, die festen und objektivierbaren Gesetzen folgt und von höchster geistiger und praktischer Bedeutung ist. Das Grundthema der Aufsätze ist mit der Problematik von »Urtheil und Seyn« verwandt: Hölderlin will klären, wie die sinnliche Mannigfaltigkeit zusammenhängt mit der vorempirischen Einheit.

In einem Fragment mit dem Titel »Das Werden im Vergehen« (FHA 14: »Das untergehende Vaterland«), das wohl in den Kontext der Entstehung von Hölderlins »Empedokles« gehört (vgl. Mögel 1992, S. 67ff.) sucht er nach einem Gesetz, das die Abfolge der historischen Zustände erklären kann, wobei er (in einem Brief an Sinclair vom Weihnachtstag des Jahres 1798) das »Abwechselnde der menschlichen Gedanken und Systeme« in seine Überlegungen miteinbezieht. Die Wechselfälle der Philosophiegeschichte erscheinen ihm sogar »fast tragischer [...] als die Schiksaale, die man gewöhnlich allein die wirklichen nennt« (VI, 1; 300). Das Ganze, die Einheit im Denken und Handeln der Menschen, hat sich aufgelöst in eine lange Reihe von Weltzuständen, die einander widersprechen und im Lauf der Zeit ineinander übergehen. Hölderlins Überlegungen in dem zitierten Brief wie in dem Fragment kreisen um die Frage nach den Gründen dieses Schicksals. »Das Werden im Vergehen« findet eine Antwort in folgender Formulierung: »die Welt aller Welten, das Alles in Allen, welches immer *ist, stellt* sich nur in aller Zeit – oder im Untergange oder im Moment [...] *dar,* und dieser Untergang und Anfang ist wie die Sprache Ausdruk Zeichen Darstellung eines [...] Ganzen« (IV, 1, 282).

Die widersprüchlichen Aspekte der Geschichte sind also nur verschiedene Ausdrucksformen der ewigen, unveränderlichen Einheit des »Alles in Allen«. An den Wendepunkten der Geschichte offenbart sich diese Einheit, gerade da also, wo sie scheinbar negiert wird. An historischen Bruchstellen dringt die Unendlichkeit des Möglichen in die beschränkte und festgefügte Wirklichkeit ein, und im Moment dieses Eindringens blitzt jene Einheit auf, deren historisch obsoleter Aspekt jetzt mit dem Alten vergeht und einer neuen historischen Konfiguration Platz macht, die ihrerseits ein weiterer Aspekt der ewigen Einheit ist. »Im Zustande zwischen Seyn und Nichtseyn wird [...] überall das Mögliche real und das wirkliche ideal, und diß ist in der freien Kunstnachahmung ein furchtbarer, aber göttlicher Traum« (IV, 1; 283).

Die Kunst erhält in diesem Prozeß die Aufgabe, die göttliche Einheit im Schrecken der Auflösung zu zeigen und festzuhalten. Sie stellt das Ganze im Wechsel dar. Damit stiftet sie sowohl einen »höheren Zusammenhang« (IV, 1; 275) zwischen den Menschen und ihrer Welt (»Über Religion«, StA; »Fragment philosophischer Briefe«, FHA) als auch zwischen den Individuen untereinander, wie Hölderlin es in einem Brief an den Bruder vom Neujahrstag 1799 ausführt. Die Poesie, heißt es hier, vereinigt die Menschen »mit all dem mannigfachen Laid und Glük und Streben und Hoffen und Fürchten, mit all ihren Meinungen und Fehlern, all ihren Tugenden und Ideen, mit allem Großen und Kleinen, das unter ihnen ist, immer mehr, zu einem lebendigen tausendfach gegliederten innigen Ganzen, denn eben diß soll die Poësie selber seyn, und wie die Ursache, so die Wirkung« (VI, 1; 306).

Wie die Wirkung, so die Ursache – die Poesie selbst also soll bestehen aus einem ständigen Vermittlungsprozeß des Ursprünglichen, Allumfassenden, Einen mit der widersprüchlichen Mannigfaltigkeit. In Hölderlins Poetik erscheinen diese Pole als »Geist« einerseits, als die freie, einige, selbständige poetische Individualität (man erkennt hier Fichtes »absolutes Seyn« und Schillers »Person« wieder) und als »Stoff« andererseits, als die Vielfalt möglicher Themen, in der sich die Vielfalt der Welt selber wiederholt (dieses Moment steht in denkgeschichtlicher Beziehung zum Begriff des »Zustandes« oder »Stofftriebs« in Schillers Poetik).

Die Poesie setzt Geist und Stoff miteinander in Beziehung. Der Geist fungiert dabei als Gehalt, der Stoff als Ausdrucksmedium. Im Begriffshorizont der »Verfahrensweise des poetischen Geistes«: Poesie ist eine »Metapher« (zu verstehen im wörtlichen Sinn als Übertragung) die den Geist – »Bedeutung« oder »Grundton« – im Stoff – »Schein« oder »Kunstcharakter« – darstellt. Geist und Stoff können hierbei als drei verschiedene »Töne« erscheinen, die man sich als Grundtypen poetischer Stimmung, gleichsam als poetische Aggregatszustände vorstellen kann: naiv, idealisch, heroisch.

Die »Töne« erinnern an die Typisierung ästhetischer »Empfindungsweisen« in den ästhetischen Schriften Schillers. In Hölderlins Fragment »Ein Wort über die Iliade« sind anthropologisch-intellektuelle Grundcharaktere dargestellt, die wohl als psychologische Gleichnisse der Töne anzusehen sind. Man hat sich den naiven Ton demnach als eine Haltung vorzustellen, die mit einer »einfache[n] Sphäre« ein »harmonisches Ganze[s]« bildet, als ein unreflektiertes Übereinstimmen mit der Umwelt also. Der heroische Ton ist einem anderen Typus zuzuordnen, der durch die »Größe und Stärke und Beharrlichkeit seiner Kräfte und Gesinnungen, durch Muth und Aufopferungsgaabe« bestimmt wird. Der idealische Ton schließlich entspricht einem Typus, der sich auszeichnet durch die »Harmonie seiner inneren Kräfte, durch die Vollständigkeit und Integrität und Seele, mit der er die Eindrücke aufnimmt, durch die Bedeutung die ebendeswegen ein Gegenstand, die Welt, die ihn umgiebt [...] für ihn hat« (IV, 1; 226).

Die Töne werden weiterhin durch eine Zuordnung zu verschiedenen Modalitäten des Wirklichen bestimmt: zum naiven Ton gehören »Begebenheiten«, »Anschauungen« und »Wirklichkeiten«, zum Heroischen »Bestrebungen« oder »Leidenschaften«, zum idealischen »Phantasien«. Die Töne sind also den Modalkategorien Wirklichkeit (naiv), Notwendigkeit (heroisch) und Möglichkeit (idealisch) analog.

Die Grundidee der »Verfahrensweise« besteht nun darin, daß die jeweiligen Töne des Geistes sich nicht in den ihnen entsprechenden Tönen des Stoffs ausdrücken, sondern daß sich der Geist in einem ihm entgegengesetzten Bereich des Stoffs realisiert. Der naive Grundton drückt sich im idealischen Kunstcharakter aus, der idealische im heroischen, der heroische im naiven. Die Poesie verfährt hier nach einer »Regel«, die zugleich lebenspraktische Bedeutung hat: »Seze dich *mit freier Wahl* in harmonische Entgegensezung mit einer äußeren Sphäre, so wie du in dir selber in *harmonischer* Entgegensezung bist, von Natur, aber unerkennbarer weise solange du in dir selbst bleibst« (IV, 1; 255f.).

Diese Regel zeigt den Zusammenhang der Lehre von den Tönen mit Hölderlins philosophischem Grundanliegen auf; Hölderlin will demonstrieren, wie die Einheit mit der Vielfalt zusammengedacht werden kann. »Das Werden im Vergehen« erklärte die Widersprüche der Geschichte als eine »Darstellung« verschiedener Aspekte des Einen in der Zeit. Die »Verfahrensweise« zeigt am Beispiel des poetischen Prozesses, daß Trennung ein Entfaltungsstadium der Einheit ist, das ihr deshalb notwendig wird, weil sie von einem unreflektierten Bei-sich-sein zu einer höheren, bewußten Existenz gelangen muß. In »Über den Unterschied der Dichtarten« schreibt Hölderlin, das »Materielle Vergängliche«, die in Objekt und Subjekt aufgespaltene widerspruchsvolle Welt, sei »nur ein Zustand des Ursprünglicheinen«; die Einheit müsse diesen Zustand annehmen weil »die Theile des Einigen nicht immer in derselben näheren und entfernteren Beziehung bleiben dürfen, damit alles allem begegene« (IV, 1; 268). Bliebe die Einheit trennungslos, wäre sie unbewußt und zugleich unbewegt, starr, tot. Aufgrund einer »nothwendigen Willkür des Zevs« muß sie aus sich heraus, ebenso wie die Töne sich in einem Stoff verwirklichen müssen, der ihnen fremd ist. Das Fragment »Wechsel der Töne« schildert, wie die Töne kraft dieser Notwendigkeit gesetzmäßig ineinander übergehen und damit die innere Dynamik des Gedichts konstituieren. »Über den Unterschied der Dichtarten« dagegen leitet die poetischen Gattungen aus den Verhältnissen ab, die die Töne in ihrer jeweiligen Position als »Grundton« oder »Kunstcharakter« zueinander einnehmen.

Hölderlins gattungspoetische Überlegungen der Homburger Zeit sind außerdem dokumentiert in der Beprechung »Über Siegfried Schmids Schauspiel Die Heroine« – ein Text, der insofern eine Sonderstellung einnimmt, als er zur Veröffentlichung bestimmt war. Gattungstheoretische Ansätze finden sich weiterhin in einem für Hölderlins Poetik außerordentlich aufschlußreichen Brief an Neuffer vom 3. 7. 1799 (VI, 1; 338ff.). Das Fragment »Über die Bedeutung der Tragödien« sowie der »Grund zum Empedokles« reflektieren die Gattungsgesetze der Tragödie (s. das Kapitel über »Empedokles«). Den Sophokles-Übersetzungen sind poetologische Kommentare beigefügt (s. S. 135ff.). Hölderlins Theorien über das Verhältnis der »vaterländischen« zur griechischen Kunst ist in seiner späten Korrespondenz niedergelegt (s. S. 136).

Hölderlin hat offensichtlich vorgehabt, mit seinen poetologischen Ideen die Literatur seiner Zeit zu reformieren, ihr eine philosophische und technische Grundlage zu geben, die der Moderne den »sichern, durch und durch bestimmten und überdachten Gang der alten Kunstwerke« (VI, 1; 380) ermöglicht hätte. Der Plan des Journals in der Homburger Zeit weist auf ein solches Vorhaben hin. Seine Ideen haben sich nicht durchgesetzt, sondern sind verloren gegangen, bevor sie noch für die Öffentlichkeit formuliert werden konnten. Seine rekonstruierte Poetik hat eine gewisse Bedeutung für die Interpretation seiner eigenen Werke; in verschiedenen Gedichten glaubt man, den »Wechsel der Töne« etwa nachweisen zu können. Es ist allerdings nicht klar, in welchem Maß sich Hölderlin an seine eigenen Theorien gehalten hat. Die grundlegende Einsicht, daß die Interpretation Hölderlins mithilfe seiner Fragmente ein – wenn auch wichtiges – Experiment bleibe (Ryan 1960, S. 4ff.), hat Ulrich Gaier durch den genauen Nachvollzug von Hölderlins Poetik konkretisiert. Er ist der Ansicht, daß »der gebannte Blick auf die Homburger poetologischen Fragmente [...] bei vielen Hölderlinforschern die Wahrnehmung der reichen Poetik Hölderlins« in der Vergangenheit verhinderte. Seine Poetik habe Hölderlin »mit offener Konsequenz in seinen Dichtungen angewandt« (Gaier 1993, S. 221). Die Rekonstruktion dieser Poetik führe ein »einmaliges poetologisches System vor Augen«:

»von dem Hölderlin mit Recht annehmen konnte, daß die durch dieses System angelegte Dichtung alle Philosophie übersteigt (und sie sogar transzendental ermöglicht), weil die Dichtung konsequent den *ganzen* Menschen in allen erdenklichen Verhältnissen fiktional dem Leser vorstellt und ihn der Bestimmung des freien Gebrauchs seiner selbst und der Welt entgegenführt« (ebd., S. 286).

Vergessenheit war allerdings das Schicksal der philosphischen Bemühungen Hölderlins überhaupt. Erst in diesem Jahrhundert interessierte man sich erneut für seine Philosophie (zuerst Dilthey, Cassirer und Böhm). Heute schätzt man den »verborgenen« Einfluß Hölderlins vor allem auf Hegel als sehr bedeutsam ein. Hegel stand in seiner Frankfurter Zeit ganz unter dem Einfluß der Hölderlinschen Vereinigungsphilosophie. Sein späteres Denken ging über sie hinaus, indem Hegel das Absolute nun nicht mehr in einer Einheit vor den empirischen Gegensätzen auffinden wollte, sondern in ihnen selber – in dem Prozeß, der durch ihre Auseinandersetzung entsteht und zum Selbstbewußtsein des objektiven Geistes führt.

Grundlinien der Forschungsgeschichte:

Dilthey (1906) interessierte sich als erster für den Philosophen Hölderlin, den er vorwiegend unter dem Aspekt des Pantheismus interpretierte. *Cassirer* (1921) folgte ihm darin in einem Buch, das ganz den Verknüpfungen von Poesie und Reflexion im ausgehenden 18. Jh. gewidmet war. Wilhelm *Böhm* legte in seiner Biographie – wie auch in der Debatte um das »Systemprogramm« – großen Wert auf den systematischen Aspekt des Hölderlinschen Denkens.

In den 40er Jahren stand die Frage im Vordergrund, ob Hölderlin primär Philosoph oder Dichter gewesen sei und wie sich diese beiden Aspekte seines Werks miteinander vereinbaren ließen, eine Frage, die wohl durch *Böhms* entschiedene Betonung des systematischen Denkers provoziert war; man interessierte sich außerdem unter einem philosophiegeschichtlichen Aspekt für die Einflüsse der Philosophie der Zeit auf Hölderlin. *Hildebrandt* versuchte, Hölderlin für eine von ihm erfundene »deutsche« Traditionslinie zu reklamieren, die sich mit Leibniz gegen Kant gerichtet haben soll (1939), der Hegelforscher *Hoffmeister* und das Buch von *Müller,* das den Nürtinger Bibliothekskatalog zum Ausgangspunkt eines einflußgeschichtlichen Überblicks nahm (1944), wenden sich gegen rasse«theoretische« und nationalistische Betrachtungsweisen. Eine Sonderstellung nehmen die Arbeiten *Heideggers* ein, der Hölderlins Werk als poetisches Paradigma seiner eigenen Philosophie ausdeutet.

Die Philologen in den 50er und 60er Jahren wendeten sich von der irrationalistischen »Wesenschau« sowie von dem einflußgeschichtlichen Aspekt ab und versuchten eine Klärung der Frage, was Hölderlin »denn eigentlich in seinen Fragmenten habe sagen wollen« *(Hof,* 1954). Die Konzentration auf eine systematische Rekonstruktion der Theorie Hölderlins wurde fruchtbar vor allem in den Büchern *Ryans* und *Henrichs,* die in den 60er Jahren erschienen. *Ryan* (1960) zeigte, wie die Philosophie für die Poesie in den Homburger Fragmenten eine konstitutive Bedeutung gewinnt. *Henrich* legte mit einer Untersuchung der Philosophie Hölderlins in Jena und Frankfurt (1965/66; 1967) die Grundlagen für eine genauere Einschätzung der Beziehungen zu Fichte, Schiller und Hegel. Beider Anregungen lösten eine sehr umfangreiche und oft sehr esoterische Forschungstätigkeit über Einzelprobleme aus.

In den 70er Jahren wurde das Buch von *Gerhard Kurz* (1975) sehr einflußreich, der Hölderlins Philosophie als politisch-geschichtsphilosophisches Programm interpretierte. Offensichtlich wird es heute – aufgrund der inzwischen erarbeiteten systematischen Kenntnis der poetischen Philosophie Hölderlins – wieder sinnvoll, philosophiehistorische Fragestellungen in den Vordergrund zu stellen *(Kondylis,* 1979). Zu Beginn der 90er Jahre hat *Henrich* seine Hölderlin-Studien noch einmal präzisiert und zusammengefaßt. Wegweisend nennt er seine umfangreiche Arbeit *»Der Grund im Bewußtsein. Untersuchungen zu Hölderlins Denken (1794-1795)«* (1992), wobei er exemplarisch den kurzen Text »Urtheil und Seyn« untersucht und dessen philosophiegeschichtlichen Ort bestimmt. Im Zuge einer minutiösen Darlegung bietet Henrich die begriffliche Explikation der philosophischen Reflexionen Hölderlins und führt, indem er die »Bedingungen, unter denen Hölderlin in die Formationsphase der nachkantischen Philosophie produktiv eingreifen konnte«, Schritt für Schritt entfaltet, »die Verfassung und Potentiale« dieses Denkens vor Augen (vgl. Henrich 1992, S. 31).

Mögliche Einstiege in die Sekundärliteratur:

Die Literatur über Hölderlins Philosophie und Ästhetik ist nicht nur für Anfänger verwirrend; daher scheint es um so begrüßenswerter, daß *Henning Bothe* (1994) in seiner Einführung gerade auch Anfängern Hölderlins philosophisches Denken zugänglich macht und der »Essayistik des Dichters besondere Aufmerksamkeit« schenkt; zur weiteren Orientierung sind folgende Bücher geeignet: Hölderlins philosophische Anfänge werden in der Dissertation von *Friedrich Strack* (1976) zusammenfassend geschildert. Für die Entwicklung der Vereinigungsphilosophie im Kontext des frühen Idealismus sind *Dieter Henrichs* Aufsätze über Hegel und Hölderlin (1967) und über das Fragment *»Urteil und Sein« (1965/66)* sowie seine umfangreiche Studie *»Der Grund im Bewußtsein«* (1992) grundlegend, ebenso wie für Hölderlins Homburger Ästhetik das Buch von *Ryan* (1960) unverzichtbar bleibt. Einen allgemeinen Überblick über Hölderlins idealistischen Dichtungsbegriff in der poetologischen Tradition des 18. Jh.s bieten die Aufsätze *Jochen Schmidts* (1980/81) und seine Überlegungen zur Geschichte des Geniegedankens (1985), auch *Wolfgang Binders* Darlegungen zu Hölderlins Dichtung im Zeitalter des Idealismus (1965/66) sind hier anzuführen, seit 1987 stehen maßgebliche Aufsätze Binders in einem Studienband zur Verfügung. Als einführende Gesamtdarstellung der Philosophie empfiehlt sich das Buch von *Kurz* (1975) sowie der Sammelband von *Bachmaier/Rentsch* (1987). Den Blick auf die »anwendbaren Resultate« von Hölderlins systematisch durchgeführter umfassender Erneuerung der literarischen Sprache richtet *Gaier* (1993) in seiner Einführung.

Literatur:

Allgemeines

Helmut Bachmaier u. Thomas Rentsch (Hrsg.): Poetische Autonomie? Zur Wechselwirkung von Dichtung und Poesie in der Epoche Goethes und Hölderlins, Stuttgart 1987.

Jeffrey Barnouw: Der Trieb, bestimmt zu werden. Hölderlin, Schiller und Schelling als Antwort auf Fichte. In: DVjs 56 (1972) S. 248-293.

Uwe Beyer: Mythologie und Vernunft. Vier philosophische Studien zu Friedrich Hölderlin, Tübingen 1993.

Wilhelm Böhm: Hölderlin. 2 Bände. Halle/Saale 1928/30.

Wolfgang Binder: Hölderlins Dichtung im Zeitalter des Idealismus. In: HJb 19/20 (1975-77) S. 76-93.

Ders.: Friedrich Hölderlin. Studien von Wolfgang Binder. Hrsgg. von Elisabeth Binder und Klaus Weimar (st 2082). Frankfurt a. M. 1987.

Ernst Cassirer: Hölderlin und der deutsche Idealismus. In: E. C.: Idee und Gestalt. Goethe/Schiller/Hölderlin/Kleist. Berlin 1921.

Wilhelm Dilthey: Das Erlebnis und die Dichtung. Lessing, Goethe, Novalis, Hölderlin. Leipzig 1906.

Manfred Frank: Der unendliche Mangel an Sein. Schellings Hegelkritik und die Anfänge der Marxschen Dialektik. Frankfurt a. M. 1975.

Ders.: Der kommende Gott. Vorlesungen über die Neue Mythologie. 1. Teil. Frankfurt a. M. 1982.

Ders.: »Intellektuale Anschauung«. Drei Stellungnahmen zu einem Deutungsversuch von Selbstbewußtsein: Kant, Fichte, Hölderlin/Novalis.

In: Die Aktualität der Frühromantik, hrsg. von Ernst Behler und Jochen Hörisch. Paderborn 1987. S. 96-126.

Ders.: Hölderlins und Schellings Überwindung des Kant/Schillerschen Dualismus und die Erhebung der Ästhetik zum »einzigen wahren und ewigen Organon und Document zugleich der Philosophie«. In: M. F.: Einführung in die frühromantische Ästhetik. Vorlesungen, Frankfurt a. M. 1989. S. 137-154.

Ders.: Hölderlin über den Mythos. In: HJb 27 (1990/91) S. 1-31.

Michael Franz: Das System und seine Entropie. Mss. Diss. Saarbrücken 1982.

Ulrich Gaier: »... ein Empfindungssystem, der ganze Mensch«. Grundlagen von Hölderlins poetologischer Anthropologie und Literatur im 18. Jahrhundert. DFG-Symposion 1992. Stuttgart u.a. 1994. S. 724-776.

Wolfgang Heise: Hölderlin. Schönheit und Geschichte. (Ost-)Berlin, Weimar 1988

Kurt Hildebrandt: Hölderlin. Philosophie und Dichtung. Stuttgart/Berlin 1939.

Johannes Hoffmeister: Hölderlin und die Philosophie. Leipzig 1944.

Detlef Horster: Die Subjekt-Objekt-Beziehung im deutschen Idealismus und in der Marx'schen Philosophie. Frankfurt a. M./New York 1979.

Christoph Jamme: »Ein ungelehrtes Buch«. Die philosophische Gemeinschaft zwischen Hölderlin und Hegel in Frankfurt 1797-1800. Bonn 1983.

Ders.: »Entwilderung der Natur«. Zu den Begründungsformen einer Kulturgeschichte der Natur bei Schiller, Hölderlin und Novalis. In: Evolution des Geistes: Jena um 1800. Natur und Kunst, Philosophie und Wissenschaft im Spannungsfeld der Geschichte. Stuttgart 1994. S. 578-597.

Julius Klaiber: Hölderlin, Hegel und Schelling in ihren schwäbischen Jugendjahren. Stuttgart 1877. Unveränderter Nachdruck. Frankfurt a. M. 1981.

Panajotis Kondylis: Die Entstehung der Dialektik. Eine Analyse der geistigen Entwicklung von Hölderlin, Schelling und Hegel bis 1802. Stuttgart 1979.

Gerhard Kurz: Mittelbarkeit und Vereinigung. Zum Verhältnis von Poesie, Reflexion und Revolution bei Hölderlin. Stuttgart 1975.

Ders.: Höhere Aufklärung. Aufklärung und Aufklärungskritik bei Hölderlin. In: Idealismus und Aufklärung. Kontinuität und Kritik der Aufklärung in Philosophie und Poesie um 1800. Hrsgg. von Christoph Jamme und G. K. Stuttgart 1988. S. 259-282.

Bruno Liebrucks: Sprache und Bewußtsein. Bd. 7. »Und.« Die Sprache Hölderlins in der Spannweite von Mythos und Logos. Bern/Frankfurt a. M./Las Vegas 1979.

Ernst Müller: Hölderlin. Studien zur Geschichte seines Geistes. Stuttgart/Berlin 1944.

Franz Nauen: Revolution, Idealism, and Human Freedom: Schelling, Hölderlin, Hegel and the Crisis of Early German Idealism. Den Haag 1971.

Guido Schmidlin: Versuch zur dichterischen Vernunft. Bern 1973.
Jochen Schmidt: Hölderlins idealistischer Dichtungsbegriff in der poetologischen Tradition des 18. Jahrhunderts. In: HJb 22 (1980/81) S. 98-121.
Ders.: Friedrich Hölderlin: Die idealistische Sublimation des naturhaften Genies zum poetisch-philosophischen Geist. In: Die Geschichte des Geniegedankens 1750-1945. Darmstadt 1985. Bd. 1. S. 404-429.

Von den philosophischen Anfängen zu »Urtheil und Seyn«.

Herbert Anton: »Eleusis«. Hegel an Hölderlin. In: HJb 19/20 (1975-77) S. 285-302.
Max Lorenz Baeumer: Hölderlin und das En kai Pan. In: Monatshefte für deutschen Unterricht 59 (1967) S. 131-147.
Jeffrey Barnouw: »Der Trieb, bestimmt zu werden«. Hölderlin, Schiller und Schelling als Antwort auf Fichte. In: DVjs 46 (1972) S. 248-293.
Bernhard Dinkel: Der junge Hegel und die Aufhebung des subjektiven Idealismus. Bonn 1974.
Michael Franz: Hölderlins Logik. Zum Grundriß von »Seyn Urtheil Möglichkeit«. In: HJb 25 (1987) S. 93-124.
Ders.: »Platons frommer Garten«. Hölderlins Platonlektüre von Tübingen bis Jena. In: HJb 28 (1992/93) S. 111-127.
Hans-Jürgen Gawoll: Nebenlinien – Variationen zu/von Hölderlins »Urtheil und Seyn«. In: HJb 26 (1988/89) S. 87-116.
Henry Silton Harris: Hegels Development. Toward the Sunlight. 1770-1801. Oxford 1972.
Theodor Haering: Hölderlin und Hegel in Frankfurt. Ein Beitrag zur Beziehung von Dichtung und Philosophie. In: Hölderlin. Gedenkschrift zu seinem 100. Todestag. Hrsgg. von Paul Kluckhohn. Tübingen 1944. S. 174-202.
Hannelore Hegel: Isaak v. Sinclair zwischen Fichte, Hölderlin und Hegel. Ein Beitrag zur Entstehungsgeschichte der idealistischen Philosophie. Frankfurt a. M. 1971.
Dieter Henrich: Hölderlin über Urteil und Sein. Eine Studie zur Entstehungsgeschichte des Idealismus. In: HJb 14 (1965/66) S. 73-96.
Ders.: Hegel und Hölderlin. In: D. H.: Hegel im Kontext. Frankfurt a. M. 1971. S. 9-40.
Ders.: Historische Voraussetzungen von Hegels System. Ebenda, S. 41-72.
Ders.: Philosophische und theologische Problemlagen im Tübinger Stift zur Studienzeit Hegels, Hölderlins und Schellings. In: HJb 25 (1986/87) S. 60-92.
Ders.: Der Grund im Bewußtsein. Untersuchungen zu Hölderlins Denken (1794-1795). Stuttgart 1992.
Ders.: Eine philosophische Konzeption entsteht. Hölderlins Denken in Jena. In: HJb 28 (1992/93) S. 1-28.
Otto Pöggeler: Sinclair-Hölderlin-Hegel. In: Hegel-Studien 8 (1973) S. 9-53.
Ders.: Philosophie im Schatten Hölderlins. In: Der Idealismus und seine Gegenwart. Festschrift für Werner Marx. Hrsgg. von Ute Guzzoni u. a. Hamburg 1976. S. 361-377.

Alfred Schlagdenhauffen: L' expérience Platonicienne de Hoelderlin. In: Publications de la Faculté des Lettres de l'Université des Strasbourg. Fasc. 107: Mélanges 1945. IV, Etudes philosophiques. Paris 1965. S. 53-80.
Friedrich Strack: Ästhetik und Freiheit. Hölderlins Idee von Schönheit, Sittlichkeit und Geschichte in der Frühzeit. Tübingen 1976.
Ders.: »Freie Wahl« oder »Willkür des Zevs«. Hölderlins Weg vom Schönen zum Tragischen. In: HJb 29 (1975/77) S. 212-243.

Das »Älteste Systemprogramm des deutschen Idealismus«.

Rosenzweig, der das Manuskript 1917 zum ersten Mal publizierte, ging von einer Verfasserschaft Schellings aus. *Böhm* plädierte für Hölderlin und löste damit eine Debatte aus, die *Strauß* mit einer Bestätigung der Zuschreibung an Schelling vorläufig beendete. 1965 schrieb *Pöggeler* das Manuskript Hegel zu und entfachte damit die Diskussion erneut. In jüngster Zeit hat *Strack* wieder eine Verfasserschaft Hölderlins ins Spiel gebracht, die seinerseits wieder bestritten wurde *(Franz).* Wer den Text verfaßt hat, ist immer noch umstritten. Fest steht, daß seine ästhetischen Gedanken Hölderlins Anschauungen der Frankfurter Zeit widerspiegeln.

Wichtige Texte aus der Debatte um das »Systemprogramm« sind leicht zugänglich in: »Mythologie der Vernunft. Hegels ›ältestes Systemprogramm‹ des deutschen Idealismus«. Hrsgg. von *Christoph Jamme* und *Helmut Schneider.* Frankfurt a. M. 1984.

Wilhelm Böhm: Hölderlin als Verfasser des »Ältesten Systemprogramms des deutschen Idealismus«. In: DVjs 4 (1926) S. 339-426.
Ders.: Zum »Systemprogramm«. Eine Erwiderung. In: DVjs 5 (1927) S. 734-743.
Hermann Braun: Philosophie für freie Geister. Zu Hegels Manuskript: ... eine Ethik. In: Rüdiger Bubner (Hrsg.): Das älteste Systemprogramm. Studien zur Frühgeschichte des deutschen Idealismus. Hegelstudien. Beiheft 9. Bonn 1973. S. 17-34.
Klaus Düsing: Die Rezeption der kantischen Postulatenlehre in den frühen philosophischen Entwürfen Schellings und Hegels. Ebenda, S. 53-90.
Michael Franz: Hölderlin und das »Älteste Systemprogramm des deutschen Idealismus«. In: HJb 19/20 (1975-77) S. 328-357.
Frank-Peter Hansen: »Das älteste Systemprogramm« des deutschen Idealismus. Rezeptionsgeschichte und Interpretation. Berlin u.a. 1989 (Quellen und Studien zur Philosophie, Bd. 23).
H.S. Harris: Hegel und Hölderlin. In: Der Weg zum System. Materialien zum jungen Hegel. Frankfurt a. M. 1990 (stw 763). S. 236-266.
Hannelore Hegel: Reflexion und Einheit. Sinclair und der »Bund der Geister«. Frankfurt 1795-1800. In: Rüdiger Bubner (Hrsg.) s.o., S. 91-106.
Dieter Henrich: Systemprogramm? Vorfragen zum Zurechnungsproblem. Ebenda, S. 5-16.
Hans Maier: Einige historische Vorbemerkungen zu Hegels politischer Philosophie. Ebenda, S. 151-166.

Otto Pöggeler: Hegel, der Verfasser des ältesten Systemprogramms des deutschen Idealismus. In: Hegel-Studien. Beiheft 4 (Hegel-Tage Urbino 1965) Bonn 1969. S. 17-32.
Ders.: Hölderlin, Hegel und das älteste Systemprogramm. In: Das älteste Systemprogramm. s.o. S. 211-260.
Franz Rosenzweig: Das älteste Systemprogramm des deutschen Idealismus. Ein handschriftlicher Fund, eingegangen am 22. März 1917. Sitzungsberichte der Heidelberger Akademie der Wissenschaften. Philosophisch-historische Klasse 1917. 5. Abhandlung. Heidelberg 1917.
Friedrich Strack: Das Systemprogramm und kein Ende. Zu Hölderlins philosophischer Entwicklung in den Jahren 1795/96 und zu seiner Schellingkontroverse. In: Rüdiger Bubner (Hrsg.) s.o., S. 107-150.
Ders.: Nachtrag zum »Systemprogramm« und zu Hölderlins Philosophie. In: HJb 21 (1978/79) S. 67-87.
Ludwig Strauß: Hölderlins Anteil an Schellings frühem Systemprogramm. In: DVjs 5 (1927) S. 679-734.
Ders.: Zu Böhms Erwiderung. Ebenda, S. 734-747.
Johann Heinrich Trede: Mythologie und Idee. Die systematische Stellung der »Volksreligion« in Hegels Jenaer Philosophie der Sittlichkeit (1801-03). In: Das älteste Systemprogramm. s.o. S. 167-210.
Xavier Tilliette: Schelling als Verfasser des Systemprogramms? Ebenda, S. 35-52.

Die Homburger Fragmente.

Es ist bei der Literatur über die Homburger Fragmente zu beachten, daß einige der »Entwürfe zur Poetik« in der Frankfurter Ausgabe (Bd. 14) mit einleuchtenden Gründen umdatiert worden sind.

Helmut Bachmaier: Hölderlins Erinnerungsbegriff in der Homburger Zeit. In: Homburg v. d. Höhe in der deutschen Geistesgeschichte. Hrsgg. von Christoph Jamme und Otto Pöggeler. Stuttgart 1981. S. 131-160.
Ders.: Theoretische Aporie und tragische Negativität. Zur Genesis der tragischen Reflexion bei Hölderlin. In: Bachmaier/Horst/Reisinger: Hölderlin. Transzendentale Reflexion der Poesie. Stuttgart 1979. S. 83-145.
Ders.: Der Mythos als Gesellschaftsvertrag. Zur Semantik von Erinnerung, Sphäre und Mythos in Hölderlins Religions-Fragment. In: H. B. und Thomas Rentsch (Hrsg.): Poetische Autonomie? Zur Wechselwirkung von Dichtung und Philosophie in der Epoche Goethes und Hölderlins. Stuttgart 1987. S. 135-161.
Maria Behre: »Des dunklen Lichtes voll« – Hölderlins Mythokonzept Dionysos. München 1987.
Uwe Beyer: »Mythologie der Vernunft«. Hölderlins ontologische Begründung einer Hermeneutik der Geschichte. In: U. B. (Hrsg.): Neue Wege zu Hölderlin. Würzburg 1994. S. 41-70.
Wolfgang Binder: Hölderlins Dichtung Homburg 1799. In: HJb 19/20 (1975-77) S. 76-93

Ders.: Hölderlins Dichtung im Zeitalter des Idealismus. In: HJb 14 (1965/66) S. 57-72 (In: W. B.: Hölderlin-Aufsätze. Frankfurt a. M. 1970. S. 9-26).

Hildegard Brenner: »Die Verfahrensweise des poetischen Geistes«. Eine Untersuchung zur Dichtungstheorie Hölderlins. Mss. Diss. Berlin 1952.

Else Buddeberg: Hölderlins Begriff der »Receptivität des Stoffs«. In: GRM (N.F.) Bd. 12 (1962) S. 170-193.

Gerhard Buhr: Hölderlins Mythenbegriff. Eine Untersuchung zu den Fragmenten »Über Religion« und »Das Werden im Vergehen«. Frankfurt a. M. 1972.

Meta Corssen: Der Wechsel der Töne in Hölderlins Lyrik. In: HJb 5 (1951) S. 19-49.

Veronika Erdmann: Hölderlins ästhetische Theorie im Zusammenhang seiner Weltanschauung. Jena 1923.

Michael Franz: Hölderlins philosophische Arbeit in Homburg v. d. Höhe. In: Homburg v. d. Höhe in der deutschen Geistesgeschichte. Hrsgg. von Christoph Jamme und Otto Pöggeler. Stuttgart 1981. S. 118-130.

Ulrich Gaier: Der gesetzliche Kalkül. Hölderlins Dichtungslehre. Tübingen 1962.

Ders.: Hölderlin und der Mythos. In: Terror und Spiel. Probleme der Mythenrezeption. Poetik und Hermeneutik IV. München 1971. S. 295-340.

Ders.: Hölderlins Poetik. In: U. G.: Hölderlin. Tübingen u.a. 1993. S. 221-286.

Emery Edward George: Hölderlin's »Ars poetica«. A Part-Rigorous Analysis of Information Structure in the late Hymns. Den Haag/Paris 1973.

Sabine Hausdörfer: Die Sprache ist Delphi. Sprachursprungstheorie, Geschichtsphilosophie und Sprach-Utopie bei Novalis, Friedrich Schlegel und Friedrich Hölderlin. In: Theorien vom Ursprung der Sprache. Hrsgg. von Joachim Gessinger und Wolfert von Rahden. Berlin 1989. S. 468-497 (Bd. 1).

Walter Hof: Hölderlins Stil als Ausdruck seiner geistigen Welt. Meisenheim a. Glan 1954.

Thomas Horst: Wechsel und Sein. Die Ambivalenz des Absoluten in Hölderlins Poetik. In: Bachmaier/Horst/Reisinger: Hölderlin. Transzendentale Reflexion der Poesie. Stuttgart 1979. S. 146-187.

Jürgen Isberg: Hölderlin in Homburg 1798-1800. Mss. Diss. Hamburg 1954.

Dieter Jähnig: Das »Reich des Gesangs«. Hölderlins Aufsatz »Über Religion«. In: Tijdschrift voor Philosophie 17 (1955) S. 409-476.

Ders.: Vorstudien zur Erläuterung von Hölderlins Homburger Aufsätzen. Mss. Diss. Tübingen 1955.

Michael Konrad: Hölderlins Philosophie im Grundriß. Analytisch-kritischer Kommentar zu Hölderlins Aufsatzfragment »Über die Verfahrensweise des poetischen Geistes«. Bonn 1967.

Johann Kreuzer: Erinnerung. Zum Zusammenhang von Hölderlins theoretischen Fragmenten »Das untergehende Vaterland...« und »Wenn der Dichter einmal des Geistes mächtig ist...« Königstein/Ts. 1985.

Gerhard Kurz/Manfred Frank: Ordo inversus. Zu einer Reflexionsfigur bei Novalis, Hölderlin, Kleist und Kafka. In: Geist und Zeichen. Festschrift für Arthur Henkel. Heidelberg 1977. S. 75-86.

Dieter Lang: Die Erhebung zum »höheren Leben«. Eine Problemskizze zu Hölderlins Aufsatz »Über Religion«. In: Philosophische Perspektiven. Ein Jahrbuch. Hrsgg. von Rudolph Berlinger und Eugen Fink. Nr. 4 (1972) S. 90-101.

Fred Lönker: Welt in der Welt. Eine Untersuchung zu Hölderlins »Verfahrensweise des poetischen Geistes«, Göttingen 1989.

Dietrich Naumann: Literaturtheorie und Geschichtsphilosophie. Teil 1. Stuttgart 1979. S. 121-138.

Katharina Razumovsky-Fasbender: Die ästhetische Rettung der Seinsgewißheit. Untersuchungen zum Geltungsanspruch der ›Mimesis‹ im Ausgang von Friedrich Hölderlins theoretischen Schriften der neunziger Jahre. Würzburg 1992.

Peter Reisinger: Hölderlins poetische Topologie oder: Die Bedingungen der Möglichkeit zur ästhetischen Interpretation von Poesie. In: Bachmaier/Horst/Reisinger (Hrsg.): Hölderlin. Transzendentale Reflexion der Poesie. Stuttgart 1979. S. 12-82.

Ders.: Hölderlin zwischen Fichte und Spinoza. Der Weg zu Hegel. In: Bachmaier/Rentsch (Hrsg.): Poetische Autonomie? Zur Wechselwirkung von Dichtung und Poesie in der Epoche Goethes und Hölderlins, Stuttgart 1987. S. 15-69.

Renate Reschke: Aspekte einer Hölderlinschen Ästhetik. In: Weimarer Beiträge 19 (1973) Nr. 6. S. 73-94.

Dieselbe: Geschichtsphilosophie und Ästhetik bei Friedrich Hölderlin. Über den Zusammenhang von Epochenwandel und Ästhetik. Mss. Diss. Berlin 1970.

Margarete Röhrig: »Das Sein im einzigen Sinne des Wortes«. Hölderlins ontologische Konzeption nach den beiden Aufsätzen »Über Religion« und »Das Werden im Vergehen«. Diss.-Druck Würzburg 1985.

Lawrence Ryan: Hölderlins Lehre vom Wechsel der Töne. Stuttgart 1960.

Ders.: Hölderlin und die Französische Revolution. In: Festschrift für Klaus Ziegler. Tübingen 1968. S. 159-179.

Ders.: Zur Frage des »Mythischen« bei Hölderlin. In: Hölderlin ohne Mythos. Hrsgg. von Ingrid Riedel. Göttingen 1973. S. 68-80.

Guido Schmidlin: »Die Psyche unter Freunden.« Hölderlins Gespräch mit Schelling. In: HJb 19/20 (1975-77) S. 303-327.

Ders.: Hölderlin und Schellings Philosophie der Mythologie und Offenbarung. In: HJb 17 (1971/72) S. 43-54.

Jürgen Söring: »Die Apriorität des Individuellen über das Ganze.« Von der Schwierigkeit, ein Prinzip der Lyrik zu finden. In: JdSG 24 (1980) S. 205-246.

Ders.: Die Dialektik der Rechtfertigung. Überlegungen zu Hölderlins Empedokles-Projekt. Frankfurt a. M. 1973. S. 213-244.

Ernest Ludwig Stahl: Hölderlins Auffassung von Dichtung. In: Ulrich Gaier/Werner Volke (Hrsg.): Festschrift für Friedrich Beißner. Bebenhausen 1974. S. 391-405.

Peter Szondi: Gattungspoetik und Geschichtsphilosophie. Mit einem Exkurs über Schiller, Schlegel und Hölderlin. In: P. S.: Hölderlin-Studien. Mit einem Traktat über philologische Erkenntnis. Frankfurt a. M. 1970. S. 119-169.

Ders.: Poetik und Geschichtsphilosophie II. Studienausgabe der Vorlesungen Bd. 3. Frankfurt a. M. 1974. S. 152-183.

Ders.: Das Naive ist das Sentimentalische. Zur Begriffsdialektik in Schillers Abhandlung. In: P. S.: Lektüren und Lektionen. Versuche über Literatur, Literaturtheorie und Literatursoziologie. Frankfurt a. M. 1973.

Andreas Thomasberger: Von der Poesie der Sprache. Frankfurt a. M. u.a. 1982.

Martin Vöhler: Hölderlins Longin-Rezeption. In: HJb 28 (1992/93) S. 152-172.

Die Oden

Hölderlins Oden gelten als die bedeutendsten in deutscher Sprache. Die Gattung erscheint schon im Jugendwerk; die eigenständigen, reifen Oden entstehen nach den frühen Hymnen und parallel zum »Hyperion« und den poetologischen Schriften nach einer längeren Krise des lyrischen Schaffens seit 1797.

Die Poetik der Aufklärungszeit hatte sich für die Ode sehr interessiert; sie galt als diejenige Gattung, in der die Deutschen ohne Vorgänger in den anderen europäischen Nationalliteraturen Hervorragendes geleistet hatten. Klopstock, dessen Ruhm u. a. auf seinen Oden beruhte, war das Objekt eines Kultes, der an die spätere Goethe-Verehrung erinnert. Obwohl Klassik und Romantik dieses intensive Interesse nicht teilten, waren die wesentlichen Ergebnisse der Diskussion über die Ode zu Hölderlins Zeit noch im allgemeinen Bewußtsein: sie war eine »erhabene« Gattung und konnte die verschiedensten Gegenstände, meist solche des unmittelbaren Erlebens, zum Thema haben. Sie war gekennzeichnet durch eine »dualistische Grundhaltung«, eine »leidenschaftliche und doch unbefangene Art, mit der das individuelle Ich des Dichters sich auseinandersetzt mit einem Du der gegenständlichen Welt«; das Objekt wird »in seiner deutlich umrissenen Gestalt belassen, nicht aufgelöst« (Viëtor, 1961, S. 161f.).

Diese gattungspoetischen Möglichkeiten der Ode, neben der Tatsache, daß Goethe und Schiller an ihr wenig interessiert waren und er auf diesem Gebiet vor ihrer erdrückenden Konkurrenz sicher war, machen es verständlich, daß Hölderlin gerade zu dieser Gattung griff, als er die Krise zu überwinden versuchte, in die seine Lyrik nach dem Weggang aus Tübingen geraten war. Hauptgrund dieser Krise war die enthusiastische Weltlosigkeit seiner frühen Lyrik; die hymnische Begeisterung, die sich grundsätzlich nur an ideellen Gegenständen entzündete, führte auf die Dauer in eine unfruchtbare Abstraktheit. Die philosophischen Studien in Waltershausen und Jena brachten Hölderlin gleichfalls dazu, seine frühen dichterischen Positionen zu überdenken; wenn er beispielsweise an Fichte die Setzung der Objektivität aus dem Subjekt kritisiert (Brief an Hegel vom 26. 1. 1795, VI, 1; 155), dann richtet sich diese Kritik implizit gegen seine eigenen philosophischen Hymnen, die die Objekte nur als schemenhaftes Belegmaterial der begrifflichen Wesenheiten gelten ließen (s. S. 72). Auch die Arbeit am »Hyperion«-Roman mit seiner konkreten geschichtlichen Thematik verstärkte das Interesse Hölderlins für die Dialektik zwischen der subjektiven Begeisterung und der Eigengesetzlichkeit der Objekte. »Übrigens komm' ich jezt so ziemlich von der Region des Abstracten zurük, in die ich mich mit meinem ganzen Wesen verloren hatte«, schreibt er Neuffer im April 1794, zu einer Zeit intensiver Arbeit am »Hyperion« (VI, 1; 113f.).

Es dauerte einige Zeit, bis sich diese Erkenntnisse in einer überzeugenden lyrischen Form niederschlugen. In einer langen Übergangsperiode sucht Hölderlin nach neuen lyrischen Themen und einer ihnen entsprechenden Form. Noch bis in die Frankfurter Zeit hinein bedient sich Hölderlin der Reimhymne; zu nennen ist vor allem die in verschiedenen Fassungen überlieferte Hymne »Diotima«, die das Erlebnis der Liebe zu Susette Gontard (s. S. 33f.) verarbeitet. Die inhaltlichen Unterschiede zu den eigentlichen »Ideenhymnen« sind allerdings signifikant. Die neue Thematik der Liebe, die in den Oden besonders wichtig werden wird, macht es für Hölderlin unumgänglich, die frühere hymnische Haltung zu modifizieren. Für die Vereinigungsphilosophie ist die Liebe das Paradigma richtig verstandener Einheitssehnsucht, einer solchen nämlich, die ihr Gegenüber nicht in einer Verschmelzung vernichtet, sondern eigene und fremde »Selbstheit« bewahrt (s. S. 71f.). Der subjektive Enthusiasmus erfährt in der Liebe die selbständige Individualität eines anderen Menschen. Das lyrische Ich ist nicht mehr allein mit einem vergöttlichten Begriff, der letzten Endes nur in der eigenen Subjektivität selber begründet ist, sondern es muß sich mit einem fremden, eigenständigen Willen auseinandersetzen. Der Prozeß, der dadurch ausgelöst wird, umfaßt geradezu feindselige Momente, deren emotionale Intensität zeigt, ein wie tiefgehender nicht nur literarischer, sondern auch psychischer Veränderungsprozeß der Wandlung von den frühen Hymnen zu den reifen lyrischen Formen Hölderlins zugrundeliegt:

Zürnend unter Huldigungen
Hab' ich oft, beschämt, besiegt,
Sie zu fassen schon gerungen,
Die mein Kühnstes überfliegt;
Unzufrieden im Gewinne
Hab' ich stolz darob geweint,
Daß zu herrlich meinem Sinne
Und zu mächtig sie erscheint
(»Jüngere Fassung«, I, 1; 221).

Die Gestalt der Diotima wird in der Frankfurter Zeit zur literarischen Verkörperung des vereinigungsphilosophischen Ideals. Wie die »Göttin der Harmonie« in der gleichnamigen Tübinger Hymne wird sie als Venus Urania, die himmlische Liebe bezeichnet (s. S. 126). Ihre Schönheit ist die irdische Verkörperung der verlorenen Ur-Einheit und versöhnt das »Chaos der Zeit« (»Diotima« I, 1, 231). Diotima, einerseits ein literarisches Bild Susette Gontards, andererseits eine philosophisch-poetische Kunstfigur, deren Gehalt sich nicht biographisch ableiten läßt, steht nicht nur im Mittelpunkt des »Hyperion«, sondern auch sehr vieler Oden.

Hölderlins Wendung zu objektiveren Gehalten führte ihn dazu, die hymnische Reimstrophe der Tübinger Zeit nach und nach aufzugeben. Bevor er sich allerdings endgültig für die Ode entschied, experimentierte er mit verschiedenen anderen Genres und Metren, mit Distichen (das oben erwähnte Diotima-Gedicht, I, 1; 231, die Epigramme des Jahres 1797, I, 1; 229), mit dem Blankvers (»Die Völker schwiegen, schlummerten...«, I, 1; 238), mit der Form der Hexameterhymne (»Die Muße«) oder mit einer entlegenen Variante des Distichons wie in »An Diotima« (»Komm und siehe die Freude um uns...« I, 1; 210).

1798 schließlich schreibt Hölderlin eine Reihe kurzer, polar aufgebauter Oden, die dem neuen Thema, der Auseinandersetzung subjektiver Idealität und objektiver Wirklichkeit, formal sehr genau entsprechen, wobei sich Hölderlin auf die Romantiker-Fragmente zu beziehen scheint (vgl. Gaier 1993, S. 330f.). Diese Kurzoden werden zur Grundlage der nun folgenden Odendichtung. Prototypisch sind die Gesetzmäßigkeiten der neuen Gattung verwirklicht in der Ode »Lebenslauf«:

Hoch auf strebte mein Geist, aber die Liebe zog
  Schön ihn nieder; das Laid beugt ihn gewaltiger;
    So durchlauf ich des Lebens
      Bogen und kehre, woher ich kam. (I, 1; 247)

In der poetischen Figur dieser Ode relativiert Hölderlin den enthusiastisch-weltlosen Höhenflug seiner frühen Hymnen durch eine Abwärtsbewegung, die auf das Sinnliche zielt, die Liebe und das Leid. Die einander entgegengesetzten Strebensrichtungen des Geistes und der Sinnlichkeit schließen sich zusammen und gewinnen ästhetische Ausdruckskraft im Bild des Bogens.

Hölderlin hatte die Reimstrophe in seiner Tübinger Zeit – zusammen mit der Konzeption der Ideenhymne – von Schiller übernommen. Der Prozeß, in dessen Verlauf beides überwunden und in den Oden schließlich eine neue Dichtungskonzeption verwirklicht wird, ist zugleich eine Auseinandersetzung mit Schiller. Hölderlin hat einerseits versucht, sich der Einflußnahme des bewunderten Mentors, den er nach wie vor als übermächtiges Vorbild akzeptierte, zu entziehen. Gedichte wie »Der Jüngling an die klugen Ratgeber« oder »An Herkules« scheinen einerseits die gelegentlich in Aufsässigkeit umschlagenden Abhängigkeitsgefühle gegenüber Schiller, andererseits aber auch ein gestiegenes Bewußtsein des eigenen Wertes, eine persönliche und dichterische Emanzipation widerzuspiegeln.

Allerdings ist es offensichtlich, daß die Einflußnahme Schillers Hölderlins lyrische Wandlung mitbestimmt, zumindest bestimmte eigene Gedanken und Tendenzen bestärkt haben muß. Sogar »Der Jüngling an die klugen Ratgeber«, das eigentliche »Protestgedicht« gegen Schiller, wurde seinen Ratschlägen entsprechend umgearbeitet, nachdem er Hölderlin am 20. 11. 1796 in einer Antwort auf eine Übersendung verschiedener Gedichte für den »Musenalmanach« geschrieben hatte:

»Fliehen Sie wo möglich die philosophischen Stoffe, sie sind die undankbarsten [...], bleiben Sie der Sinnenwelt näher, so werden Sie weniger in Gefahr seyn, die Nüchternheit in der Begeisterung zu verlieren, oder in einen gekünstelten Ausdruck zu verirren. Auch vor einem Erbfehler deutscher Dichter möchte ich Sie noch warnen, der Weitschweifigkeit nehmlich, die in einer endlosen Ausführung und unter einer Fluth von Strophen oft den glücklichsten Gedanken erdrückt. Dieses thut Ihrem Gedicht an *Diotima* nicht wenig Schaden« (VII, I; 46).

Die »Nüchternheit in der Begeisterung«, die ihm Schiller empfiehlt, ist tatsächlich der Zielpunkt der lyrischen Entwicklung Hölderlins in diesen Jahren und das wesentliche Merkmal des Odenwerks, in das sich seine schöpferische Krise auflösen wird. Auch den Rat Goethes, »kleine Gedichte zu machen und sich zu jedem einen menschlich interessanten Gegenstand zu wählen« (VII, 2; 109), ließ sich Hölderlin offensichtlich ohne Groll zum Besten dienen, wie der Stoffreichtum der Oden und die konzisen Kurzgedichte der letzten

Frankfurter Zeit zeigen. Deren polare Struktur wird in Homburg und Stuttgart – parallel zu dem nun einsetzenden poetologischen Reflexionsprozeß, dem wir die Homburger Fragmente verdanken, komplexeren Modellen folgend erweitert.

Ein solches Modell, die »tragische Ode«, beschreibt Hölderlin beispielsweise im »Grund zum Empedokles« (s. S. 120). Die tragische Ode führt eine ursprüngliche Erfahrung »reiner Innigkeit« durch einen »Zwist« der Extreme hindurch, bis »der Urton [...] wieder und mit Besonnenheit gefunden« ist; Momente in diesem poetischen Explikationsprozeß der ursprünglichen Einheitserfahrung sind die »reine Sinnlichkeit« und das »Übersinnliche«, Realität und Ideal, die im Ursprung eins waren und durch das Gedicht ein neues Gleichgewicht finden sollen (IV, 1; 149). Die tragische Ode zeigt hinter dem nur scheinbaren und vorübergehenden Konflikt die Einheit, aus der er entstanden ist und in die er wieder eingehen wird; Einheit und Dissoziation vermitteln sich in der ästhetischen Form. Hölderlins Lehre vom Tönewechsel, die genau diesen Vermittlungsprozeß poetologisch systematisieren soll (s. S.96ff.), ist demnach bei der Interpretation gerade der Oden von Bedeutung.

Man weiß zwar nicht, wie genau Hölderlin sich an seine eigene Theorie gehalten hat, und es ist auch unklar, welche Bilder, Stimmungen, Inhalte jeweils mit den Tönen idealisch, heroisch und naiv (s. S. 96) zu identifizieren sind. Aber es gibt Übereinstimmungen zwischen den Tabellen, die in dem poetologischen Fragment »Wechsel der Töne« oder in »Über den Unterschied der Dichtarten« aufgestellt sind und den Veränderungen der poetischen Atmosphäre innerhalb mancher Gedichte. (In seinem Aufsatz »Über den Unterschied der Dichtarten« bezeichnet Hölderlin eine solche Tönereihe explizit als den »Styl« seiner Diotima-Reimhymne IV, 1; 272).

»Abendphantasie« etwa setzt in den ersten beiden Strophen mit einer naiv-idyllischen Szene ein, fährt mit einer leidenschaftlich-heroischen Frage nach dem Geschick des Dichters fort, schließt das idealische Bild des »blühenden« Abendhimmels an und mündet in eine sozusagen reflektierte Idylle, die sich mit dem heroischen Erleben des menschlichen Schicksals und dem Verlust des Ideals ausgesöhnt, die ursprüngliche Naivität durch die Erfahrung des »Wechsels« bereichert und zu einer entsagenden, bewußten Naivität entwickelt hat. Auch das Zusammenspiel von »Grundton« und »Kunstcharakter« innerhalb der einzelnen Töne (s. S. 97) scheint sich in diesem Gedicht nachweisen zu lassen (s. Ryan, 1960, S. 70-74; 103-104). Ein – oft dramatischer – Wechsel der poetischen Tonlage und das Phänomen, daß die Thematik und Stimmung der Gedichtanfänge am Schluß in einer Art reflektierender Coda wiederaufgenommen wird, kennzeichnet jedenfalls sehr viele Oden.

Hölderlin beschränkt sich – anders als Klopstock – im wesentlichen auf zwei, verhältnismäßig einfache, odische Strophenformen, die alkäische und die asklepiadeische Strophe. Die schon zitierte Kurzode »Lebenslauf« besteht etwa aus einer asklepiadeischen Strophe, deren metrische Struktur dem dialektischen Inhalt besonders angemessen ist; die inhaltliche Polarität spiegelt sich in dem Zusammenstoß der Hebungen in der Mitte der ersten beiden Zeilen:

> Hoch auf strebte mein Geist, aber die Liebe zog
> Schön ihn nieder; das Laid beugt' ihn gewaltiger;
> So durchlauf ich des Lebens
> Bogen und kehre, woher ich kam. (I,1; 247)

Die alkäische Strophe, die den »Hebungsprall« vermeidet, macht einen eher »fließenden« Eindruck, wie in der Ode »Ehmals und Jezt«:

> In jüngern Tagen war ich des Morgens froh,
> Des Abends weint' ich; jetzt, da ich älter bin,
> Beginn ich zweifelnd meinen Tag, doch
> Heilig und heiter ist mir sein Ende. (I,1; 246)

Zwei Perioden der Überarbeitung strukturieren Hölderlins Odenwerk. Die erste fällt in den glücklichen und fruchtbaren Sommer 1800 in Stuttgart (s. S. 51f.); Hölderlin arbeitet hier einige der Kurzoden aus der Frankfurter Zeit zu längeren Gedichten um, in denen das frühere Material den poetologischen Gesetzen des »Wechsels« unterworfen und die polare Struktur differenziert und erweitert wird (»Lebenslauf«; »Die Liebenden«, 1800 unter dem Titel »Der Abschied«; »Die Heimath«; »Ihre Genesung«; »Das Unverzeihliche«, 1800 unter dem Titel »Die Liebe«; »An die Deutschen«; »An unsere großen Dichter«, 1800/1801 unter dem Titel »Dichterberuf«; »Diotima«; »Stimme des Volks«).

Der zweite Überarbeitungskomplex gehört ins Spätwerk. In den »Nachtgesängen« – so nennt Hölderlin in einem Brief an den Verleger Wilmans im Dezember 1803 eine Gruppe von Gedichten, die 1805 in dessen Frankfurter Taschenbuch erscheinen werden (VI, 1; 436) – finden sich drei Oden, die Gedichte aus dem Jahr 1801 wiederaufnehmen und völlig neugestalten. »Chiron« geht zurück auf »Der blinde Sänger«, »Blödigkeit« auf »Dichtermut« und »Ganymed« auf »Der gefesselte Strom«. Die Bearbeitung der früheren Gedichte ist hier wesentlich einschneidender als in den Erweiterungen der Kurzoden und realisiert eine völlig neue Tendenz, die für das Spätwerk insgesamt bedeutsam ist. Es handelt sich um eine Zurücknahme der Entgrenzungs-, Vereinigungs- und Entindividualisierungssehnsucht, die in Hölderlins Werk eine so entscheidende Rolle spielt und deren gefährliche, zerstörerische Aspekte beispielsweise in der zweiten Fassung der Ode »Stimme des Volks« und vor allem im »Empedokles« dargestellt werden (s. S. 121). Beschworen werden objektive Gesetzmäßigkeiten, verbindliche Ordnungen des Zusammenlebens und der Poesie, feste Grenzen. Man kann vermuten, daß diese Gegenbewegung, die man geradezu einen »Widerruf« früherer Intentionen genannt hat (Schmidt, 1978, 1989 u. 1991 und Lange 1989), damit zusammenhängt, daß Hölderlin die ersten Attacken seiner Persönlichkeitsauflösung (s. S. 53ff.) »vereinigungsphilosophisch« als zerstörerisch-übermäßige Entgrenzungs- und Verschmelzungserlebnisse interpretiert hat und sich durch feste Regeln des Denkens und des Schreibens vor ihnen zu schützen versuchte (auch die Forderung nach einem »gesetzlichen Kalkul« der Poesie in den Anmerkungen zur Ödipus-Übersetzung gehört in diesen Zusammenhang, s. S. 135ff.).

Seit einer zuweilen polemisch geführten Kontroverse zwischen Wolfgang Lange (1989) und Jochen Schmidt (1989 u. 1991) ist diese These in der Forschung allerdings strittig. Insbesondere auch Ulrich Gaier ist ihr mit guten Argumenten entgegengetreten. Nach seiner Auffassung »gibt es für Hölderlin nicht eine eigene Hingabe an die Todeslust zu widerrufen; die Spätfassungen zeigen nur eine Verschärfung der Warnungen vor ihr« (Gaier 1993, S. 346).

Das Spätwerk gestaltet die Konfrontation mit einem göttlichen Absolutum (s. S. 144f.); ebenso wie in den späten Hymnen ein direktes Erlebnis Gottes als gefährlich abgewehrt und durch verschiedene Formen der Vermittlung ersetzt wird (s. S. 148), so versucht Hölderlin, in den späten Odenneufassungen, Objektivität durch die Betonung begrenzender, individualisierender Prinzipien aufrechtzuerhalten.

Literatur:

Zur Einführung

Karl Viëtor: Geschichte der deutschen Ode. Hildesheim 1961. S. 147-164.

Zu den verschiedenen Formexperimenten, aus denen sich das Odenwerk entwikkelt (s. S. 108f.)

Werner Kirchner: Hölderlins Entwurf »Die Völker schwiegen, schlummerten...« In: HJb 12 (1961/62) S. 42-67.
Rudolf Malter: Hölderlins Gedicht »An den Äther«. Versuch einer Deutung. In: Saarbrücker Beiträge zur Ästhetik. Hrsgg. von Rudolf Malter und Alois Brandstetter. Saarbrücken 1966. S. 31-42.
Momme Mommsen: Hölderlins Lösung von Schiller. Zu Hölderlins Gedichten »An Herkules« und »Die Eichbäume« und den Übersetzungen aus Ovid, Vergil und Euripides. In: JdSG 9 (1965) S. 203-244.
Rudolf Schier: Trees and Transcendence: Hölderlins »Die Eichbäume« und Rilkes »Herbst«. In: German Life and Letters 20 (1966/67) S. 331-341.

Zur Interpretation des Odenwerks

Adolf Beck: »Heidelberg«. Versuch einer Deutung. In: HJb 2 (1947) S. 47-61.
Friedrich Beißner: Dichterberuf. In: HJb 5 (1951) S. 1-18.
Ders.: Hölderlins Ode »Der Frieden«. In: F. B.: Hölderlin. Reden und Aufsätze. Weimar 1961. S. 92-109.
Ders.: Zu den Oden »Abendphantasie« und »Des Morgens«. In: F. B.: Hölderlin (s. o.) S. 59-66.
Walter Benjamin: Zwei Gedichte von Friedrich Hölderlin. In: Jochen Schmidt (Hrsg.): Über Hölderlin. Frankfurt a. M. 1970. S. 45-67. (»Dichtermut« und »Blödigkeit«).
Wolfgang Binder: Hölderlins Odenstrophe. In: HJb 1952. S. 85-110.
Gerhard Buhr: Zu Hölderlins Ode »Heidelberg«. In: Heidelberg im poetischen Augenblick. Stuttgart 1987. S. 83-116.
Maria Cornelissen: Hölderlins Ode »Chiron«. Tübingen 1958.
Andreas Döhler: Individualität als Texteigenschaft: Formierung und Schwund des poetischen Ichs in der Ode »Abendphantasie« von Friedrich Hölderlin. Diss. Leipzig 1990.
Oskar Fäh: Klopstock und Hölderlin. Grenzen der Odenstrophe. Schaffhausen 1952.
Lawrence O. Frye: Hölderlins »Chiron«. Zur Bedeutung des Mythischen in »Nimm nun ein Roß... o Knabe«. In: ZfdPh 88 (1969) S. 597-609.
Ulrich Gaier: Oden. In: U. G.: Hölderlin. Eine Einführung. Tübingen u.a. 1993. S. 321-372 (zu Dichtermuth/Blödigkeit).
Ders.: »Natur und Kunst oder Saturn und Juppiter«. In: Interpretationen. Gedichte von Friedrich Hölderlin. (Reclam U.B. 9472). Stuttgart 1996. S. 124-141.
Holle Ganzer: Hölderlins Ode »Chiron«. Berlin 1976.
Peter Christian Giese: Der Philosoph und die Schönheit. Anmerkungen zu Hölderlins Ode »Sokrates und Alcibiades«. In: HJb 25 (1986/87) S. 125-140.
Cyrus Hamlin: Hölderlins »Heidelberg« als poetischer Mythos. In: JdSG 14 (1970) S. 437-455.
Ders.: Hölderlins Mythos der heroischen Freundschaft: Die Sinclair-Ode »An Eduard«. In: HJb 17 (1971/72) S. 74-95.

Clemens Heselhaus: Friedrich Hölderlin: Menschenbeifall. In: B. v. Wiese (Hrsg.): Die deutsche Lyrik. Form und Geschichte. Interpretationen vom Mittelalter bis zur Frühromantik. Düsseldorf 1956. S. 364-368.

Ders.: Friedrich Hölderlin: Der Sonnengott. Ebenda, S. 369-374.

Ders.: Friedrich Hölderlin: Lebenslauf. Ebenda, S. 375-380.

Erich Hock: Hölderlins Ode »Der Tod fürs Vaterland«. In: HJb 22 (1980/81) S. 158-202.

Ders.: Hölderlins Gedichtfragment »O Schlacht fürs Vaterland«. In: HJb 21 (1978/79) S. 144-169.

Walter Hof: Hölderlins Ode »Der Winter«. In: Wirkendes Wort I (1950/51) S. 338-342.

Jürgen Isberg: Hölderlin in Homburg 1798-1800. Das Werk und der Wandel des Weltbildes. Mss. Diss. Hamburg 1954.

Wolfgang Kayser: Friedrich Hölderlin: Stimme des Volks. In: Benno von Wiese (Hrsg.): Die deutsche Lyrik (s. o.) S. 381-393.

Manfred Koch: »Der Tod fürs Vaterland.« In: Interpretationen. Gedichte von Friedrich Hölderlin. (Reclam U.B. 9472). Tübingen 1996. S. 59-75.

Werner Kirchner: Prinzessin Amalie von Anhalt-Dessau und Hölderlin. In: HJb 11 (1958/60) S. 55-71.

Max Kommerell: Die kürzesten Oden Hölderlins. In: M. K.: Dichterische Welterfahrung. Essays. Frankfurt a. M. 1952. S. 194-204.

Leopold Liegler: »Der gefesselte Strom« und »Ganymed«. Ein Beispiel für die Formprobleme der Hölderlinschen Odenüberarbeitungen. In: HJb 1947. S. 62-77.

Detlev Lüders: Dialektik. Hölderlins Weltlehre in der Ode »Der Frieden«. In: Festschrift für Peter Wilhelm Meister zum 65. Geburtstag. Hamburg 1975. S. 297-301.

Karl Maurer: Der neue Leser Hölderlins. In: Poetica 27 (1995) S. 1-37 (zur Ode »Der Frieden«).

Rolf Michaelis: Die Struktur von Hölderlins Oden. Der Widerstreit zweier Prinzipien als »kalkulables Gesetz« der Oden Hölderlins. Mss. Diss. Tübingen 1958.

Wilhelm Michel: Hölderlins Ode »Ganymed«. In: W. M.: Hölderlins Wiederkunft. Wien 1943. S. 123-138.

Günter Mieth: »An unsere großen Dichter«. In: Interpretationen. Gedichte von Friedrich Hölderlin. (Reclam U.B. 9472). Tübingen 1996. S. 48-58.

Ders.: Friedrich Hölderlins »Abendphantasie« – lyrische Musikalität und dialektisches Denken. In: Bad Homburger-Vorträge (1986/87). Bad Homburg v. d. H. 1987. S. 36-46.

Momme Mommsen: Dionysos in der Dichtung Hölderlins. In: GRM (N.F.) 13 (1963) S. 345-379.

Ders.: Traditionsbezüge als Geheimschicht in Hölderlins Lyrik. In: Neophilologus 51 (1966) S. 32-42 und 156-168.

Rainer Nägele: Der Diskurs des anderen. Hölderlins Ode »Stimme des Volks« und die Dialektik der Aufklärung. In: LpH 4/5 (1980) S. 61-76.

Jean-Pierre Lefebvre: Der Fährmann und die Hebamme. Ein Vergleich der Oden »Der gefesselte Strom« und »Ganymed« auf Grund der komparativen Übersetzung. In: HJb 29 (1994/95) S. 134-149.
Theo Pehl: Hölderlins »Chiron«. In: DVjs 15 (1937) S. 488-509.
Alfred Romain: Ganymed. In: HJb 6 (1952) S. 51-84.
Joachim Rosteutscher: Hölderlins Ode »Dichterberuf« und die Frage nach der Auffassung vom Dichterberuf überhaupt. In: Jahrbuch der Deutschen Akademie für Sprache und Dichtung Darmstadt 1962. S. 62-75.
Esther Schelling: Hölderlins Ode »Unter den Alpen gesungen«. Eine Kurzinterpretation. In: HJb 19/20 (1975-77) S. 258-266.
Guido Schmidlin: Hölderlins Ode »Dichterberuf«. Eine Interpretation. Bern 1958.
Jochen Schmidt: Hölderlins später Widerruf in den Oden »Chiron«, »Blödigkeit« und »Ganymed«. Tübingen 1978.
Friedrich Sengle: »Morgenphantasie« und »Des Morgens« oder bessere Fassung und autorisierte Fassung. In: HJb 3 (1948/49) S. 132-138.
Walter Silz: Hölderlin, »Der gefesselte Strom/Ganymed« In: Studies in German Literature. Hrsgg. von C. Hammer. Baton Rouge 1963. S. 85-94.
Emil Staiger: Hölderlin: Chiron. In: Trivium 1 (1943) Heft 4. S. 1-16.
Ders.: Hölderlin: Drei Oden. In: E. S.: Meisterwerke deutscher Sprache aus dem neunzehnten Jahrhundert, Zürich 1948. S. 13-55 (»Heidelberg«, »Natur und Kunst«, »Chiron«).
Karlheinz Stierle: Die Identität des Gedichts. Hölderlin als Paradigma. In: Odo Marquardt/K. S. (Hrsg.): Identität (Poetik und Hermeneutik 8) München 1979. S. 505-552 (zu »Heidelberg«).
Andreas Thomasberger: »Abendphantasie«. Über Schönheit und Fremdheit der Sprache Hölderlins. In: Turm-Vorträge (1985/86). Tübingen 1986. S. 92-110.
Ders.: »mein freundlich Asyl«: Hölderlins Odendichtung 1798-1800. In: Bad Homburger Hölderlin-Vorträge (1986/87). Bad Homburg v. d. Höhe 1987. S. 7-25.
Peter Utz: »Es werde Licht!« – Die Blindheit als Schatten der Aufklärung bei Diderot und Hölderlin. In: Der ganze Mensch. Anthropologie und Literatur im 18. Jahrhundert. DFG-Symposion 1992. Hrsgg. von Hans-Jürgen Schings. Stuttgart 1994. S. 371-389 (zur Ode »Der blinde Sänger«).

Das Idyll: »Emilie vor ihrem Brauttag«.

Das idyllische Gedicht in Blankversen ist eine Auftragsarbeit für das von Neuffer bei Steinkopf in Stuttgart herausgegebene »Taschenbuch für Frauenzimmer von Bildung«; es entstand in sehr kurzer Zeit im Sommer 1799 in Homburg und erschien im Taschenbuch auf das Jahr 1800. Die Idylle war im 18. Jh. eine der populärsten Gattungen. Sie gab eine verklärte Innenansicht des bürgerlichen

Standes und übte Sozialkritik aus der Sicht des Bürgertums oder Kleinbürgertums. Die Idealästhetik der Zeit definierte das Thema der Gattung als »das Ideal der Schönheit, auf das wirkliche Leben angewendet« (Schiller in »Über naive und sentimentalische Dichtung«, Nationalausgabe Bd. 20, S. 472). Hölderlin wies der Idylle einen Platz in einer spekulativen Hierarchie der Gattungen zu; in dem Brief, der die Sendung der »Emilie« an Neuffer begleitete (3. Juli 1799), grenzt er die Stoffe der Tragödie ab vom Inhalt solcher Gattungen wie der Idylle (in diese Gruppe der gegenüber der Tragödie »niederen« Gattungen könnte man wohl auch die Elegie und die Komödie einordnen).

Tragödie *und* Idyll drücken beide »das Ideal eines lebendigen Ganzen« aus (VI, 1; 340, gemeint ist jene Vorstellung einer sich in der Mannigfaltigkeit bestätigenden Einheit, die das Generalthema der Homburger Aufsätze bildet, s. S. 93ff.); die Tragödie spricht jedoch in »stolzen, vesten Tönen, und mit entscheidender Verläugnung des Accidentellen« (VI, 1; 340, mit dem Terminus »Accidentelles« scheint Hölderlin die Wirklichkeit zu bezeichnen, die in der tragischen Darstellung »verläugnet«, im Untergang dargestellt wird, s. S. 119). Im Gegensatz zur Tragödie stehen die Stoffe der Idylle, die das Einheitsideal »geflügelt, wie Amor und Psyche« darstellt, die Wirklichkeit also nicht verleugnet, sondern sie mit einer »zarten Scheue des Accidentellen« (VI, 1; 340) idealisiert – die Liebe etwa ist ein solcher Stoff, dem die tragische Form nicht angemessen ist.

Die »Emilie« ist – dieser Gattungsdefinition entsprechend – eine idyllisch-freundliche Abwandlung der heroisch-tragischen »Hyperion«-Problematik. Die weibliche Hauptperson stirbt nicht, wie Diotima, sondern sie rettet ihre Idealität in den glücklichen Hafen des Idylls: sie verlobt sich. Das Ideal geht nicht unter, sondern verwirklicht sich – wenn auch eingeschränkt und ein wenig kompromittiert – in der Gründung eines bürgerlichen Hausstandes. Die Geschichte ist folgende: Emilie verliert ihren geliebten Bruder, Eduard, der nach Korsika gegangen ist, um sich den Aufständischen unter Pasquale Paoli anzuschließen und dort fällt. Um ihren Gram zu vergessen, geht sie mit ihrem Vater auf eine Reise. Auf der historischen Stätte der Varusschlacht begegnet ihr ein Fremder, der Eduard sehr ähnlich sieht – Armenion. Emilie verliebt sich in ihn, er reist ihr nach, gesteht ihr in einem Brief seine Liebe und verlobt sich mit ihr.

Nicht nur die Handlung des Idylls zitiert den »Hyperion«, sondern auch seine Form: das Gedicht besteht aus sieben Briefen Emilies an ihre Freundin Klara. Es ist offensichtlich, daß sowohl die positive Auflösung der heroischen Thematik wie der idyllische Ton damit zusammenhängen, daß aus der Sicht einer Frau und explizit für

Frauen erzählt wird. Die Idylle stellt (etwa Schiller zufolge) das Ideal in der Wirklichkeit dar – die Literatur der Zeit stilisierte das Leben der Frauen zu menschgewordener Idealität, die nun, wie Diotima im »Hyperion«, tragisch untergehen oder im Idyll eine freilich weniger ernst zu nehmende – Realität gewinnen konnte. Auch die Wahl Korsikas (statt Griechenlands) als Schauplatz des scheiternden Heroismus paßt zu dieser idyllischen Konzeption beschränkter Verwirklichung des Ideals: die korsische Revolution ist zwar letzten Endes ebenso untergegangen wie der im »Hyperion« geschilderte griechische Aufstand von 1770, ihr Führer Paoli aber konnte Korsika für eine Zeitlang zum Musterbeispiel bürgerlicher Staatskunst und Verwaltung machen, bewundert von Rousseau und Voltaire. Er selbst wurde wie wenige andere Politiker der Zeit zu einer Identifikationsfigur der europäischen Intellektuellen, besonders als er sich gegen das jakobinische Blutvergießen wandte.

»Emilie vor ihrem Brauttag« enthält mehr erkennbare autobiographische Anspielungen als andere Werke Hölderlins. Der Name Eduard verweist auf Sinclair, der in der Ode »An Eduard« besungen wird. Die Ähnlichkeit des Bruders mit dem Geliebten spiegelt die Ähnlichkeit Hölderlins mit dem Bruder Susette Gontards. Emilie wohnt – wie Susette – in der Gegend um Frankfurt, ihre Briefpartnerin in Schwaben. Den Ort der Varusschlacht besuchte Hölderlin zusammen mit Susette Gontard und Wilhelm Heinse auf der Reise nach Kassel 1796 (s. S. 42, den Aufsatz von Hock). Heinse ist das Vorbild für den Vater Emilies im Gedicht, das also eine »poetische Wunscherfüllung« darstellt, die ausweglose Situation der Liebenden in Frankfurt literarisch auflöst (s. S. 34ff.) – auch dies hängt zusammen mit der geschilderten Gattungsbestimmung der Idylle.

Literatur:

Wolfgang Binder: Hölderlins Namenssymbolik. In: HJb 12 (1961/62) S. 95-204.

Renate Böschenstein-Schäfer: Idylle. Stuttgart 1977. S. 118.

Sabine Doering: »Emilie vor ihrem Brauttag«. In: Interpretationen. Gedichte von Friedrich Hölderlin (Reclam U.B. 9472). Tübingen 1996. S. 76-108.

Emil Lehmann: Hölderlins Idylle »Emilie vor ihrem Brauttage«. Prager Deutsche Studien 35. Reichenberg/Böhmen 1925.

Christoph Prignitz: Die Darstellung der Korsen in Hölderlins Verserzählung »Emilie vor ihrem Brauttag«. In: HJb 25 (1986/87) S. 141-154.

Ders.: Freiheitskrieg oder Reform? Hölderlins Verserzählung »Emilie vor ihrem Brauttag«. Hamburg 1992 (seit Lehmann die erste intensive Auseinandersetzung mit dem Text).

Fryderyk Forys Ryszard: Hölderlins Idylle »Emilie vor ihrem Brauttag«. Zur Gattungsproblematik. Mickiewicz-Blätter 13 (1968) S. 200-207.

Die Tragödie: Der Tod des Empedokles

Das Drama über den Tod des Empedokles ist Hölderlins Hauptprojekt in seiner Homburger Zeit. Der legendäre Tod des Vorsokratikers im Feuer des Ätna ist schon im »Hyperion« erwähnt und bildet das Thema einer Ode, die 1797 entworfen wird (I, 1; 240); hier steht Empedokles für ein unvermitteltes, selbstzerstörerisches Aufgehen in der All-Einheit der Natur. Ebenfalls in den Sommer 1797 fällt die erste Konzeption der Tragödie, der »Frankfurter Plan«. Nach Hölderlins Übersiedlung nach Homburg entstehen die drei allesamt fragmentarisch gebliebenen Fassungen sowie eine ausführliche theoretische Studie, der »Grund zum Empedokles«, aus dem die dritte Fassung erwächst und aus dem sich Anlage und Intention des gesamten Torsos zumindest erschließen lassen. Die erste und die dritte Fassung sind in Blankversen, die zweite in (an den Blankvers angelehnten) freien Rhythmen verfaßt.

Hölderlins Beschäftigung mit der Tragödie gehört zur ausgedehnten Tradition einer »Philosophie des Tragischen« (Szondi, 1978, S. 151), die im deutschen Idealismus einsetzt – außer Hölderlin vertreten sie etwa Schelling, Hegel und Solger. Hölderlin sieht in der Tragödie den Gipfel der Poesie. Sie steht an der Spitze jener philosophisch-spekulativen Hierarchie der Gattungen, deren Basis die Idylle markiert (s. S. 117). Ordnungskriterium dieser Hierarchie ist der Grad an Deutlichkeit, mit der sich in der jeweiligen Gattung das Absolute darstellen läßt. In der Idylle, über die sich Hölderlin zur selben Zeit theoretisch äußert (Brief an Neuffer vom 3. Juli 1799), drückt sich dies Absolute, das »Ideal eines lebendigen Ganzen« (VI, 1; 340) weniger deutlich aus, es verbirgt sich hinter dem Schleier der Wirklichkeit, des »Accidentellen«, das nicht »verläugnet«, sondern allenfalls »gescheut« wird (VI, 1; 340). In der Tragödie dagegen ist das Absolute – wie es in dem Fragment »Über die Bedeutung der Tragödien« heißt – »gerade heraus« (IV, 1; 274). Für die Darstellung hat diese Unmittelbarkeit paradoxe Konsequenzen; in »Das Werden im Vergehen« deutete Hölderlin die Wirklichkeit als »Ausdruk Zeichen Darstellung« eines absoluten »Ganzen« (IV, 1; 282), das sich in ihr indirekt zu erkennen gibt. Soll es nun aber »gerade heraus« sein, bedeutet das die Vernichtung des Zeichens, die Zerstörung der dargestellten Wirklichkeit. Das von der Gattungstradition bereitgestellte Motiv vom Untergang des Helden erfährt so eine spekulative Begründung: die Katastrophe der Wirklichkeit wird herbeigeführt durch die Offenbarung der unbedingten Einheit, in der das beschränkte und geteilte Wirkliche sich auflösen muß.

Die Legende vom Tod des Empedokles enthält schon stofflich das Motiv einer Auflösung ins Absolute, in die Natur, die in Hölderlins gesamtem Werk als Metapher für diesen Bereich steht. Empedokles lebte im 5. Jh. v. Chr. in der griechischen Kolonie Agrigent auf Sizilien. Er war nicht nur Naturphilosoph, sondern zugleich demokratischer Politiker, Poet, Redner, Zauberer, Wunderheiler und gewann als Wagenlenker einen Preis bei den Olympischen Spielen. Im Verlauf politischer Auseinandersetzungen wurde er aus seiner Heimat verbannt und ist vermutlich im Exil auf der Peloponnes gestorben. Die Überlieferung berichtet, er habe sich in den Ätna gestürzt, um sich mit der Natur, der er immer schon besonders nahe gewesen war, völlig zu vereinen. Der Handlungskern der Tragödie lehnt sich an diese Überlieferung an: Empedokles, der einstige Liebling der Götter, verliert die Einheit mit ihnen und der Natur (die Motivierung dieses Verlusts v. a. unterscheidet die drei Fassungen voneinander), wird danach auch aus der Gemeinschaft der Menschen ausgestoßen und tötet sich schließlich. Die Philosophie des historischen Empedokles erinnert an Hölderlins eigene Vereinigungsmetaphysik (s. S. 71); Hölderlin kannte sie aus dem biographischen Werk des Diogenes Laertius, möglicherweise auch aus ausführlicheren Quellen. Empedokles interpretierte die Gottheiten naturphilosophisch, als die Elemente Feuer, Erde, Luft und Wasser; ihre Verbindung entsteht durch die Kraft der Liebe, durch den Haß trennen sie sich. Einheit, Trennung, Natur als Absolutes und der tragische Tod des Einzelnen im Opfer: das sind die begrifflichen Angelpunkte der drei Tragödienfragmente und des »Grundes«, in dem ihre spekulative Bedeutung entworfen wird. Hölderlin lehnt unmittelbare persönliche Erlebnisse als Stoff der Tragödie ab- ihr Thema ist die »tiefste Innigkeit«, die absolute Einheit (IV, 1; 150). Wie es Hölderlin in seinen gleichzeitigen philosophischen Fragmenten darstellt, muß diese Einheit, um sich fühlen und erkennen zu können, in den Zustand des Streits und der Disharmonie treten (s. S. 92ff.). Im »Grund zum Empedokles« wird dieser Streit bestimmt als eine Trennung des »Organischen« vom »Aorgischen«. Organisch ist die Welt der Ordnungen, der Kultur, des Bewußtseins, »aorgisch« die unendliche, schöpferische, unbegrenzte Natur. Die Tragödie zeigt das Absolute gerade dort, wo diese beiden Prinzipien einander am feindlichsten gegenüberstehen, am weitesten voneinander entfernt scheinen. Genau an diesem Punkt nämlich kommt es zu einer

Inversionsbewegung, beide erkennen sich ineinander wieder und »begegnen« einander; dies »gehört vielleicht zum höchsten, was gefühlt werden kann« (IV, 1; 153). Der tragische Held ist das Medium dieser Begegnung, er fühlt das höchste Gefühl. Empedokles ist ein »Sohn der gewaltigen Entgegensetzungen von Natur und Kunst, in denen die Welt vor seinen Augen erschien« – zugleich aber derjenige, »in dem sich jene Gegensätze *so* innig vereinigen, daß sie *zu Einem* in ihm werden« (IV, 1; 154). In der zweiten Fassung definiert Empedokles in diesem Sinne sich selbst als Vereinigungsmedium des Menschlichen mit der göttlichen Natur:

> Auf wilden Grund
> Sind in den Schoos der Götter
> Die Sterblichen alle gesäet
> Die Kärglichgenährten und todt
> Erschiene der Boden wenn Einer nicht
> Deß wartete, lebenerwekend,
> Und mein ist das Feld. Mir tauschen
> Die Kraft und die Seele zu Einem,
> die Sterblichen und die Götter (IV, 1; 953).

In dieser Stellung des Empedokles, die ihn fast zu einem Erlöser macht, liegt zugleich die Notwendigkeit seines Untergangs beschlossen. Er, in dem die Widersprüche seiner Zeit eine sinnlich greifbare Auflösung gefunden haben, muß zum Opfer werden. Das Opfer ist eine Figur, in der »der ganze Mensch das wirklich und sichtbar wird, worin das Schicksal seiner Zeit sich aufzulösen scheint, wo die Extreme sich in Einem wirklich und sichtbar zu vereinigen scheinen, aber eben deshalb zu innig vereiniget sind, und in einer idealistischen That das Individuum deswegen untergeht und untergehen muß« (IV, 1; 156). Der Mensch, in dem sich die Extreme seiner Zeit vereinigen, muß deshalb geopfert werden, weil keine individuelle Auflösung der Schicksale einer ganzen Epoche möglich ist – »weil sonst das Allgemeine im Individuum sich verlöre« (IV, 1; 156). »Es muß / Bei Zeiten weg, durch den der Geist geredet«, heißt es in der ersten Fassung (IV, 1; 73). Diese spekulative Begründung des Opfertods erklärt auch den anderen tragischen Untergang eines Einzelnen in Hölderlins Werk – den Tod der Diotima in Hölderlins Roman. Auch diese Figur konnte das gesellschaftliche Scheitern der in ihr sinnlich und individuell gewordenen Menschheitsträume nicht überleben (s. S. 78f.). Der Tod des tragischen Opfers bleibt jedoch nicht folgenlos – er inspiriert die ganze Epoche zu einer Lösung des Widerspruchs und bringt eine »reifere wahrhafte reine allgemeine Innigkeit« hervor (IV, 1; 157). So wie die Natur im

Roman zum »Olymp« der toten Diotima wird (III, 147), die den Menschen (wie es etwa die erste der Elegien, »Menons Klagen um Diotima«, zeigt (s. S. 128f.) immer wieder neu zum Vorbild werden kann, so weist die Natur, in die Empedokles eingegangen ist, seiner Zeit den Weg zu einer nicht nur individuellen und deshalb dauerhaften Vereinigung. Empedokles weist in der ersten Fassung der Tragödie die Königskrone zurück, die die Agrigentiner ihm als dem göttlichen Individuum zugedacht haben; sie sollen nicht in ihm die Versöhnung mit der Natur stellvertretend verehren, sondern sie in sich selbst und in neuen Formen des Zusammenlebens realisieren:

»So wagt's! was ihr geerbt, was ihr erworben,
Was euch der Väter Mund erzählt, gelehrt,
Gesez und Brauch, der alten Götter Nahme,
Vergeßt es kühn, und hebt, wie Neugeborne,
Die Augen auf zur göttlichen Natur (IV, 1; 65).

Im Tod des Empedokles liegt eine Prophetie kommender Vereinigung, die die Tragödie mit dem Elegienwerk und vor allem den späten Hymnen verbindet.

Die drei Fassungen verwirklichen schrittweise die »Verläugnung des Accidentellen«, die Hölderlin für die Tragödie forderte. Während im »Frankfurter Plan« noch häusliche Zwiste, Ehrgeiz und andere persönliche Regungen die Handlung motivieren, in der ersten Fassung persönliche Hybris und Schuld, aber auch politische Gedanken eine Rolle spielen, fällt all das in der dritten Fassung weg, und die Handlung, die erst nach dem Weggang des Empedokles aus Agrigent, auf dem Ätna, einsetzt, wird allein durch die im »Grund« entwickelten Gedankenkonstrukte vorangetrieben (die sich allerdings auch schon in den ersten beiden Fassungen nachweisen lassen). Hölderlin hat für die dritte Fassung weitgehende Änderungen konzipiert, so die Einführung eines Empedokles ebenbürtigen Antagonisten.

Seine Konzeption des Tragischen verwirklichte Hölderlin nicht nur in den Empedokles-Fragmenten, sondern auch – parallel zu den späten Hymnen – in seinen Sophokles-Übersetzungen und den dazugehörigen Erläuterungen (s. S. 135ff.). Die Schwierigkeit dieser Konzeption ist vor allem darin zu sehen, daß mit der schrittweisen »Verläugnung« der Wirklichkeit alles zu verschwinden droht, was dramatische Bewegung erzeugen kann: Politik, Leidenschaft, Konflikte zwischen Persönlichkeiten – es ist möglich, daß in diesem widersprüchlichen Ansatz die Ursache für das Scheitern des Empedokles-Projekts liegt.

Literatur:

Hölderlins Tragödienkonzeption ist einführend dargestellt in dem Aufsatz von *Meta Corssen* (1948/49); zur Einführung in den Empedokles: der Aufsatz von *Beißner* (1961), die Einführung von *Benn* (1968, in englischer Sprache) und von *Hölscher* (1963/64), außerdem bietet *Gaier* (1993) eine Überzeugende Orientierung. Im Zusammenhang mit der Neuedition des »Empedokles« im Rahmen der Deutschen Klassiker-Ausgabe hat *Katharina Grätz* einen Aufsatz (1992/93) sowie eine Studie (1995) zu den editorischen und entstehungsgeschichtlichen Problemen vorgelegt.

Friedrich Beißner: Hölderlins Trauerspiel »Der Tod des Empedokles« in seinen drei Fassungen. In: F. B.: Hölderlin. Reden und Aufsätze. Weimar 1961. S. 67-91.

Maurice Bernard Benn: Introduction. In: Hölderlin: Der Tod des Empedokles. London 1968. S. 1-45.

Ders.: The dramatic structure of Hölderlin's »Empedokles«. In: Modern Language Review 62 (1967) S. 92-97.

Bernhard Böschenstein: Hölderlins »Tod des Empedokles«. In: Ulrich Fülleborn u. Manfred Engel (Hrsgg.): Das neuzeitliche Ich in der Literatur des 18. und 20. Jahrhunderts. München 1988. S. 219-232.

Gerhard Buhr: Hölderlins Mythenbegriff. Untersuchung zu den Fragmenten »Über Religion« und »Das Werden im Vergehen«. Frankfurt a. M. 1972.

Maria Cornelissen: Die Manes-Szene in Hölderlins Trauerspiel »Der Tod des Empedokles«. In: HJb 14 (1965/66) S. 97-109.

Meta Corssen: Die Tragödie als Begegnung zwischen Mensch und Gott. Hölderlins Sophokles-Deutung. In: HJb (1948/49) S. 139-187.

Jean-François Courtine: Qui est l'Empédocle de Hölderlin? In: ders.: Nietzsche, Hölderlin et la Grèce. Paris 1988. S. 19-32.

Heidrun Eckert: Hölderlins Trauerspiel »Der Tod des Empedokles« in der Entwicklung seiner Fragmente. Winterthur 1969.

Ulrich Gaier: Das Empedokles-Projekt. In: U. G.: Hölderlin. Eine Einführung. Tübingen u.a. 1993. S. 287-320.

Helene Goldschmidt: Das deutsche Künstlerdrama von Goethe bis Richard Wagner. Weimar 1925 (Hildesheim 1978).

Katharina Grätz: Der »Empedokles«-Text der Großen Stuttgarter Ausgabe und der Frankfurter Ausgabe. Editionskritik und Folgerungen für die Neu-Edition im Deutschen Klassiker Verlag. In: HJb 28 (1992/93) S. 264-299.

Dies.: Editionskritik und Neuedition von Friedrich Hölderlins »Der Tod des Empedokles«. Der Weg zum Lesetext. Tübingen 1995

Reinhold Grimm: Dichter-Helden. Tasso, Empedokles und die Folgen. In: Basis 7 (1977) S. 7-25.

Mark Grunert: Die Idee der Bildung in Schlegels »Studium«-Aufsatz und Hölderlins »Grund zum Empedokles«. In: M. G.: Die Poesie des Übergangs. Hölderlins späte Dichtung im Horizont von Friedrich Schlegels Konzept der Tranzendentalpoesie«. Tübingen 1995. S. 34-58.

Brigitte Haberer: Sprechen, Schweigen, Schauen. Rede und Blick in Hölderlins »Der Tod des Empedokles« und »Hyperion«. Bonn, Berlin 1991.
Gernot Hempelmann: Dichtung und Denkverzicht. Hölderlin als Tragiker. Hamburg 1972.
Kurt Hildebrandt: Hölderlins und Goethes Weltanschauung dargestellt am »Hyperion« und »Empedokles«. In: Hölderlin, Gedenkschrift (s. S. 83) S. 134-173.
Irmgard Hobson: Hölderlin our contemporary: »Empedokles« and German intellectuals of the 1970s. In: Journal of European studies 8 (1978) S. 258-273.
Ingeborg Hochmuth: Empedokles in Hölderlins Trauerspiel. In: Das Altertum 17 (1971) S. 43-58.
Dies.: Hölderlins Trauerspiel »Der Tod des Empedokles«. In: Friedrich Hölderlin. Beitrag zu seinem 200. Geburtstag. Berlin/DDR 1970. S. 51-72.
Dies.: Menschenbild und Menschheitsperspektive in Hölderlins Trauerspielfragment »Der Tod des Empedokles«. In: Wissenschaftliche Zeitschrift der Friedrich-Schiller-Universität Jena. Gesellschafts- und sprachwissenschaftliche Reihe 21 (1972) S. 437-446.
Uvo Hölscher: Empedokles und Hölderlin. Frankfurt a. M. 1965.
Ders.: Empedokles von Akragas. Erkenntnis und Reinigung. In: HJb 13 (1963/64) S. 21-43.
Thomas Immelmann: Der unheimlichste aller Gäste. Nihilismus und Sinndebatte in der Literatur von der Aufklärung zur Moderne. Bielefeld 1992. S. 117-165 (Mythos und Nihilismus in Hölderlins »Empedokles«).
Jürgen Isberg: Hölderlin in Homburg 1798-1800. Das Werk und der Wandel des Weltbildes. Mss. Diss. Hamburg 1954.
Christoph Jamme: Liebe, Schicksal und Tragik. Hegels »Geist des Christentums« und Hölderlins »Empedokles«. In: »Frankfurt aber ist der Nabel dieser Erde...« Ch. J. und Otto Pöggeler (Hrsgg.). Stuttgart 1983. S. 300-324.
Ders.: Liebe, Schicksal und Tragik. Hegels »Geist des Christentums« und Hölderlins »Empedokles«. In: »Frankfurt aber ist der Nabel dieser Erde...« (s. S. 33) S. 300-324.
Hans-Dieter Jünger: Das idealische Erinnern bei Hölderlin. Das Erinnern im »Empedokles« und in der Spâthymnik. In: ders.: Mnemosyne und die Musen. Vom Sein des Erinnerns bei Hölderlin. Würzburg 1993. S. 238-262.
Max Kommerell: Hölderlins Empedokles-Dichtungen. In: Hölderlin, Beiträge, 1961. S. 205-226.
Éva Koczisky: Die Empedokles-Fragmente als Übersetzung. In: HJb 26 (1988/89) S. 134-161.
Walther Kranz: Empedokles. Antike Gestalt und romantische Neuschöpfung. Zürich 1949.
Gerhard Kurz: Poetik und Geschichtsphilosophie der Tragödie bei Hölderlin. In: Text und Kontext 5 (1977) Nr. 2. S. 15-36.
Wolfgang Liepe: Das Religionsproblem im neueren Drama von Lessing bis zur Romantik. Halle 1914.

Jürgen Link: Schillers »Don Carlos« und Hölderlins »Empedokles«. Dialektik der Aufklärung und heroisch-politische Tragödie. In: J. L.: Elementare Literatur und Generative Diskursanalyse. München 1983. S. 87-125.
Detlev Lüders: Der »Gegner« in Hölderlins »Grund zum Empedokles«. In: D. L.: »Die Welt im verringerten Maasstab«. Hölderlin-Studien. Tübingen 1968. S. 1-18.
Anni Meetz: Zu Hölderlins Quellen für den »Empedokles«. Empedokles, Porphyrios, Muhammed asch-Scharastani, Hölderlin. In: Euphorion 50 (1956) S. 388-404.
Ernst Mögel: Natur als Revolution. Hölderlins Empedokles-Tragödie. Stuttgart u.a. 1994 (zugl. Mss. Diss. Uni Tübingen 1992).
Marshall Montgomery: Hölderlins Ideals as reflected in »Hyperion« and »Empedokles«. In: Publications of the English Goethe Society 1 (1924) S. 67-85.
Klaus Petzold: Zur Interpretation von Hölderlins »Empedokles«-Fragmenten. In: Wissenschaftliche Zeitschrift der Karl-Marx-Universität Leipzig. Gesellschafts- und Sprachwissenschaftliche Reihe 12 (1963) S. 519-524.
Hans-Georg Pott: Religion und Dichtung bei Hölderlin. In: »Traurigfroh, wie das Herz«. Friedrich Hölderlin zum 150. Todestag. Beiträge einer Tagung der Evangelischen Akademie Baden v. 26.-28. Februar in Herrenalb. Karlsruhe 1993. S. 74-96 (zu den Voraussetzungen, die zur Konzeption des »Empedokles« geführt haben).
Ludwig von Pigenot: Hölderlins Grund zum Empedokles. Studie zu den jüngeren Empedokles-Fragmenten. Mss. Diss. München 1919.
Christoph Prignitz: Die politisch-religiösen Vorstellungen in den »Empedokles«-Fragmenten und ihr zeitgeschichtlicher Hintergrund. In: Siope 1 (1978) S. 46-49.
Ders.: Zeitgeschichtliche Hintergründe der »Empedokles-Fragmente« Hölderlins. In: HJb 23 (1982/83) S. 229-257.
Ders.: Hölderlins »Empedokles«. Die Vision einer erneuerten Gesellschaft und ihre zeitgeschichtlichen Hintergründe. Hamburg 1985.
Joachim Rosteutscher: Hölderlin, der Künder der großen Natur. Bern/München 1962.
Ders.: Niobe. In: HJb 12 (1961/62) S. 232-241.
Rudolf Rüppel: Hölderlins »Tod des Empedokles« als Trauerspiel. Die Bühnenbearbeitungen und ihre Erstaufführung nebst einer Bibliographie der Inszenierungen und Kritiken seit 1916. Mss. Diss. Ludwigshafen 1954.
Lawrence Ryan: »Hier oben ist ein neues Vaterland«. Hölderlins Trauerspiel »Der Tod des Empedokles«. In: Bad Homburger Hölderlin-Vorträge (1988/89). Bad Homburg v. d. H. 1989. S. 33-48.
Wolfgang Schadewaldt: Die Empedokles-Tragödie Hölderlins. In: HJb 11 (1958-60) S. 40-54.
Hans Schlemmer: Der Tod des religiösen Propheten. Eine philosophische Studie auf Grund von Hölderlins Empedokles. In: Preußische Jahrbücher 177 (1919) S. 153-165.

Hans Schwerte: Aorgisch. In GRM (N.F.) 3 (1953) S. 29-38.
Friedrich Seebaß: Zur Einführung in die Empedokles-Dichtungen Hölderlins. In: Hölderlin: Empedokles. Leipzig 1942. S. 3-13.
Jürgen Söring: Die Dialektik der Rechtfertigung. Überlegungen zu Hölderlins Empedokles-Projekt. Frankfurt a. M. 1973.
Ders.: Hölderlins Empedokles: Die Tragödie eines Trauerspiels. In: Bad Homburger Hölderlin-Vorträge 1988/89. Bad Homburg v. d. H. 1989. S. 78-101.
Emil Staiger: Der Opfertod von Hölderlins Empedokles. In: HJb 13 (1963/64) S. 1-20.
Heinz Stolte: Hölderlin und die soziale Welt. Eine Einführung in »Hyperion« und »Empedokles«. Gotha 1949.
Peter Szondi: Versuch über das Tragische. In: P.S.: Schriften I. Frankfurt a. M. 1978. S. 151-286.
Walter Tappe: Das Kultproblem in der deutschen Dramatik vom Sturm und Drang bis Hebbel. Berlin 1925.
Paul Wagmann: Friedrich Hölderlins Empedokles-Bruchstücke. Eine literarhistorische Untersuchung. Bern/Leipzig 1939 (Nendeln 1970).
Gisela Wagner: Hölderlin und die Vorsokratiker. Würzburg 1937.
Benno von Wiese: Hölderlins mythische Tragödie »Der Tod des Empedokles« und ihre Bedeutung im Rahmen seines Zeitalters. In: B.v.W.: Die deutsche Tragödie von Lessing bis Hebbel. München 1983. S. 371-400.
Klaus-Rüdiger Wöhrmann: Hölderlins Wille zur Tragödie. München 1967.

Die Elegien

Von Hölderlins sechs großen Elegien sind fünf im Jahr 1800 entstanden; die letzte, »Heimkunft«, 1801. Der »Wanderer«, der schon 1787 in einer von Schiller »korrigierten« Fassung in den »Horen« erschienen war, wird 1800 so vollständig umgearbeitet, daß man von einem neuen Gedicht sprechen muß. Das formale Merkmal der Gattung, das elegische Distichon, ist vor 1800 in einigen Entwürfen (»Achill« I, 1; 271; »Götter wandelten einst...« I, 1; 274) und in den Gedichten der »epigrammatischen« Phase des Jahres 1797 (darunter besonders das »Diotima«-Gedicht, das auf Venus Urania anspielt »Komm und besänftige mir...« I, 1; 231) vertreten.

Die traditionellen Themen der Elegie sind die Totenklage – dies ist vom ursprünglichen kultischen Kontext der Gattung abzuleiten – und die Liebe, eine Thematik, die auf die Elegiker der frühen römischen Kaiserzeit, Catull, Tibull und Properz zurückgeht. Diese traditionellen Themen prädestinieren die Gattung für den Ausdruck individueller menschlicher Grunderfahrungen. Die idealistische Gattungstheorie des späten 18. Jh.s allerdings definierte auch diese von allen antiken Gattungen am wenigsten philosophische und am meisten private im Spannungsfeld von Ideal und Wirklichkeit neu.

Schiller bestimmte Elegie und Idyll in »Über naive und sentimentalische Dichtung« durch ihr gattungsspezifisches Verhältnis zur Natur und zum Ideal: »Entweder ist die Natur und das Ideal ein Gegenstand der Trauer, wenn jene als verloren, dieses als unerreicht dargestellt wird. Oder beyde sind ein Gegenstand der Freude, indem sie als wirklich vorgestellt werden. Das erstere gibt die *Elegie* in engerer, das andere die *Idylle* in weitester Bedeutung« (Nationalausgabe, Bd. 20, S. 448f.). Friedrich Schlegel postulierte eine »Poesie, deren Eins und Alles das Verhältnis des Idealen und des Realen ist« und schrieb, sie beginne als »Satire mit der absoluten Verschiedenheit des Idealen und Realen«, schwebe »als Elegie in der Mitte« und vollende sich »als Idylle mit der absoluten Identität beider« (Schriften zur Literatur. Hrsgg. von Wolfdietrich Rasch. München 1970. S. 50).

Hölderlin selbst äußert sich theoretisch über die Elegie in einem Brief an Neuffer im Zusammenhang einer Bestimmung des Tragischen. Die Tragödie, heißt es hier, negiert die Wirklichkeit, stellt ihren Untergang dar, damit das Absolute erscheinen kann, damit es, wie Hölderlin in einem Fragment schreibt, »gerade heraus« (IV, 1; 274) ist. Solche »stolze Verläugnung alles Accidentellen« (VI, 1; 33) ist typisch für die erhabenen Gattungen, nicht aber für Elegie und Idylle. In diesen »niederen« Gattungen gewinnt Hölderlin die Möglichkeit, persönliche Erfahrungen wie Trauer zu transzendieren in Richtung auf das Ideal.

»Die Elegie als niedere lyrische Gattung [...] hat von sich aus so viel irdisches Schwergewicht, kraft ihrer Nähe zur Wirklichkeit, daß sie nicht so sehr wie die höheren Gattungen der Gefahr ätherisch-idealer Verflüchtigung ausgesetzt ist. Aufgabe des Dichters ist es, die Individualität ›aufzuheben‹ [...]« (Beißner, 1965, S. 28f.).

Es ist nicht zufällig, daß die Elegien im werkgeschichtlichen Zusammenhang dem »Hyperion« besonders nahestehen, dem Werk, in dem »accidentelle« Stoffe, Liebe und Tod, Politik, Krieg und Gesellschaftskritik die größte Rolle spielen. Der »Hyperion« hat nicht nur stofflich, sondern auch seiner poetischen Struktur nach eine große Affinität zur Erinnerung, der elegischen Gedankenbewegung und zur Trauer, dem elegischen Affekt. Achim v. Arnim bezeichnete den Roman als »herrlichste aller Elegieen« (III, 319), und Hölderlin schreibt in seinem Vorwort, die »Dissonanzen« der Romanhandlung sollten sich auflösen in einem »gewissen Karakter«, der als »elegisch« bezeichnet wird (III, 5). Der elegische Charakter des Hyperion hat am Ende des Romans die Dissonanzen, durch die er gegangen ist, in der Erinnerung integriert und stellt somit in seinem Bewußtsein die Einheit in den Gegensätzen dar.

Das Elegienwerk knüpft explizit an das Ende des Romans an. Die erste große Elegie, »Menons Klagen um Diotima« greift das zentrale Handlungselement im zweiten Band des »Hyperion« auf, den Tod der Diotima, der dort das Scheitern der politisch-utopischen Hoffnungen Hyperions bedeutet. »O du, mit deiner Elysiumsstille, könnten wir das schaffen, was du bist!« (III, 114) schreibt Hyperion vom peloponnesischen Schlachtfeld an Diotima, bevor sein Ideal untergeht und Diotima, in deren Individualität es anschaulich war, in die »Elysiumsstille« des Todes eingeht.

Diotima, die Figur, die am Eingang ins Elegienwerk steht, verkörpert die überkommenen Themen der Elegie, Liebe und Tod- und zugleich das Ideal, das Thema, das die zeitgenössische Poetik der Gattung zugewiesen hat. Dieses Ideal ist in der Elegie indirekt, in der Negation, dargestellt. Diotima, die menschgewordene Venus Urania (I, 1; 231; III, 58f.), ist tot. Die ersten Strophen von »Menons Klagen« schildern das elegische Subjekt, das sich seines Ideals beraubt sieht und nach ihrem Tod allein auf der Erde zurückbleiben muß (»menon« ist das Partizip Perfekt von griechisch »menein« = bleiben; außerdem eine Anspielung auf den Dialog Platons gleichen Namens, dessen Thema die Erinnerung ist) im Bild des verwundeten Wildes, des lebenden Toten, des verödeten Hauses, des Blinden. Die Erinnerung bewahrt das Bild des Ideals, das – Schillers zitierter Gattungsdefinition entsprechend – im Rückblick idyllische Züge annimmt: die Gärten, der »Hain«, die Blumen und die »liebenden Schwäne« (II, 1; 76) schildern die Vergangenheit in den Formen des locus amoenus.

Aber das Ideal ist nicht endgültig vergangen; Diotima, die seine Wahrheit einst irdisch beglaubigte, erscheint Menon in heroisch-vergöttlichter Gestalt, als »Heldin« und »Götterkind«, um es erneut zu »bezeugen«. (II, 1; 78) Die Szene der Elegie scheint dem antiken Heroenglauben nachempfunden, nach dem bestimmte Menschen, in denen sich göttliche Kraft schon zu Lebzeiten gezeigt hatte, nach ihrem Tode erscheinen, heilen und wahrsagen. Ihre Erscheinung verwandelt die Trauer des Anfangs in neue »Freude« und führt die Elegie an die Schwelle der ihr folgenden Gattung des Hymnos, der eine neue Gewißheit des Göttlichen ermöglicht und eine Wiederauferstehung des Ideals verheißt, eine Zukunft, »Wo die Gesänge wahr, und länger die Frühlinge schön sind.« (II, 1; 79) Die letzte Strophe der Elegie entwirft ein hymnisch-utopisches Gemälde einer Vereinigung des Wirklichen mit dem Göttlichen, das den Menschen in »Ahnungen«, »Begeisterungen«, in den Genien der Liebe erfahrbar und ihnen durch die Kunst verkündigt wird. Ein Gott hat »innen vom Tempel« das Subjekt angeredet und das Ideal restituiert (II, 1; 78), das zeitweilig vernichtet schien und jetzt in neuem »Sehnen und Hoffen« wiederkehrt.

Die hier am Beispiel von »Menons Klagen« skizzierte »elegisch bedeutende« Bewegung von der Trauer um das verlorene Ideal zu neuer Gewißheit ist die poetische Dynamik in sämtlichen Elegien. Sie findet sich idyllisch-bukolisch variiert in »Der Gang aufs Land«, wo das zunächst nicht vielversprechende Wetter zur Metapher der »bleiernen Zeit« wird, die ebenso einem neuen, besseren Zeitalter weichen wird, wie die Wolken einer neuen »Blüthe« des Himmels: »Rechtgläubige zweifeln an Einer / Stunde nicht« (II, 1; 84). Die Elegie ist Entwurf geblieben – wahrscheinlich, weil die erhabene Thematik des erscheinenden Ideals über den allzu »accidentellen« Rahmen einer Landpartie hinauswuchs.

Die geschilderte elegische Gedankenfigur findet sich im Elegienwerk jedoch auch als großer universalgeschichtlicher Entwurf, in »Brod und Wein«, wo die Trauer um den Untergang der Antike und die Gottesferne der modernen Lebensformen übergeht in die Prophetie einer nahen Zukunftsgesellschaft, die wie das Altertum göttlich inspiriert sein wird: »Was der Alten Gesang von Kindern Gottes geweissagt, / Siehe! wir sind es, wir; Frucht von Hesperien ist's« (II, 1; 95).

»Stutgard« und »Heimkunft« sind geprägt von der Thematik des »Vaterländischen«, der sich das Spätwerk überhaupt zuwendet (s. S. 137), von einem Interesse am Nationalen oder Lokalen also und von einem Interesse an der konkreten Gesellschaftlichkeit der Gegenwart. »Stutgard« – dem Freund Siegfried Schmidt gewidmet – idealisiert die Landschaft Württembergs und seine Hauptstadt und beschwört ein patriotisches Ideal in den »Engeln des Vaterlands«, die nicht vom »vereinzelten Mann«, auch nicht von den beiden Freunden allein, sondern nur gesellschaftlich erfahren werden können:

> Und was uns der himmlische Tag zu sagen geboten,
> Das zu nennen, mein Schmid! reichen wir beide nicht aus.
> Trefliche bring' ich dir und das Freudenfeuer wird hoch auf
> Schlagen und heiliger soll sprechen das kühnere Wort.
> Siehe ! da ist es rein ! und des Gottes freundliche Gaaben
> Die wir theilen, sie sind zwischen den Liebenden nur. (II, 1; 89)

Die nahe Erfahrung Gottes vereinigt die Menschen und stiftet eine neue Form des Zusammenlebens: »in die Adern alle des Lebens, Alle freuend zugleich, theile das Himmlische sich!« (II, 1; 99).

In einem »hymnischen Aufschwung« (Beißner, 1965, S. 176) wird die Grenze der Gattung überschritten, jedoch meist wieder restituiert durch eine Bewegung des Widerrufs, die die endgültige Wahrheit der göttlichen Offenbarung in die Zukunft verlegt; die elegische »Sorge« holt die hymnische »Freude« (II, 1; 99) wieder ein. Der Schluß der Elegie »Stutgard« zeigt, daß das emphatisch geschilderte vaterländische Versöhnungsfest erst eine Vision des einsamen Dichters war, die in der Zukunft wahr wird: »Aber die größere Lust sparen dem Enkel wir auf.« (II, 1; 89).

Wie in den Hymnen erscheinen in den Elegien Botengestalten, die die Nacht der Gegenwart mit ihren Verheißungen erhellen, »Fakelschwinger« (II, 1; 95) einer besseren Zukunft. Diotima, deren Epiphanie geschildert wurde, gehört zu diesen Gestalten, die »Engel« des Vaterlands in »Stutgard«, Dionysos und Christus in »Brod und Wein« (II, 1; 94; 129 ff. und 95; 155ff.) ebenso wie die den Sommer vor der Zeit verkündenden Schwalben im bukolischen Kontext von »Der Gang aufs Land« (II, 1; 84). Die Dichter selbst sind »Priester« dieser utopischen Boten, »Welche von Lande zu Land zogen in heiliger Nacht.« (II, l; 94). Die »prophetische« Funktion der Dichtung, die in den Hymnen sich erfüllt, wird in den Elegien vorbereitet. Zeitlich, inhaltlich und formal nah bei den Elegien steht der Hexameterhymnus »Der Archipelagus«, das »symbolische Denkmal« der »hellenischen Anschauung und Sehnsucht« Hölderlins (Gundolf in seiner Heidelberger Antrittsvorlesung in: Beiträge 1961, S. 5). Wie in »Brod und Wein« wird die Antike hier gedeutet als ein vergangenes weltgeschichtliches Ideal, das sich in einer zukünftigen Menschheit erneuern soll.

Literatur:

Drei Gattungsgeschichten widmen Hölderlins Elegien breiten Raum: *Friedrich Beißner:* Geschichte der deutschen Elegie. Berlin 1965. S. 172-190; *Klaus Weissenberger:* Formen der Elegie von Goethe bis Celan. Bern/München 1969. S. 38-46 und *Theodore Ziolkowski:* The classical German Elegy 1795-1950. Princeton 1980.

Einen Versuch der Gesamtdeutung des Elegienwerks unternimmt *Stephan Wackwitz:* Trauer und Utopie um 1800. Studien zu Hölderlins Elegienwerk. Stuttgart 1982.

Neues zur Datierung von »Menons Klagen um Diotima« bringt *Dietrich E. Sattler:* Einige Umdatierungen im Nachlaß Hölderlins. In: LpH 4/5 (1980) S. 27-39

Werner Almhofer: »Wildniß« und Vergnügen. Hölderlins mythologische Bildersprache in den späten Korrekturen von »Brod und Wein«. In: HJb 26 (1988/89) S. 162-174.
John Jay Baker: The problem of poetic naming in Hölderlin's elegy »Brod und Wein«. In: MLN 101 (1986) S. 465-492.
Maria Behre: »Der Wanderer«. In: Interpretationen. Gedichte von Friedrich Hölderlin. (Reclam U.B. 9472). Tübingen 1996. S. 109-123.
Friedrich Beißner: Deutung des elegischen Bruchstücks »Der Gang aufs Land«. In: F. B.: Hölderlin. Reden und Aufsätze. Weimar 1961. S. 126-143.
Ders.: Individualität in Hölderlins Dichtung. Winterthur 1965.
Wolfgang Binder: Abschied und Wiederfinden. Hölderlins dichterische Gestaltung des Abschieds von Diotima. In: W. B.: Hölderlin-Aufsätze. Frankfurt a. M. 1970.
Ders.: Hölderlins Namenssymbolik. In: HJb 12 (1961/62) S. 95-204.
Paul Böckmann: Friedrich Hölderlin: Brod und Wein. In: Benno v. Wiese (Hrsg.): Die deutsche Lyrik. Düsseldorf 1956. S. 394-413.
Bernhard Böschenstein: Hölderlin und die Schweizer Landschaft als Spiegel der deutschen Literatur vor und um 1800. In: HJb 19/20 (1975/77) S. 36
Ders.: »Brod und Wein«. Von der klassischen Reinschrift zur späten Überarbeitung. In: Hölderlin: Christentum und Antike. Hrsgg. von Valérie Lawitschka. Tübingen 1991. S. 173-200 (Turm-Vorträge 1989/90/91).
Ders.: Stutgard. In: Interpretationen. Gedichte von Friedrich Hölderlin. (Reclam U.B. 9472). Tübingen 1996. S. 142-152.
Götz-Lothar Darsow: »...aber von Ihnen dependier ich unüberwindlich...«. Friedrich Hölderlins ferne Leidenschaft. Stuttgart 1995 (zu den verschiedenen Fassungen der Elegie »Der Wanderer«).
Tobias Goebel: Die poetische Gründung der mythischen Welt in »Brod und Wein«. In: HJb 29 (1994/95) S. 216-232.
Wolfram Groddeck: Die Nacht. Überlegungen zur Lektüre der späten Gestalt von »Brod und Wein«. In: HJb 21 (1978/79) S. 206-224.
Ders.: Die Revision der »Heimkunft«. Hölderlins späte Eingriffe in den Text der ersten Elegie im Homburger Folioheft. In: HJb 28 (1992/93) S. 239-263.
Ders.: »... und die Wolke, / Freudiges dichtend«. Der poetologische Metatext in Hölderlins Elegie »Heimkunft / an die Verwandten. In: Neue Wege zu Hölderlin. Hrsgg. von Uwe Beyer. Würzburg 1994. S. 153-184.
Cyrus Hamlin: Hölderlins Elegy »Homecoming«: Comments. In: Emery E. George (Hrsg.): Friedrich Hölderlin. An Early Modern. Ann Arbor 1972. S. 232-245.
Ders.: Einführung. In: Friedrich Hölderlin: Stutgard. Originalgetreue Wiedergabe der Londoner Handschrift. Erläuterungen von Cyrus Hamlin. Schriften der Hölderlin-Gesellschaft 8. Tübingen 1970.
Peter Härtling: Heimkunft. In: HJb 25 (1986/87) S. 1-11.
Martin Heidegger: Heimkunft. An die Verwandten. In: M. H.: Erläuterungen zu Hölderlins Dichtung. Frankfurt a. M. 1944. S. 5-29.

Jochen Hörisch: Brot und Wein. Das Abendmahl bei Hegel und Hölderlin. In: »Traurigfroh, wie das Herz«. Friedrich Hölderlin zum 150. Todestag. Beiträge einer Tagung der Evangelischen Akademie Baden v. 26.-28. Februar in Herrenalb. Karlsruhe 1993. S. 120-132.
Hans Joachim Kreutzer: Kolonie und Vaterland in Hölderlins später Lyrik. In: HJb 22 (1980/81) S. 18-46.
Alice A. Kuzniar: The Revisions: »Patmos« and »Brod und Wein«. In: A. K.: Delayed endings. Nonclosure in Novalis and Hölderlin. Athens; London 1987. S. 170-186.
Andreas Müller: Die beiden Fassungen von Hölderlins Elegie »Der Wanderer«. In: HJb 3 (1948/49. S. 103-131.
Emil Petzold: Hölderlins Brod und Wein. Ein exegetischer Versuch. Sambor 1896 (Darmstadt 1967).
Karl Pörschke: Die Versgestalt von Hölderlins Elegienzyklus »Menons Klagen um Diotima« mit einer Untersuchung über Aufgabe und Methode wissenschaftlicher Versbetrachtung. Kiel 1936.
Erich Ruprecht: Wanderung und Heimkunft. Hölderlins Elegie »Der Wanderer«. Stuttgart 1947.
Lawrence Ryan: Hölderlins Lehre vom Wechsel der Töne. Stuttgart 1960. S. 229-241.
Jochen Schmidt: Hölderlins Elegie »Brod und Wein«. Berlin 1968.
Martin F.A. Simon: Friedrich Hölderlin. The theory and practice of religious poetry. Studies in the elegies. Stuttgart 1988 (Stuttgarter Arbeiten zur Germanistik; 169).
Angelika Schmitz: »Singen wollt ich leichten Gesang«. Überlegungen zum Scheitern der Fragment gebliebenen Elegie »Der Gang aufs Land«. In: Neue Wege zu Hölderlin. Hrsgg. von Uwe Beyer. Würzburg 1995. S. 269-322.
Peter Szondi: Einführung in die literarische Hermeneutik. Studienausgabe der Vorlesungen. Bd. 5. Frankfurt a. M. 1975. S. 193-402.
Ders.: Der andere Pfeil. Zur Entstehungsgeschichte des hymnischen Spätstils. In: P. S.: Hölderlin-Studien. Frankfurt a. M. 1970. S. 37-61.
Richard Unger: Hölderlins Major Poetry. The dialectics of Unity. Bloomington/London 1975. S. 59-98.
Karl Viëtor: Hölderlins Liebeselegie. In: Jochen Schmidt (Hrsg.): Über Hölderlin. Frankfurt a. M. 1970. S. 87-112.
Gottfried Willems: Der dichterische Enthusiasmus und die Macht der Negativität. In: JdSG 32 (1988) S. 116-147.
Rolf Zuberbühler: Hölderlin: Heimkunft. In: HJb 19/20 (1975-77) S. 56-75.
Ders.: Die Sprache des Herzens. Hölderlins Widmungsdichtung. Göttingen 1982.

Zum »Archipelagus«:

Friedrich Gundolf: Hölderlins Archipelagus. In: Beiträge 1961. S. 4-17.
Jürg Peter Walser: Hölderlins Archipelagus. Zürich/Freiburg i. Br. 1962.

Ines Ilgner: »Von Erinnerung erbebt«. Zu Hölderlins Geschichtsbild in seinem Gedicht »Der Archipelagus«. In: HJb 25 (1986/87) S. 155-175.
Jochen Schmidt: Natur und Kultur in Hölderlins »Archipelagus«. In: Friedrich Hölderlin: »Der Archipelagus«. Nürtingen 1987. S. 57-81.
Jürgen Söring: Der poetische Zeit-Raum in Hölderlins »Archipelagus«. In: Turm-Vorträge (1987/88). Tübingen 1988. S. 98-130.

Die Übersetzungen

Die antike Kunst ist in der Zeit Hölderlins allgegenwärtig – als Vorbild oder als Kontrast zum Eigenen. Hölderlin selbst hat sich sein Leben lang mit der Antike beschäftigt. Seine Ausbildung im Tübinger Stift stellte die klassischen Studien neben die theologische Ausbildung, und in seinem Werk ist die Antike ein Bestimmungshorizont, auf den alles bezogen wird, ein geschichtsphilosophisches Ideal wie im »Hyperion« oder eine Metapher für die Gegenwart wie im »Empedokles«. Mehr als für die lateinische interessiert sich Hölderlin für die griechische Literatur – neben Plato, der die Philosophie Hölderlins und den »Hyperion« entscheidend beeinflußt hat, vor allem für Pindar und Sophokles. Eins der beiden Magisterspecimina, der Abschlußarbeiten im Tübinger Stift, bearbeitet die »Geschichte der Schönen Künste unter den Griechen«, und hier bezeichnet Hölderlin Pindars Hymnen als »das *Summum* der Dichtkunst« (IV, 1; 202). Sophokles wird geschildert als der repräsentative Poet des Perikleischen Zeitalters, des Gipfels der griechischen Zivilisation (IV, 1; 203f.). Beide Dichter hat Hölderlin ins Deutsche übersetzt und, diese Übersetzungen haben seine Dichtung intensiv beeinflußt, wurden Teil seines Werkes. Die Pindarübersetzungen sind Vorbild seiner späten Hymnen, die Übersetzung der sophokleischen Tragödien »Antigone« und »Ödipus der Tyrann« gehören – zusammen mit der fragmentarischen Empedokles-Tragödie – zu dem Projekt Hölderlins, in der tragischen Gattung das Absolute darzustellen (s. S. 119). Hölderlins Übersetzungstätigkeit versucht also, der antiken Literatur Modelle für die »hohen« Gattungen zu entnehmen, für die Tragödie und die Hymne. Die Wahl Pindars und Sophokles' ist in diesem gattungspoetischen Zusammenhang zu verstehen; beide verkörpern die »erhabene« Tradition einer Literatur, die sich aus dem Kultus entwickelt hat und eine öffentliche Funktion wahrnimmt – eine Tradition, die Hölderlin vor allem mit seinen »prophetischen« späten Hymnen fortsetzen wollte (s. S. 143).

An philologischen Maßstäben gemessen sind die Übersetzungen unzuverlässig – gerade deshalb aber ein wichtiges Dokument für

Hölderlins Poetik, die er ganz bewußt in die antiken Texte hineinprojiziert hat: »Ich hoffe, die griechische Kunst, die uns fremd ist, [...] dadurch lebendiger, als gewöhnlich dem Publikum darzustellen, daß ich das Orientalische, das sie verläugnet hat, mehr heraushebe, und ihren Kunstfehler, wo er vorkommt, verbessere« (Brief an Friedrich Wilmans vom 28. 9. 1803, VI, 1; 434). Eine solche Interpretation der fremden Texte entsprechend der eigenen Dichtungsauffassung steht im Widerspruch zu einer Übersetzungstechnik, die sich teilweise merkwürdig eng, fast in der Art einer Interlinearversion, an die Metaphorik und Wortstellung des Griechischen anlehnt.

Hölderlins Beschäftigung mit *Pindar* ist in zwei verschiedenen Textgruppen dokumentiert: 1800, noch in Homburg, übersetzt er zehn der zwölf »pythischen Oden« (Preisgesänge auf Sieger in den delphischen Spielen) und sieben der vierzehn »olympischen Oden« (auf Athleten bei den Olympischen Spielen) – vielleicht als Einübung in den »sichern, durch und durch bestimmten und überdachten Gang der alten Kunstwerke« (VI, 1; 380), den er sich in dieser Zeit anzueignen versuchte, vielleicht als eine Interlinear-Lesehilfe oder als Versuch, in der Auseinandersetzung mit dem fremden Text die eigenen Ausdrucksmöglichkeiten zu erweitern.

Vermutlich ins Jahr 1803, in zeitliche Nähe zu den Sophokles-Kommentaren, ist die Übersetzung von neun Pindar-Fragmenten zu datieren, neben die Hölderlin eigene Notizen stellte, die den übersetzten Text weniger kommentieren als in einer Art »pneumatischer Exegese« (Killy 1956, S. 46) über ihn meditieren.

Pindar muß als die wichtigste Anregung für die späten Hymnen gelten; deren Form hat Norbert v. Hellingrath, der die Übersetzungen wiederentdeckt hat, unter dem Leitbegriff der »harten Fügung« (ein Terminus des hellenistischen Philologen Dionysios v. Hallikarnaß für eine unvermittelte, »rauhe« Kompositionstechnik) mit Pindars Poesie verglichen; neuere Forschungen (Seiffert 1981 und 82/83) haben Pindars Einfluß bis in die Struktur ganzer Gedichte hinein nachgewiesen. Aber auch der Inhalt der pindarischen Hymnen, ihr Dichtungstypus, sind für Hölderlins späte Gedichte vorbildlich gewesen: Pindars priesterlich-sakrales Selbstverständnis, sein Preis der Götter und Heroen, in deren Sphäre die Wettkämpfer erhoben werden, seine mythische Ausdeutung von Ereignissen, Städten, Landschaften. Diese Nähe der Pindar-Übersetzungen zum Spätwerk hat ihnen eine herausragende Rolle in der Hölderlin-Renaissance im 20. Jh. gegeben. Durch die Herausgabe der von Hellingrath entdeckten Manuskripte kam die erste historisch-kritische Ausgabe in Gang und wurde Stefan George auf Hölderlin aufmerksam, der in den Pindar-Übersetzungen eine »dionysische« Antike-Auffassung verwirklicht sah, die er gegen die »apollinische« Konzeption des Klassizismus ins Feld führte (die Begriffe stammen aus Nietzsches »Die Geburt der Tragödie aus dem Geist der Musik«) und damit dem Hölderlin-Bild der 20er Jahre seine intuitiv-irrationalistische Färbung gab.

Die erste *Sophokles-Übersetzung,* ein Bruchstück aus »Ödipus auf Kolonos«, stammt aus dem Jahr 1796. 1799, nach Aufgabe des »Empedokles«, beginnt Hölderlin mit der systematischen Übersetzungsarbeit, die ihn vor allem 1800 und 1801 beschäftigt. Eine letzte Überarbeitungsphase, die mit späten Überarbeitungen der Elegien und den Odenneufassungen des Spätwerks (s. S. 112f.) zusammenhängt, geht der Veröffentlichung unmittelbar voraus und ist in den Herbst 1803 zu setzen. Ostern 1804 erscheinen »Ödipus der Tyrann« und »Antigone« bei Friedrich Wilmans in Frankfurt – in einem sehr edlen Druck, der allerdings von Druckfehlern wimmelt. Der Band ist Hölderlins Gönnerin Prinzessin Auguste von Homburg (s. S. 37) gewidmet; der Titel »Die Trauerspiele des Sophokles« weist darauf hin, daß Hölderlin eine Übertragung aller Tragödien geplant hat. Beigefügt sind »Anmerkungen«, die Hölderlins Auffassung des Tragischen anhand der beiden Texte erläutern. Als poetologischer Hintergrund der Sophoklesübersetzungen und der Anmerkungen ist die im Zusammenhang mit dem »Empedokles« entwikkelte Tragödientheorie im Auge zu behalten, nach der sich in der Tragödie die absolute Einheit durch die Vernichtung der zeichenhaften Wirklichkeit entschleiert (s. S. 119) – Hölderlin versucht diese Theorie am Beispiel des Sophokles zu verifizieren. In den »Anmerkungen zum Odipus« bestimmt Hölderlin den Inhalt der Tragödie als Einheit des Menschen mit dem Absoluten, eine Einheit in der die Wirklichkeit und ihre Trennungen untergehen. Dies geschieht im »Zorn«: der Begriff bezeichnet im gesamten Spätwerk ein unmittelbares Erleben des Absoluten. Die Tragödie zeigt, »wie der Gott und Mensch sich paart, und gränzenlos die Naturmacht und des Menschen Innerstes im Zorn Eins wird« (V, 201).

Die Darstellung der absoluten Einheit gelingt der Tragödie paradoxerweise durch »gränzenloses Scheiden«; Vereinigung stellt sich durch Trennung dar. Die Form der Tragödie nämlich ist geprägt durch Gegensätze, durch den Gegensatz zwischen den Antagonisten, den der »widerstreitende Dialog« (V, 201) entfaltet und durch den Gegensatz, in dem der Chor zu beiden Antagonisten steht: »Alles ist Rede gegen Rede, die sich gegenseitig aufhebt« (V, 201). Diese paradoxe Darstellungsmethode erinnert an den »Wechsel« in den poetologischen Fragmenten der Homburger Zeit und steht in Beziehung zu der Konstruktion im »Grund zum Empedokles«, nach der im äußersten Widerspruch zwischen »Organischem« und »Aorgischem« in der Figur des Opfers die Versöhnung erscheint (s. S. 120f.).

Hölderlin interpretiert die verzweifelt-selbstzerstörerische Suche des Ödipus nach der Wahrheit als Form des »Zorns«, als ein rasendes Durchbrechen der Grenzen menschlichen Bewußtseins, eine »wunderbare zornige Neugier, weil das Wissen, wenn es seine Schranke durchrissen hat, [...] sich selbst reizt, mehr zu wissen, als es tragen oder fassen kann« (V, 198). Ödipus dringt zu der schrecklichen Wahrheit vor, die über ihn verhängt ist, er erkennt den Sinn des göttlichen Orakelspruchs, den er unwissentlich erfüllt hat, indem er Vatermord und Inzest beging. Diese Erkenntnis des Göttlichen ist jedoch eins mit der Vernichtung des Ödipus. Der »unmittelbare Gott« erscheint ihm »in der Gestalt des Todes« (V, 269).

Eine geschichtsphilosophische Wendung erfährt Hölderlins Tragödientheorie in den »Anmerkungen zur Antigonä«. Die »Art des Hergangs in der Antigonä« vergleicht Hölderlin mit einem »Aufruhr«, einer »vaterländischen Umkehr«, einer Revolution »aller Vorstellungsarten und Formen« (V, 271). Die beiden Hauptfiguren der Tragödie, Antigone, die entgegen dem Verbot des Herrschers Kreon ihren zum Staatsfeind gewordenen Bruder beerdigt, und Kreon, der sie wegen dieser Verletzung des staatlichen Verbots zu einem grausamen Tod verurteilt, werden interpretiert als gesellschaftliche Prinzipien. Antigone verhält sich »in Gottes Sinne, wie gegen Gott«, Kreon aber steht für das »Ehren Gottes, als eines gesetzten« (V, 268). Die »vaterländische Umkehr« vollzieht sich in einem tragischen Prozeß, in dem sich das »unförmliche« – das Prinzip des Ungehorsams, der Auflehnung, der scheinbaren Verletzung des Göttlichen, das den Willen Gottes jedoch in einem höheren Sinne erkennt, das Prinzip Antigones – »entzündet [...] an allzuförmlichem« – an dem staatlichen, positiven Prinzip, das Kreon verkörpert, der Gott nicht anders interpretieren kann als im Sinn eines Gesetzes (V, 268). Der in der Tragödie dargestellte Prozeß findet sein Resultat in einer ästhetisch-geschichtsphilosophischen »Vernunftform«; sie ist »politisch, und zwar republikanisch, weil zwischen Kreon und Antigonä, förmlichem und gegenförmlichem das Gleichgewicht zu gleich gehalten ist« (V, 272).

Diese geschichtsphilosophische Interpretation der Antigone-Handlung erinnert an »Das Werden im Vergehen«, das Homburger Fragment, in dem die geschichtlichen Wechselfälle des »Vaterlandes« als Darstellung der ihnen zugrundeliegenden Einheit aufgefaßt werden – der Übergang vom Alten zum Neuen vollzieht sich auch hier in der Form des Tragischen (s. S. 94f.).

Hochwichtig für die Geschichtsphilosophie Hölderlins sind weiterhin seine Bemerkungen über das Verhältnis des Griechischen zum

»Hesperischen«, der antiken Kunst- und Lebensformen zu denen des Abendlands, der Moderne. In den späten Hymnen, die gleichzeitig zu den Sophokles-Übersetzungen entstehen, rückt das »Vaterländische« gegenüber der antiken Thematik, die etwa den »Hyperion« ganz beherrscht hatte, in den Vordergrund (s. S. 143). Hölderlin hat die Gründe für diese Wendung in zwei Briefen an Ulrich Böhlendorff (4. 12. 1801; IV, 1; 425ff. und wahrscheinlich im November 1802; VI, 1; 432f.) formuliert, sie liegen in der Einsicht in die grundsätzliche Verschiedenheit des antiken Geistes zum modernen, der nicht mehr, wie im »Hyperion«, nur als Degeneration begriffen wird, sondern in seinen spezifischen und unverzichtbaren Möglichkeiten, die in der »Klarheit der Darstellung« liegen, die ihm ebenso »ursprünglich« und »natürlich« sind »wie den Griechen das Feuer vom Himmel« gewesen ist (VI, 1; 426). Hölderlins Argumentation in den Böhlendorff-Briefen ist wiederum ähnlich pointiert wie der Gedankengang der Homburger Fragmente: gerade weil die Griechen die Klarheit nicht als natürliches Erbe besitzen, sind sie »vorzüglich in Darstellungsgaabe« (VI, 1; 426), während die Modernen sich um das »heilige Pathos« (VI, 1; 426) bemühen müssen, das den Griechen ein selbstverständliches künstlerisches Lebenselement war: »das eigentlich nationelle wird im Fortschritt der Bildung immer der geringere Vorzug werden« (VI, 1; 426). Dieses Paradox erinnert an die Dialektik von »Grundton« und »Kunstcharakter« in der Lehre vom Tönewechsel, nach der die jeweilige Grundbedeutung in einer fremden poetischen Ausdruckssphäre formuliert werden muß (s. S. 96).

Die »Anmerkungen zur Antigone« drücken diesen Zusammenhang in mythologischer Form aus; Zeus, der oberste Gott des griechischen Pantheons wird hier gedeutet als ein Gott der Klarheit und der Beschränkung im Irdischen, der den Tendenzen zur Auflösung, Entgrenzung und Selbstvernichtung entgegengesetzt ist, die auch in den Odenüberarbeitungen des Spätwerks abgewehrt werden (s. S. 112f.). Es ist der »Karakter« des Zeus, *»das Streben aus dieser Welt in die andre zu* kehren zu *einem Streben aus einer andern Welt in diese«* (V, 268). Dabei aber unterstehen die Modernen »dem eigentlicheren Zevs«, der »entschiedener zur Erde zwinget« (V, 269) als der griechische, so daß sie sich, wie es auch schon die Böhlendorff-Briefe formulieren, unbesorgter und ohne Gefahr der Selbstauflösung dem Zug zum Absoluten, dem »Wege in die andre Welt« (V, 269) überlassen können. Die Griechen haben die Tendenz »sich fassen zu können« (V, 269f.) zuweilen sogar übertrieben, und so unternimmt es Hölderlin auch, das sophokleische Original zu verbessern, indem er, wie er im eingangs zitierten Brief an Friedrich Wilmans (28. 9.

1803; VI, 1; 434) schreibt, das »Orientalische«, das Sophokles »verläugnet hat«, hervorhebt.

Das neugewonnene Selbstbewußtsein gegenüber der Antike, das sich in solchen Überlegungen ausdrückt, ist von Wilhelm Michel in einem sehr einflußreichen Aufsatz 1923 als Hölderlins »abendländische Wendung« bezeichnet worden. Die »Überwindung des Klassizismus« im Spätwerk (Szondi, 1970) bedeutet jedoch nicht, daß Hölderlin die Antike verwirft. Die poetische »Zuverlässigkeit«, der »gesetzliche Kalkul«, den die »Anmerkungen zum Ödipus« an der griechischen Kunst rühmen (V, 195), sind für die moderne Kunst im Gegenteil vorbildlich, allerdings werden diese Vorzüge jetzt historisch gesehen und damit relativiert.

Von den Übersetzungen Hölderlins aus dem Lateinischen ist zunächst die von Ovids »Phaëton« zu erwähnen, die er auf Schillers Anraten unternahm und die ursprünglich in der »Thalia« erscheinen sollte. Offensichtlich hat Schiller mit diesem Auftrag das Ziel verfolgt, seinen Schützling durch eine handwerkliche Fleißarbeit von den weltlosen Höhenflügen seiner Tübinger Lyrik abzulenken (Phaëton, ein Sohn des Sonnengottes Helios, stürzt mit dem Sonnenwagen ab, den er nicht zu lenken weiß!). Hölderlin schreibt 1796 in einem Brief an Neuffer, Schiller hätte »besser getan, wenn er mich gar nie mit dem albernen Problem geplagt hätte« (VI, 1; 205). Einen Einfluß auf das eigene Werk haben weiterhin vielleicht zwei Übersetzungen von Oden des Horaz von 1798 (aus der Zeit der intensiven Odendichtung also) gehabt, wobei allerdings merkwürdig ist, daß die übersetzten Gedichte nicht in den sonst von Horaz übernommenen Vermaßen, im asklepeiadischen oder alkäischen sind.

Literatur:

Zu den Übersetzungen allgemein und zu Hölderlins Verhältnis zur Antike

Hölderlins Antike-Rezeption stellt einen der Schwerpunkte im HJb 28 (1992/93) dar. Im HJb 29 (1994/95) sind Hölderlins Übersetzungen antiker Autoren einige grundsätzliche Aufsätze gewidmet. Eines der wichtigsten Bücher über den ganzen Komplex ist bisher erst auf Englisch erschienen: *Robin B. Harrison:* Hölderlin and Greek Literature. Oxford 1975. Die Editionsproblematik der in der FHA praktizierten Darbietungen von Hölderlins Übersetzungen (Pindar, FHA 15 und Sophokles, FHA 16 und Frühe Aufsätze und Übersetzungen, FHA 17) behandelt *Jochen Schmidt* (1995).

Beda Allemann: Hölderlin und Heidegger. Zürich/Freiburg 1954.
Ders.: Hölderlin zwischen Antike und Moderne. In: HJb 24 (1984/85) S. 29-62.

Friedrich Beißner: Hölderlins Übersetzungen aus dem Griechischen. Stuttgart 1933 (1961).
Renate Böschenstein-Schäfer: Hölderlins Gespräch mit Boehlendorff. In: HJb 14 (1965/66) S. 110-124.
Martin Heidegger: Hölderlins Erde und Himmel. In: M. H.: Erläuterungen zu Hölderlins Dichtung. Frankfurt a. M. 5. Auflage 1981. S. 152-181.
Uvo Hölscher: »Dort bin ich, wo Appolo gieng«. Hölderlins Weg zu den Griechen. In: Turm-Vorträge (1987/88). Tübingen 1988. S. 7-26.
Ders.: Hölderlins Umgang mit den Griechen. In: Jamme/Pöggeler (Hrsg.): Jenseits des Idealismus. Stuttgart 1988. S. 319-337.
Walter Hof: Zur Frage einer späten »Wendung« oder »Umkehr« Hölderlins. In: HJb 11 (1958/60) S. 120-159.
Ders.: Probleme der Hölderlin-Interpretation. In: W. H.: Die Schwierigkeit, sich über Hölderlin zu verständigen. Fast eine Streitschrift. Tübingen 1977. S. 47-76.
Flemming, Roland-Jensen: Die hesperische Landschaft der Mitte. Ein Beitrag zu Hölderlins vaterländischem Denken. In: Text und Kontext 4 (1976) Heft I. S. 31-40.
Hans Joachim Kreutzer: Kolonie und Vaterland in Hölderlins später Lyrik. In: HJb 22 (1980/81) S. 18-46.
Wilhelm Michel. Hölderlins abendländische Wendung. In: W. M.: Hölderlins Wiederkunft. Wien 1943. S. 57-109.
Jochen Schmidt: »Eigenhändig aber verblutete er«. Zur Problematik moderner Übersetzungs-Editionen am Beispiel der Frankfurter Hölderlin-Ausgabe. In: JdSG 39 (1995) S. 230-249.
Peter Szondi: Überwindung des Klassizismus. Der Brief an Böhlendorff vom 4. Dezember 1801. In: P. S.: Hölderlin-Studien. Frankfurt a. M. 1970. S. 95-118.
Jacque Taminiaux: La nostalgie de la Grèce à l'aube de l'Allemagne classique. In: Turm-Vorträge (1987/88). Tübingen 1988. S. 27-43.

Pindar

In *Albrecht Seiferts* Buch (1982) sind die Bezüge zu Pindar bis ins Detail sehr gründlich und ausführlich nachgewiesen worden; die beste Einführung in die »Pindar-Fragmente« ist der Aufsatz von *Killy* (1956).

Manfred Baum: Hölderlins Pindar-Fragment »Das Höchste«. In: HJb 13 (1963/64). S. 65-76.
Maurice Bernhard Benn: Hölderlin and Pindar. Den Haag 1962.
Bernhard Böschenstein: Göttliche Instanz und irdische Antwort in Hölderlins drei Übersetzungsmodellen. Pindar: Hymnen – Sophokles – Pindar: Fragmente. In: HJb 29 (1994/95) S. 47-63.
Dieter Bremer und Christiane Lehle: Zu Hölderlins Pindar-Übersetzung. Kritischer Rückblick und mögliche Perspektiven. In: Neue Wege zu Hölderlin. Hrsgg. von Uwe Beyer. Würzburg 1994. S. 71-111.

David Constantine: Hölderlins Pindar: The language of translation. In: The modern language review 73 (1978) S. 825-834.
Markus Fink: Pindarfragmente. Neun Hölderlin-Deutungen. Tübingen 1982.
Michael Franz: Die Schule und die Welt. Studien zu Hölderlins Pindarfragment »Untreue der Weisheit«. In: Jamme/Pöggeler (Hrsg.): Jenseits des Idealismus. Stuttgart 1988. S. 139-156.
Michael Franz und Michael Knaupp: Zum Delphin. Eine hermeneutische Expedition. In: LpH 8 (1988) S. 27-38.
Norbert von Hellingrath: Pindarübertragungen von Hölderlin. Prolegomena zu einer Erstausgabe. Jena 1911.
Clemens Menze: Weisheit und Bildung. Eine Interpretation zu Hölderlins Pindarfragment »Untreue der Weisheit«. In: Jamme/Pöggeler (Hrsg.): Jenseits des Idealismus. Stuttgart 1988. S. 157-172.
Walter Killy: Welt in der Welt. Friedrich Hölderlin. In: W. K.: Wandlungen des lyrischen Bildes. Göttingen 1956. S. 30-51.
Rainer Nägele: Vatertext und Muttersprache. Pindar und das lyrische Subjekt in Hölderlins späterer Dichtung In: LpH 8 (1988) S. 39-52.
Emil Petzold: Hölderlins Brod und Wein. Ein exegetischer Versuch. Sambor 1896 (Darmstadt 1967).
Ludwig von Pigenot: Pindar und Hölderlin. In: Der Spiegel. Jahrbuch des Propyläen-Verlages 2 (1924) S. 29-33.
Albrecht Seifert: Die Rheinhymne und ihr Pindarisches Modell. Struktur und Konzeption von Pythien 3 in Hölderlins Aneignung. In: HJb 23 (1982/83) S. 79-133.
Ders.: Untersuchungen zu Hölderlins Pindar-Rezeption. München 1982.
Ders.: »Die Asyle«. Überlegungen zu einer Interpretation des Hölderlinschen Pindarfragments. In: Jamme/Pöggeler (Hrsg.): Jenseits des Idealismus. Stuttgart 1988. S. 173-180.
Günther Zuntz: Über Hölderlins Pindar-Übersetzung. Marburg 1928.

Sophokles

Als Einführung in die »Anmerkungen« zur Übersetzung des Sophokles eignen sich der Aufsatz von *Meta Corssen* und die Einführung zur englischen Übersetzung *von Jeremy Adler* sowie der Aufsatz *von Binder.* Das HJb 26 (1988/89) behandelt als einen Schwerpunkt neuere Forschungsbeiträge zu Hölderlins Sophoklesübersetzungen.

Jeremy Adler: Introduction. In: Friedrich Hölderlin: On Tragedy. Noteson the Oedipus and the Antigone. Translated with an introduction by Jeremy Adler: In: Comparative Criticism 5 (1983) S. 205-244 und 7 (1985) S. 147-173.
Maurice Bernhard Benn: Hölderlin and Sophocles. In: German life and letters 12 (1958/59) S. 161-173.
Wolfgang Binder: Hölderlin und Sophokles. In: HJb 16 (1969/70) S. 19-37.
Ders.: Hölderlin und Sophokles. Eine Vorlesung, gehalten im Sommerse-

mester 1984 an der Universität Zürich. In: Turm-Vorträge 1992. Hrsgg. von Uvo Hölscher unter Mitarbeit von Valérie Lawitschka. Tübingen 1992.

Bernhard Böschenstein: »Die Nacht des Meers«. Zu Hölderlins Übersetzungen des ersten Stasimons der »Antigone«. In: Studien zur deutschen Literatur. Festschrift für Adolf Beck. Heidelberg 1979. S. 103-112 [auch in: B. B. (1989), s. S. 162. S. 37-53].

Ders.: Gott und Mensch in den Chorliedern der Hölderlinschen *Antigone.* In: Jenseits des Idealismus (1804-1806). Hrsgg. v. Christoph Jamme und Otto Pöggeler. Bonn 1988. S. 123-136 [auch in: B. B. (1989) S. 54-71].

Bertolt Brecht: Die Antigone des Sophokles. Materialien zur Antigone. Frankfurt a. M. 1965.

Walter Bröcker: Zu Hölderlins Ödipus-Deutung. In: Martin Heidegger zum 70. Geburtstag. Pfullingen 1959. S. 19-23.

Meta Corssen: Die Tragödie als Begegnung zwischen Mensch und Gott. Hölderlins Sophokles-Deutung. In: HJb 3 (1948/49) S. 139-187.

Klaus Düsing: Die Theorie der Tragödie bei Hölderlin und Hegel. In: Jamme/Pöggeler (Hrsg.): Jenseits des Idealismus. Stuttgart 1988. S. 55-82.

Ernst Emmert: Hölderlin und die griechische Tragödie. Untersuchung der Anmerkungen und Übersetzungen von Sophokles' Tragödien. Freiburg 1928.

Hellmut Flashar: Hölderlins Sophoklesübersetzungen auf der Bühne. In: Jamme/Pöggeler (Hrsg.): Jenseits des Idealismus. Stuttgart 1988. S. 291-317.

Michael Franz: Hölderlins Hesperien. In: Poesie und Philosophie in einer tragischen Kultur. Texte eines Hölderlin-Symposiums mit einem Bildteil. Würzburg 1995. S. 13-24.

Hans Frey: Deutsche Sophoklesübersetzungen. Grenzen und Möglichkeiten der Übersetzung am Beispiel der Tragödie »König Ödipus« von Sophokles. Winterthur 1964.

Gerhard Kurz: Poetische Logik. Zu Hölderlins »Anmerkungen« zu »Oedipus« und »Antigone«. In: Jamme/Pöggeler (Hrsg.): Jenseits des Idealismus. Stuttgart 1988. S. 83-102.

Philippe Lacoue-Labarthe: Die Zäsur des Spekulativen. In: HJb 22 (1980/81) S. 203-231.

Fred Lönker: Hölderlins Sophoklesübersetzung. III: »Unendliche Deutung«. In: HJb 26 (1988/89) S. 287-303.

Klaus Nickau: Hölderlins Sophoklesübersetzung. II: Die Frage nach dem Original. In: HJb 26 (1988/89) S. 269-286.

Lawrence Ryan: Hölderlins Antigone: »wie es vom griechischen zum hesperischen gehet«. In: Jamme/Pöggeler (Hrsg.): Jenseits des Idealismus. Stuttgart 1988. S. 103-122.

Wolfgang Schadewaldt: Hölderlins Übersetzung des Sophokles. In: Hellas und Hesperien. Zürich/Stuttgart 1970. Bd. II. S. 275-332.

Jochen Schmidt: Tragödie und Tragödientheorie. Hölderlins Sophokles-Deutung. In: HJb 29 (1994/95) S. 64-82.

Hans Schrader: Hölderlins Deutung des »Ödipus« und der »Antigone«. Die »Anmerkungen« im Rahmen der klassischen und romantischen Deutungen des Antik-Tragischen. Bonn 1933.
Friedrich Seebaß: Hölderlins Sophocles-Übertragungen im zeitgenössischen Urteil. In: Philologus 77, Neue Folge 31 (1921) S. 414-421.
Karl Reinhardt: Hölderlin und Sophokles. In: Hölderlin. Beiträge, 1961. S. 287-303.
Horst Turk: Hölderlins Sophoklesübersetzung. I: Das Beispiel Hölderlins. In: HJb 26 (1988/89) S. 248-268.

Sonstiges

Jerry Hosmer Glenn: Hölderlin's Translations from the Latin. Mss. Diss. Austin/Texas 1964.
Robert Kerber: Hölderlins Verhältnis zu Homer. In: Philologus 80 (1925) S. 1-66.
Wolfgang Schadewaldt: Hölderlin und Homer. In: HJb 4 (1950) S. 2-27 (Teil 1) und in HJb 7 (1953) S. 1-53 (Teil 2).

Die späten Hymnen

Hölderlins späte Hymnen begründeten seinen Ruhm im 20. Jh. Ihre Herausgabe (1916, durch Norbert von Hellingrath, s. S. 2) machte den »stillen und feinen Nebenpoeten mit rührender vita« (so charakterisierte Adorno das Hölderlin-Bild des 19. Jh.s, 1965, S. 156) zu einer Hauptfigur der deutschen Literaturgeschichte, zu einem Kultgegenstand der geistigen Aufbruchsbewegungen nach 1900 (s. S. 174f.). Diese verspätete Rezeption hat verschiedene Gründe. Die späten Hymnen und Fragmente – seit 1800 bis 1803 (Beißner in der Stuttgarter Ausgabe) oder vielleicht noch später (Uffhausen, HJb 22 (1980-81) und »Bevestigter Gesang« 1989) entstanden – sind zum größten Teil in nur sehr schwer lesbaren und fast unedierbaren Manuskripten überliefert: eine Überarbeitungsschicht liegt über der anderen, und für solche Texte wurden erst in unserem Jahrhundert mehr oder weniger angemessene Editionsmethoden entwikkelt. Einigkeit darüber, wie die späten Gesänge am besten ediert werden sollten, existiert bis heute nicht. Es gibt aber auch inhaltliche Gründe: die Thematik des Spätwerks gehört in den Kontext einer im 19. Jh. verdrängten und erst durch den Georgekreis (s. S. 175) wiederbelebten Tradition des ästhetisch-mythischen Utopismus. In den späten Hymnen befaßt sich Hölderlin mit der ästhetischen Epiphanie des Göttlichen, mit den Bedingungen, Möglichkeiten, Gefahren einer Vermittlung des Absoluten und der gesellschaftlichen Lebensformen: der Dichter ist zugleich Priester und Prophet. Das formale Hauptmerkmal der späten Hymnen ist die Verwendung von freien Rhythmen (Goethe und Klopstock führten sie in Anlehnung an Pindar in die deutsche Literatur ein). Pindar ist überhaupt das wichtigste literarische Vorbild; sein Einfluß ist besonders in der ersten späten Hymne, »Wie wenn am Feiertage...« spürbar, wo sich Hölderlin eng anschließt an den Strophenbau des antiken Dichters und an dessen metrische Formen, die er sich durch seine Übersetzungen seit dem Frühjahr 1800 intensiv angeeignet hatte.

Die Gattungsbezeichnung »vaterländische Gesänge« (VI, 1; 436), die sich seit der Stuttgarter Ausgabe für die späten Hymnen etabliert hat, spielt auf die Wendung vom Griechischen zum Abendländisch-Hesperischen an, mit der sich Hölderlin in den Anmerkungen zur Antigone-Übersetzung und in der Korrespondenz mit Böhlendorff (s. S. 137) auseinandersetzt. Die späten Hymnen sind die Realisierung der hier entwickelten Konzeption einer Poesie, die nach langem »Dienste des griechischen Buchstabens« (VI, 1; 422) wieder beginnt, »vaterländisch und natürlich, eigentlich originell zu singen« (VI, 1; 433). Die erste Strophe von »Germanien« stellt die Wendung von den Götterbildern »in dem alten Lande« zu den »heimatlichen Wassern« dar, zur vaterländischen Gegenwart also, die unter den »Verheißungen« des »Himmels« der Antike geschichtsphilosophisch ebenbürtig wird (II, 1; 149).

Das Verhältnis des Vaterlands zum Göttlichen – solche erhabene Thematik läßt alle Erlebnislyrik hinter sich: »Übrigens sind Liebeslieder immer müder Flug«, heißt es in einem Brief an den Verleger Friedrich Wilmans, »ein anders ist das hohe und reine Frohloken vaterländischer Gesänge« (VI, 1; 436). Mit dem Begriff des Vaterlands tritt die gesellschaftlich-nationale Problematik in den Mittelpunkt. Die Dichtung beansprucht öffentliche Verbindlichkeit. Der hymnische Gesang ist nur ein Präludium zu einem »Chor des Volks«, der Poet nur Stellvertreter der noch stummen »offnen Gemeine«, in deren Gesang seine Hymnen zukünftig aufgehen werden (II, 1; 123: »Der Mutter Erde«).

Wie sich in den Manuskripten des Spätwerks die Schichten der Textentstehung vielfach überlagern und überblenden, so amalgamiert Hölderlin in seinen Hymnen nach 1800 die verschiedensten motivischen und gedanklichen Materialien seines bisherigen Werkes. Es entstand eine unabgeschlossene, lebendig-fließende Poesie, die in ihrem »Entwurfscharakter« (Frankfurter Ausgabe, Einleitungsband, S. 18) umso suggestiver wirkt. Ulrich Gaier schlägt vor, diese nur bedingt fertigen Gedichte, wie sie beispielsweise im Homburger Folioheft überliefert sind, als »Flächen voll Baumaterialien« zu betrachten, »über deren endgültige Zusammenstellung selten plausible Aussagen gemacht werden können« (vgl. Gaier 1993, S. 411f.). In besonderer Weise betrifft dieses Problem offenkundig auch die Edition. Nicht zuletzt als Antwort auf die integrative textdynamische Darstellung der Frankfurter Ausgabe dieser späten Textstufen hat sich die Forschung der jüngeren Vergangenheit intensiv mit der Frage beschäftigt, in welcher Art und Weise die späten Überarbeitungsschichten (etwa von »Brod und Wein« oder »Heimkunft«) für ein Verständnis des Spätwerks herangezogen werden sollten. Während die einen dafür plädieren, die heftig umstrittenen späten Änderungen als »keineswegs zum Abschluß« gelangte »Phase innerhalb eines Verlaufs« anzusehen, den äußere Umstände abgebrochen haben (Böschenstein (1977 und 1992 und Almhofer 1986, s. S. 131), und damit den unfertigen, unvollkommenen Status und die abgeschlossene Fassung der StA betonen, hält es Wolfram Groddeck für wahrscheinlich, daß etwa »die erhaltenen Korrekturen im Homburger Folioheft eine im wesentlichen ausformulierte *Vorstufe* einer heute verschollenen Reinschrift aller drei Elegien bilden« (Groddeck, in: HJb 28, 1992/93), S. 249 und ders.: 1994, s. S. 131). Er tritt dafür ein, diese Vorstufe im Sinne Louis der »critique génétique« als sogenannten »avant-texte« (Jean Bellemin-Noel) zu begreifen. In editorischer Hinsicht erachtet es Ulrich Gaier in diesem Zusammenhang für sinnvoll, das Manuskript als »Material-Landschaft« zu betrachten, »in der potentiell viele Wege begehbar, viele Kombinationen und Weglassungen möglich sind« (Gaier 1993, S. 412). Der Edition komme dabei die Aufgabe zu, die genetischen Vorgänge so weit als möglich transparent zu machen. Dieter Burdorf wendet Gaiers Blick von der Edition zurück auf die Rezeption und spricht programmatisch von der Notwendigkeit einer »topographischen Lektüre«. Hölderlins späte Fragmente seien mit dem »herkömmlichen literaturwissenschaftlichen Instrumentarium nicht zu fassen«, ihre eigentümliche Beschaffenheit als »Textur« mache die eigentliche Aneignung in der Weise überkommener Rezeptionsformen wie des »üblichen« Lesens unmöglich (Burdorf 1994, S. 113). Gerade weil viele der Fragmente als dunkle, schwierige Sprachgebilde erscheinen, bleibt es entscheidend, die Motive, die Hölderlin hier verwendet, in ihrer ganzen anspielungsreichen Komplexität zu verstehen (vgl. auch Karl Maurer 1995, S. 115).

Das zentrale Moment im Motivzusammenhang des Spätwerks ist durch die hymnische Gattungstradition vorgegeben: es ist die ursprüngliche kultische Aufgabe der Hymne, die Erscheinung Gottes (seine Epiphanie) zu rufen und zu kommentieren. Das Absolute, das in den späten Hymnen herbeigerufen wird, ist allerdings nicht identisch mit den »Idealen der Menschheit«, dem Pantheon heroischer gesellschaftlicher Leitbegriffe, das im Mittelpunkt der »Tübinger« Hymnik Hölderlins (s. S. 69ff.) stand. Es scheint überhaupt weder mythologisch noch christlich, weder metaphysisch noch politisch oder philosophisch eindeutig bestimmbar zu sein. Die absolute Sphäre des Spätwerks ist eine »göttlich-unendliche Lebensenergie« (Schmidt, 1970, S. 7), die die verschiedenen Inhalte des früheren Werks in sich aufgehoben hat und deren Epiphanie diese Inhalte in wechselnden Konstellationen hervortreten läßt.

In den späten Hymnen erscheint einerseits ein *»philosophischer* Gott«: das Absolute ist zu verstehen auf dem Hintergrund der philosophischen Versuche Hölderlins, das Wesen des Göttlichen und sein Verhältnis zur Wirklichkeit und zur Poesie zu bestimmen. In »Der Rhein« heißt es, daß die »Himmlischen«, die »an eigner/Unsterblichkeit [...] genug« haben, die Menschen »brauchen« (II, 1; 145). Das Irdische ist für die Götter deshalb notwendig, weil sie »nichts fühlen von selbst« (II, 1; 145). Man erkennt hier Bestimmungen des Göttlichen wieder, die Hölderlin in seinen Homburger poetischen Fragmenten entwickelt, wenn er etwa (in »Über den Unterschied der Dichtarten«) die »Fühlbarkeit des Ganzen« abhängig macht von »eben dem Grade und Verhältnisse [...], in welchem die Trennung in den Theilen [...] fortschreitet« (IV, 1; 269) oder wenn er in »Über die Verfahrensweise des poetischen Geistes« zeigt, daß die »gemeinschaftliche Seele, die allem und jedem gemein und jedem eigen ist«, sich nur realisieren kann unter der »Forderung [...], aus sich heraus zu gehen, und in einem schönen Fortschritt und Wechsel sich in sich selbst und in anderen zu reproduzieren« (IV, 1; 241).

In den philosophisch-poetologischen Fragmenten wird also eine Notwendigkeit für das Absolute begründet, sich dem Irdischen zu offenbaren, in ihm sich auszudrücken. Die göttliche Einheit kann sich nicht realisieren, wenn sie bei sich bleibt; ohne einen Gegenpol irdischer Partikularität und Entzweiung, an dem sie sich bewähren kann, bleibt sie leer, ein Nichts, das in seiner eigenen Vollkommenheit kreist. Diese Gedankenfigur, die in den poetologischen Schriften die Notwendigkeit des »Wechsels« begründete, liegt auch der Vorstellung der göttlichen Epiphanie in den Hymnen zugrunde. Damit zusammenhängend entwickelt Hölderlin die Vorstellung eines in der geschichtlichen Lebenswelt *verborgenen Gottes,* dessen Wesen sich nur vermittelt, in den Wirkungen seiner Epiphanie offenbart; »Mnemosyne« erwähnt den »Mantel« Gottes (II, 1; 198), das Fragment »Griechenland« sein »Gewand« (II, 1; 257f.). Die Offenbarung Gottes ist zugleich seine Verhüllung. »Das Menschen Leben« ist »ein Bild der Gottheit« (II, 1; 209 »Was ist der Menschen Leben...?«). Die Deutung der »Zeichen« göttlicher Anwesenheit in der Realität des »Vaterlands« ist die Aufgabe des hymnischen Dichters: »der Vater aber liebt, / Der über allem waltet, / Am meisten, daß gepfleget werde / Der veste Buchstab, und Bestehendes gut / Gedeutet. / Dem folgt deutscher Gesang« (II, 1; 172 »Patmos«).

In der Beschreibung dieser »lebenspraktischen Epiphanie« wird der Zusammenhang des Göttlichen im Spätwerk mit der aus dem früheren Werk vertrauten *Einheitsutopie* deutlich. In »Der Rhein« wird die Erscheinung des Absoluten imaginiert als ein »Brautfest« der Menschen und Götter, ein utopisches Tableau, aus dem Gottes Wesen abgelesen werden kann: das Leben verwandelt sich in ein Fest, das die Widersprüche des »Schicksals« befriedet, in das Bild eines Zustands, »worin Menschliches sich ungehindert entfalten könnte, worin eine Gemeinschaft freier Subjekte Gewalt und Herrschaft überflüssig machte, die unterdrückte Natur wieder zu ihrem Recht käme« (Binder, 1975-77, S. 131). Wenn das Absolute im Irdischen anwesend ist, finden die Flüchtlinge eine Herberge, die heroischen »Tapfern« den Schlaf, und die »Unversöhnten« reichen sich die Hände. Die Welt steht unter dem Zeichen der Liebe, und die Liebenden sind in ihr »zu Hauße« (II, 1; 147f.). Auch die im Hymnenwerk der Spätzeit dominierende Idee Gottes also ist bestimmt durch den Begriff der Einheit, der sich durch Hölderlins gesamtes Werk wie ein roter Faden zieht, jene Einheit, die im »Hyperion« als geschichtsbildende Idee dargestellt wurde und deren philosophische Struktur Hölderlin in seinen Homburger Schriften untersuchte. An den Bruder schreibt er 1801: »Alles unendliche Einigkeit, aber in diesem Allem ein *vorzüglich Einiges* und Einigendes, das, *an sich, kein Ich* ist, und dieses sei unter uns Gott!« (VI, 1; 419).

Die »epiphanische Geschichtskonstruktion« (Lepper, 1972, S. 140) des Spätwerks, in deren Zeichen die historische Zeit, das »Vaterland«, zu einem Advent vor der »Einkehr« Gottes relativiert wird, ist dabei keine Abkehr von der früheren *geschichtsphilosophischen und politischen Thematik.* Das zeigt sich besonders deutlich an der Hymne »Die Friedensfeier«. Das erst 1954 in London aufgefundene Manuskript dieses Textes ist die Endfassung dreier schon vorher bekannter Entwürfe mit dem Titel »Versöhnender, der du nimmergeglaubt...«. Seine Thematik ist zugleich historisch und chiliastisch. Der Anlaß der Hymne ist ein Ereignis der Zeitgeschichte, der Friedensschluß zu Lunéville zwischen der jungen französischen Militärdiktatur unter Napoleon und der österreichischen Vormacht der antifranzösischen Koalition im Jahr 1801. Die Publizistik der Zeit sah in dem Dokument (zu Unrecht) die entscheidende Voraussetzung für eine Beendigung der Koalitionskriege; Hölderlin greift in seiner Hymne diese Stimmungen auf und deutet den Friedensschluß um im Sinne seines chiliastisch-epiphanischen Geschichtsbildes. Der Friede erscheint nicht primär als Geschichtsereignis, sondern die Vereinbarung der politischen Mächte bedeutet die Aufhebung der Zeit, die Epiphanie Gottes im Ausgleich aller Differenzen: »So dünkt mir jezt das Beste, / Wenn vollendet sein Bild und fertig ist der Meister, / Und selbst verklärt davon aus seiner Werkstatt tritt, / Der stille Gott der Zeit und nur der Liebe Gesez, / Das schönausgleichende gilt von hier an bis zum Himmel.« (III, 535f.) Die Anwesenheit des Absoluten in der Geschichte hebt allen Streit auf und bewirkt einen utopisch-paradiesischen Weltzustand, »da Herrschaft nirgend ist zu sehn bei Geistern und Menschen.« (III, 534). In einem Brief aus der Zeit nach dem Friedensschluß skizziert Hölderlin die politischen Hoffnungen, die in der Hymne im Bild der Epiphanie erscheinen, folgendermaßen: »daß der Egoismus in allen seinen Gestalten sich beugen wird unter die heilige Herrschaft der Liebe und Güte, daß Gemeingeist über alles [...] gehen, [...] diß mein' ich, diß seh' und glaub' ich [...] (VI, 1; 407). Das Gesellschaftsbild, das den Freischärlern im »Hyperion« vorschwebte (s. S. 77f.), ist hier im Kontext des Spätwerks neu formuliert.

In der »erhabenen«, sakralen und zugleich »vaterländisch«-öffentlich intendierten Sphäre des Spätwerks wird die Rolle des *Dichters* neu definiert; er wird zum *Priester,* zum prophetischen *Seher,* dem die Aufgabe einer Vermittlung zwischen dem Absoluten und dem »Volk« zufällt (»Doch uns gebührt es, unter Gottes Gewittern, / Ihr Dichter! mit entblößtem Haupte zu stehen, / Des Vaters Stral, ihn selbst, mit eigner Hand/zu fassen und dem Volk ins Lied/ Gehüllt die himmlische Gabe zu reichen« II, 1; 119f. »Wie wenn am Feiertage...«, oder zum Propheten, der die nahe Epiphanie voraussagt (»Denn die da kommen sollen, drängen uns, / Und länger säumt von Göttermenschen / Die heilige Schaar nicht mehr im blauen Himmel« II, 1; 150 »Germanien«). Diese Rolle ist ehrenvoll, aber gefährlich. Denn für den zum Priester gewordenen Dichter besteht die Versuchung, sich nicht mit der vermittelten Erscheinung Gottes in den irdischen »Zeichen« zu begnügen, er mag versuchen, Gott unmittelbar zu erfahren. Dieser Versuch begegnet einer weiteren Erscheinungsform des Absoluten im Spätwerk, den *schrecklichen, vernichtenden Aspekten der Gottheit,* deren Ambivalenz immer wieder in der Metapher des Feuers verdeutlicht wird (»Wie Feuer, in Städten, tödtlichliebend, / Sind Gottes Stimmen« II, 1; 185, »Patmos«). Das göttliche Feuer entführt den Irdischen zwar in den absoluten Bereich, jedoch um den Preis seiner Vernichtung. Wer nicht »Ungleiches dulden« (II, 1; 145), die vielfache Gebrochenheit und Partikularität der Wirklichkeit aushalten will, über den wird das »Gericht« der Götter verhängt, das darin besteht, »daß sein eigenes Haus / Zerbreche der und das Liebste / Wie den Feind schelt' und sich Vater und Kind / Begrabe unter den Trümmern« »Der Rhein«, II, 1; 145); der »Schwärmer«, der »wie sie, seyn will«, wird von den Göttern dadurch bestraft, daß er sein irdisches Glück zerstört und den Gott im Tode erkennt. Wer das Göttliche mit dem Menschlichen vermischt, ist ein »falscher Priester«, der »tief unter die Lebenden« geworfen wird (II, 1; 120 »Wie wenn am Feiertage...«) – die Parallele zum »Empedokles« ist deutlich (s. S. 120).

Die Gefahr, die von unmittelbarer Erfahrung des Absoluten ausgeht, erklärt die allgegenwärtige *Beschwörung objektiver Ordnungen* im Spätwerk (»Ungebundenes aber / Hasset Gott« (II, 1; 159) »Der Einzige«), die Furcht, über der Erfahrung Gottes die Geborgenheit des objektiv-institutionalisierten Geistes und das Selbstbewußtsein zu verlieren an eine unbedingte Einheitserfahrung, die alle Differenzierungen vernichten und damit das Menschliche aufheben würde (»Und immer / Ins Ungebundene gehet eine Sehnsucht. Vieles aber ist / Zu behalten. Und Noth die Treue.« (II, I; 197) »Mnemosyne«). Dieselbe Gegenströmung zum hymnischen Enthusiasmus zeigt sich auch in den späten Überarbeitungen des Odenwerks, die geradezu einen »Widerruf« (Schmidt, 1978) der »ungebundenen« Verehrung des Göttlichen enthalten (s. S. 112f.).

Es ist denkbar, daß sich in der Angst vor einer gefährlichen, weil das Kontinuum irdisch-menschlicher Bewußtseinsformen zerstörenden Erfahrungen des Absoluten auch die herannahende Psychose zeigt; psychotische Dissoziations- und Desintegrationserfahrungen werden oft als Überwältigung durch eine übermenschliche Macht symbolisiert.

Im Spätwerk, in dem die Thematik einer »Vermittlung« des Göttlichen dominiert, spielen menschlich-göttliche Zwischenwesen, die *Heroen und Halbgötter,* eine entscheidende Rolle. Historisch-vaterländischen Figuren wie Konradin oder Ulrich v. Württemberg, antiken Heroen wie Herakles oder dem Halbgott Dionysos gleichgestellt wird Christus, der Heros des Abendlandes.

Schon in den Tübinger Hymnen oder im »Hyperion« repräsentiert der Held als poetische Figur eine Einheit des Absoluten, des »Substantiellen« (Hegel, Werke 13, S. 237), mit der konkreten Individualität. Von Achill etwa hieß es in einem frühen poetologischen Fragment, es sei sein Gesetz, daß sich seine »Individualität« »allem und jedem [...], was ihn umgiebt« (IV, 1; 231), mitteile. In der Sphäre des Heroischen versöhnt sich der göttliche Wesenskern eines

Menschen mit der ihm entgegenstehenden chaotisch-geistlosen inneren und äußeren Wirklichkeit; die heroische Tat ist Sinnbild einer solchen aktiven Vermittlungsarbeit. Im Kontext des hymnischen Spätwerks erscheint sie etwa in »Der Rhein«, wo der Fluß in der 5. Strophe in die mythische Gestalt des Herakleskindes in der Wiege changiert, das die von Hera geschickten Schlangen zerreißt – in Hölderlins Bildhorizont die Nebenflüsse, die den heroischen Strom von dem Lebenslauf abbringen wollen, der ihm durch sein Wesen vorgeschrieben ist:

> Wo aber ist einer,
> Um frei zu bleiben
> Sein Leben lang, und des Herzens Wunsch
> Allein zu erfüllen, so
> Aus günstigen Höhn, wie der Rhein,
> Und so aus heiligem Schoose
> Glücklich geboren, wie jener?
> (II, 11; 143).

Im Bild des Heroischen verliert die Wirklichkeit ihre für die Subjektivität undurchdringliche Eigengesetzlichkeit und wird transparent für den Geist; schon darum hat der Heros im »epiphanischen« Spätwerk seinen zentralen Platz.

Die Sphäre des Halbgöttlichen gehört aber auch deshalb in die hymnische Gattung, weil sich in ihr der Gott mit dem Menschen versöhnt hat; der Mythos erklärt die Existenz von Halbgöttern mit der Liebe eines Gottes zu einer menschlichen Frau. Hölderlins erste späte Hymne, »Wie wenn am Feiertage...«, schildert die Geburt des Dionysos im Moment der göttlichen Offenbarung im Blitz, der, wie Hölderlin an Böhlendorff schreibt, »unter allem, was ich schauen kann von Gott« (VI, 1; 427) seine deutlichste Epiphanie ist. In diesem »Zeichen« – im Fragment »Was ist Gott...« der »Zorn« des Gottes genannt (II, 1; 210) – bringt das Absolute sein unmittelbar »tödtlichliebendes« Wesen zum Ausdruck – Zeus erschlägt in seiner Epiphanie die menschliche Geliebte: »So fiel, wie Dichter sagen, da sie sichtbar / Den Gott zu sehen begehrte, sein Bliz auf Semeles Haus / Und die göttlichgetroffne gebahr, / Die Frucht des Gewitters, den heiligen Bacchus.« (II, 1; 119 »Wie wenn am Feiertage...«)

Aus der Wirklichkeit, die die unmittelbare Berührung Gottes vernichtet hat, entsteht ein Bild des Göttlichen, der Halbgott Dionysos, dessen Wirkungen – im Gegensatz zur »zornigen« Offenbarung des Zeus im Blitz – segensreich und einheitsstiftend sind. In »Der Einzige« ist Dionysos ein zivilisationsstiftender und die Naturmächte besänftigender Gott, der »An den Wagen spannte / Die Tyger und hinab / Bis an den Indus / Gebietend freudigen Dienst / Den Weinberg stiftet und / Den Grimm bezähmte der Völker« (II, 1; 154 »Der Einzige«).

Die vaterländischen Gesänge stellen allerdings nicht die antikmythischen Halbgötter ins Zentrum ihrer Verkündigung, sondern *Christus,* in dessen Leben sich Gott dem Abendland geoffenbart hat. »Der Einzige«, Jesus Christus, wird *als vaterländische Gestalt der Vermittlung* gedeutet: »Mein Meister und Herr! O du, mein Lehrer! Was bist du ferne / Geblieben? und da / Ich fragte unter den Alten, / Die Helden und / Die Götter, warum bliebest / Du aus?« (II, 1; 154) In der Figur Christi vereinigt Hölderlin das Motiv des Vaterländischen mit dem der Epiphanie, die Religiosität des Abendlandes mit der der Antike zu einer einheitlichen utopischen Konzeption der Anwesenheit des Absoluten im geschichtlichen Prozeß. Tagespolitisch-vaterländische Stimmungen mischen sich in den Hymnen mit der Beschwörung des Höchsten, beiläufigste Realität mit dem Ideal. Gerade die Vieldeutigkeit der epiphanischen Utopie in den späten Hymnen ist der Grund für ihre rezeptionsgeschichtliche Fruchtbarkeit, für die vielfältigen Anregungen, die von Hölderlins Spätwerk ausgingen. Diese Vieldeutigkeit wurde eindrucksvoll demonstriert, als 1954 das Manuskript der »Friedensfeier« entdeckt wurde. Um die Interpretation einer göttlich-unsterblichen Gestalt in diesem Text, um den »Fürsten des Fests«, dessen Epiphanie den Frieden als utopischen Weltzustand begleitet, entbrannte eine Diskussion, die, wie eine Flut von Feuilletonartikeln beweist (HJb 9, 1955/56, S. 105-109), zu einer Angelegenheit der gebildeten Öffentlichkeit wurde und als rezeptionsgeschichtliches Phänomen Ähnlichkeiten mit den durch Pierre Bertaux' Veröffentlichungen ausgelösten Debatten in den 60er und 70er Jahren hat (s. S. 44ff. und 54ff.). Der »Fürst des Fests« wurde von Karl Kerényi – mit wohl ungenügenden Argumenten – als Napoleon interpretiert, in jüngster Zeit hat Ulrich Gaier noch einmal an die Relevanz der Napoleon-These erinnert (vgl. Gaier 1993, S. 318f.); mit seiner These provozierte Kerényi eine Fülle von Repliken und Gegenrepliken, die versuchten, das Wesen dieser Gestalt festzulegen. Es bildeten sich drei Hauptgruppen von Interpretationen: eine Gruppe glaubte, den »Fürsten des Fests« historisch konkretisieren zu können (Allemann, Angelloz, Kerényi), eine andere sah in ihm eine theologisch oder mythologisch positiv bestimmbare Gottheit, etwa Helios, Christus oder Dionysos (Bröcker, Buddeberg, H. Buhr, Corssen, Hof, Lachmann, v. Pigenot, Przywara; Mommsen für die Dionysos-These), eine dritte Gruppe schließlich lehnte eine allzu eindeutige historische oder theologisch-mythologische Identifikation ab und betonte, daß die Figurationen des Göttlichen in Hölderlins Werk den Charakter historisch-philosophischer Allegorien tragen, deren komplexe Bedeutungsstruktur durch konkretistische Interpretation verfälscht wird (Beißner, Binder, Böckmann, Bröcker, Szondi, Schmidt). Diese Gruppe von Interpreten sieht in dem »Fürsten des Fests« den Frieden als irdische Erscheinung einer transzendenten »Seinsweise«, als »das unendliche oder ewige Sein [...], das jedoch im pantheistischen Sinne schon in der Zeit, als ein Zur-Ruhe-Kommen der Zeitlichkeit, möglich« ist (Binder, zit. in: HJb 9 (1955/56) S. 103) oder – in Anlehnung an Hölderlins Ode »An die Deutschen« – als »Genius unsers Volks« (Beißner; II, 1; 10). Und *Jochen Schmidt* (1992) stellt resümierend fest: »Da das gedankliche Zentrum der *Friedensfeier* der auf Allversöhnung beruhende endzeitliche Friede ist, lag es nahe, auf die als Allversöhnung definierte »Apokatastasis panton« zurückzugreifen: Alles geschichtlich Gewesene, findet sich am endzeitlich versöhnenden Feiertag wieder ein. Bezeichnend aber für seine historische Situation ist es, daß er den innerchristlichen Horizont sprengt und die Versöhnung zu einer schlechthin universalen werden läßt« (Schmidt 1992, s. S. 10, S. 897).

Der Streit um die »Friedensfeier« ist nicht durch den eindeutigen Sieg der einen oder der anderen Ansicht beendet worden. Am fruchtbarsten für die seitherige Entwicklung der Forschung haben sich die Thesen der dritten Gruppe erwiesen, die zu weiteren Bemühungen um die komplexe, gleichzeitig philosophische, politisch-historische und poetische Struktur des Gottesbegriffs bei Hölderlin angeregt hat.

Literatur:

Allgemeines

Einen Überblick über die Hymnik der zeitgenössischen Literaturgeschichte gibt die Sammlung von *Paul Böckmann:* Hymnische Dichtung im Umkreis Hölderlins. Eine Anthologie. Tübingen 1965. Zur Einordnung der späten Hymnen in den werkgeschichtlichen Zusammenhang sind hilfreich:

Paul Böckmann: Das »Späte« in Hölderlins Spätlyrik. In: HJb 12 (1961/62) S. 205-221.

Peter Szondi: Einführung in die literarische Hermeneutik. Studienausgabe der Vorlesungen. Bd. 5. Frankfurt a. M. 1975. S. 193-402. darauf beruhend: *Peter Szondi:* Der andere Pfeil. Zur Entstehungsgeschichte des hymnischen Spätstils. In: P. S.: Hölderlin-Studien. Frankfurt a. M. 1970. S. 37-61.

Jochen Schmidt: Hölderlins Elegie »Brod und Wein«. Die Entwicklung des hymnischen Stils in der elegischen Dichtung. Berlin 1968 und *Schmidts* grundlegende Interpretationen in: J. Schmidt: Hölderlins geschichtsphilosophische Hymnen »Friedensfeier« – »Der Einzige« – »Patmos«. Darmstadt 1990.

Wie der »dunkle Stil« des Spätwerks in vielen Fällen aufgelöst werden kann, zeigen *Erich Hock:* Zwei späte Hölderlin-Stellen. In: HJb 2 (1947) S. 78-89, *Gerlinde Wellmann-Bretzigheimer:* Zum Traditionsbezug einiger Verse des hymnischen Entwurfs »Wenn aber die Himmlischen haben / Gebaut.« In: HJb 18 (1973/74) S. 119-132 und *Dietrich Uffhausen:* Ein neuer Zugang zur Spätdichtung Hölderlins: Lexikalisches Material in der poetischen Verfahrensweise. In: HJb 22 (1980/81) S. 311-332, sowie ders: »Bevestigter Gesang«. Hölderlins Spätdichtung in neuer Gestalt. In: Neue Wege zu Hölderlin. Hrsgg. von Uwe Beyer. Würzburg 1994. S. 323-346.

Zu den kleinen Gedichten in der Gruppe der »Nachtgesänge« (s. S. 112):

Wolfgang Binder: Friedrich Hölderlin: »Der Winkel von Hardt«, »Lebensalter«, »Hälfte des Lebens«. In: Schweizer Monatshefte 45 (1965/66) S. 583-591, und in: W. B.: Hölderlin-Aufsätze. Frankfurt a. M. 1970. S. 350-361.

Wolfram Groddeck: »Lebensalter« In: Interpretationen. Gedichte von Friedrich Hölderlin. (Reclam U.B. 9472). Tübingen 1996. S. 153-165.

Mark Grunert: Die Poesie des Übergangs: Hölderlins »Nachtgesänge« als transzendentalpoetischer Gedichtzyklus. In: M. G.: Die Poesie des Übergangs. Hölderlins späte Dichtung im Horizont von Friedrich Schlegels Konzept der Tranzendentalpoesie«. Tübingen 1995. S. 130-171.

Wilfred Ludwig Kling: Les(r)arbeit: Hölderlins »Winkel von Hahrdt« und die Nachtgesänge. In: LpH 4/5 (1980) S. 77-88.

Rainer Nägele: Text, Geschichte und Subjektivität in Hölderlins Dichtung. »Uneßbarer Schrift gleich«. Stuttgart 1985, bes. S. 121-239.

Eric L. Santner: Paratactic composition in Hölderlin's »Hälfte des Lebens«. In: The German quarterly 58 (1985) S. 165-172.

Jochen Schmidt: Sobrja ebrietatis. Hölderlins »Hälfte des Lebens«. In: HJb 23 (1982/83) S. 182-190.

Ludwig Strauß: Friedrich Hölderlin: Hälfte des Lebens. In: Interpretationen. Deutsche Lyrik von Weckherlin bis Benn. Hrsgg. von Jost Schillemeit. Hamburg/Frankfurt a. M. 1966. S. 113-134.

Zur Form der späten Hymnen

Theodor W. Adorno: Parataxis. Zur späten Lyrik Hölderlins. In: T.W.A.: Noten zur Literatur III. Frankfurt a. M. 1965. S. 156-209.

Friedrich Beißner: Vom Baugesetz der späten Hymnen Hölderlins. In: HJb 1950. S. 28-46.

Hans Werner Bertallot: Hölderlin-Nietzsche. Untersuchungen zum hymnischen Stil in Prosa und Vers. Berlin 1933 (Liechtenstein 1967).

Renate Böschenstein-Schäfer: Die Sprache des Zeichens in Hölderlins hymnischen Fragmenten. In: HJb 19/20 (1975-77) S. 267-284.

Annette Hornbacher: Die Blume des Mundes. Zu Hölderlins poetologisch-poetischem Sprachdenken. Würzburg 1995.
Wilhelm Killmayer: Zur Lautstruktur bei Hölderlin. In: HJb 28 (1992/93) S. 218-238.
Winfried Kudszus: Sprachverlust und Sinnwandel. Zur späten und spätesten Lyrik Hölderlins. Stuttgart 1969.
Eduard Lachmann: Hölderlins Hymnen. Frankfurt a. M. 1937.
Lawrence Ryan: Hölderlins Lehre vom Wechsel der Töne. Stuttgart 1960. S. 242-317.
Herta Schwarz: Vom Strom der Sprache. Schreibart und »Tonart« in Hölderlins Donau-Hymnen. Stuttgart u.a. 1994.
Rolf Zuberbühler: Hölderlins Erneuerung der Sprache aus ihren etymologischen Ursprüngen. Berlin 1969.

Zur Pindar-Rezeption: s. Übersetzungen

Zur Problematik des »Vaterländischen«: s. Übersetzungen

Zum Chiliasmus

Wolfgang Binder: Grundformen der Säkularisation in den Werken Goethes, Schillers und Hölderlins. In: ZfdPh 83 (1963) S. 24-69.
Peter Howard Gaskill: Christ and the Divine Economy in the Work of Friedrich Hölderlin. Cambridge 1971 (Mss. Diss.).
Robin B. Harrison: Hölderlin's Titans and the Book of Revelation: An Eschatological Interpretation of History. In: Publications of the English Goethe Society XLVI (1976) S. 31-64.
Joachim Rosteutscher: Hölderlins messianische Ideen. In: Acta Germanica Bd. I (1966) S. 15-74.
Jochen Schmidt: Friedensidee und chiliastisches Geschichtsdenken in Hölderlins »Friedensfeier«. In: DVjs 62 (1988) S. 99-130 (auch in: ders.: Hölderlins geschichtsphilosophische Hymnen... Darmstadt 1990. S. 75-105).
Robert Schneider: Schellings und Hegels schwäbische Geistesahnen. Würzburg 1938.

Zur Konzeption des Dichters als Priester oder Prophet

Paul Böckmann: Christliche Themen in Hölderlins Dichtung. Das Echo der »menschenbildenden Stimme«. In: Grenzerfahrung – Grenzüberschreitung. Studien zu den Literaturen Skandinaviens und Deutschland. Festschrift für P.M. Mitchell. Hrsgg. von Leonie Marx und Herbert Knust. Heidelberg 1989. S. 88-101.
Hans-Georg Gadamer: Hölderlin und das Zukünftige. In: H.G.G.: Kleine Schriften II. Interpretationen. Tübingen 1967 (Vortrag Darmstadt 1943). S. 45-63.

Max Kommerell: Hölderlins Hymnen in freien Rhythmen. In: M. K.: Gedanken über Gedichte. Frankfurt a. M. 1943. S. 456-481.
Momme Mommsen: Die Problematik des Priestertums bei Hölderlin. In: HJb 15 (1967/68) S. 53-76.
Walther F. Otto: Die Berufung des Dichters. In: Beiträge, 1961. S. 227-247.
Lawrence Ryan: Hölderlins prophetische Dichtung. In: JdSG 6 (1962) S. 194-228.

Zur Konzeption des Absoluten:

Adolf Beck: Artikel »Hölderlin«. In: Religion in Geschichte und Gegenwart. Bd. 3. Tübingen, 3. Auflage 1959. Spalte 394-400.
Friedrich Beißner: Hölderlins Götter. Ein Vortrag. Stuttgart 1969.
Maria Behre: »Des dunklen Lichtes voll«. Hölderlins Mythokonzept Dionysos. München 1987.
Anke Bennholdt-Thomson: Die Bedeutung der Titanen in Hölderlins Spätwerk. In: HJb 25 (1986/87) S. 226-254.
Uwe Beyer: »An sich, kein Ich«. Zu Hölderlins philosophischen Gottenverständnis. In: U. B.: Mythologie und Vernunft... Tübingen 1993. S. 104-146.
Wolfgang Binder: Hölderlin. Theologie und Kunstwerk. In: HJb 17 (1971/72) S. 1-29.
Paul Böckmann: Hölderlin und seine Götter. München 1935.
Ders.: Hölderlins mythische Welt. In: Hölderlin, Gedenkschrift zu seinem 100. Todestag 1943. Tübingen 1943. S. 11-49.
Renate Böschenstein-Schäfer: Die Sprache des Zeichens in Hölderlins hymnischen Fragmenten. In: HJb 19/20 (1975-77) S. 267-284.
Cecil M. Bowra: Inspiration and Poetry. London 1955. S. 130-152.
Manfred Frank: Der kommende Gott. Vorlesungen über die Neue Mythologie. Frankfurt a. M. 1982.
Ders.: Hölderlin über den Mythos. In: HJb 27 (1990/91) S. 1-31.
Ulrich Gaier: Hölderlin und der Mythos. In: Terror und Spiel. Probleme der Mythenrezeption. Poetik und Hermeneutik IV. München 1971. S. 295-340.
Ders.: Hölderlin. Eine Einführung. Tübingen u.a. 1993, bes. S. 321-424.
William Gilby: Das Bild des Feuers bei Hölderlin. Bonn 1973.
Hans Gottschalk: Das Mythische in der Dichtung Hölderlins. Stuttgart 1943. S. 188-274.
Romano Guardini: Hölderlin. Weltbild und Frömmigkeit. München 1939.
Martin Heidegger: Hölderlins Erde und Himmel. In: HJb 11 (1958/60) S. 17-39.
Ders.: Erläuterungen zu Hölderlins Dichtung. Bd. 4. Frankfurt a. M. 1981. In: M. H.: Gesamtausgabe, 1. Abteilung.
Kurt Hübner: Zu den ontologischen Grundlagen von Hölderlins Dichtung. In: Hölderlin: Christentum und Antike. Hrsgg. von Valérie Lawitschka. Tübingen 1991. S. 7-27 (Turm-Vorträge 1989/90/91).
Eberhard Jüngel: Die Wahrheit des Mythos und die Notwendigkeit der Entmythologisierung. In: HJb 27 (1990/91) S. 32-50.

Lothar Kempter: Hölderlin und die Mythologie. Zürich/Leipzig 1929.
Karl Kerényi: Hölderlin und die Religionsgeschichte. In: HJb 8 (1954) S. 11-24.
Walter Killy: Der Begriff des Mythos bei Goethe und Hölderlin. In: Theologie und Literatur (1986) S. 130-145.
Hans Küng: Friedrich Hölderlin, Hymnen – Religion als Versöhnung von Antike und Christentum. In: Jens/Küng (Hrsg.): Dichtung und Religion. München 1985. S. 122-142.
Gerhard Kurz: Mittelbarkeit und Vereinigung. Zum Verhältnis von Poesie, Reflexion und Revolution bei Hölderlin. Stuttgart 1975.
Gisbert Lepper: Friedrich Hölderlin. Geschichtserfahrung und Utopie in seiner Lyrik. Hildesheim 1972.
Detlev Lüders: Unterschiedene Einheit. Eine Grundstruktur im Spätwerk Hölderlins. In: D. L.: »Die Welt im verringerten Maasstab«. Hölderlin-Studien. Tübingen 1968. S. 19-71.
Ders.: Welt und Geschichte in Hölderlins später Lyrik. Ebenda, S. 79-103.
Bernhard Lypp: Poetische Religion. In: Walter Jaeschke u. Helmut Holzhey (Hrsg.): Früher Idealismus und Frühromantik. Der Streit um die Grundlagen der Ästhetik (1795-1805). Hamburg 1990. S. 80-111.
Wilfried Malsch: Geschichte und göttliche Welt in Hölderlins Dichtung. In: HJb 16 (1969/70) S. 38-59.
Wilhelm Michel: Hölderlin und die Götter. In: W. M.: Hölderlins Wiederkunft. Wien 1943. S. 19-45.
Joachim Müller: Zur Figur der Götter in Hölderlins Spätdichtung. In: Friedrich-Schiller-Universität Jena. Wissenschaftliche Zeitschrift. Gesellschafts- und Sprachwissenschaftliche Reihe 21 (1972) S. 413-420.
Ludwig v. Pigenot: Hölderlin. Das Wesen und die Schau. Ein Versuch. München 1923.
Erich Przywara: Hölderlin. Nürnberg 1949.
Walther Rehm: Tiefe und Abgrund in Hölderlins Dichtung. In: Hölderlin. Gedenkschrift zu seinem 100. Todestag 1943. Hrsgg. von Paul Kluckhohn. Tübingen 1943. S. 50-69.
Lawrence Ryan: Hölderlins Lehre vom Wechsel der Töne. Stuttgart 1960. S. 18-29 und 242-317.
Wolfgang Schadewaldt: Hölderlins Weg zu den Göttern. In: HJb 9 (1955/56) S. 174-182.
Jürgen Scharfschwerdt: Das glaubensgeschichtliche Subjekt der »vaterländischen Gesänge«. In: J. Sch.: Friedrich Hölderlin. Der Dichter des »deutschen Sonderweges«. Stuttgart u.a. 1994. S. 140-156.
Guido Schmidlin: Hölderlin und Schellings Philosophie der Mythologie und Offenbarung. In: HJb 17 (1971/72) S. 43-55.
Jochen Schmidt: Der Begriff des Zorns in Hölderlins Spätwerk. In: HJb 15 (1967/68) S. 128-157.
Ders.: Hölderlins später Widerruf in den Oden »Chiron«, Blödigkeit« und »Ganymed«. Tübingen 1978.
Ders.: Hölderlins geschichtsphilosophische Hymnen »Friedensfeier«, »Der Einzige«, »Patmos«. Darmstadt 1990.

Friedrich Strack: Hölderlins ästhetische Absolutheit. In: Revolution und Autonomie: deutsche Autonomieästhetik im Zeitalter der französischen Revolution. Ein Symposion. Tübingen 1990. S. 175-191.
Andreas Thomasberger: Von der Poesie der Sprache. Gedanken zum mythologischen Charakter der Dichtung Hölderlins. Frankfurt a. M. u. Bern 1982 (Frankfurter Hochschulschr. z. Sprachtheorie und Literaturästhetik; Bd. 3).
Ernest Tonnelat: L'œvre poétique et la pensée religieuse de Hölderlin. Paris 1950.
Richard Unger: Hölderlins Major Poetry. The dialectics of Unity. Bloomington/London 1975.
Richard B. Warr: The visionary crisis in the hymnic prose and verse of Hölderlin and Nietzsche. Ann Arbor 1974.
Eugen Gottlob Winkler: Der späte Hölderlin. In: Beiträge, 1961. S. 371-391.

Zur »Friedensfeier«:

Die Erstausgabe hat *Friedrich Beißner* besorgt: Hölderlin: Friedensfeier. Herausgegeben und erläutert von Friedrich Beißner. Stuttgart 1954.
Außerdem existiert eine Ausgabe der Lichtdrucke der Reinschrift und ihrer Vorstufen, herausgegeben von *Wolfgang Binder* und *Alfred Kelletat.*
Stuttgart 1959 (Schriften der Hölderlin-Gesellschaft 2)

Das Verhältnis zu den Vorfassungen klärt *Walter Bröcker:* Die Entstehung von Hölderlins Friedensfeier. In: HJb 9 (1955/56) S. 94-98.

Zur »Napoleon-These«:

Beda Allemann: Hölderlins Friedensfeier. Pfullingen 1955.
Joseph-François Angelloz: Un Hymne inconnu de Hölderlin: La Fête de la Paix. In: Mercure de France (1955) S. 705-711.
Michael Hamburger: Friedensfeier von Friedrich Hölderlin: an unpublished poem. In: German life and letters VIII (1954/55) S. 88-102.
Karl Kerényi: Zur Entdeckung von Hölderlins Friedensfeier. In: K. K.: Geistiger Weg Europas. Zürich 1955. S. 100-106.
Ders.: Das Christusbild der »Friedensfeier«. In: Ebenda. S. 72-99.
Rudolf u. Charlotte Pannwitz: Der stille Gott der Zeit. Über Hölderlins »Friedensfeier«. In: Merkur 9 (1955) S. 766-785.

Zur »Christologischen These«:

Beiträge von *Bröcker, H. Buhr, Hof, Lachmann, v. Pigenot, Przywara und Winklhofer* sind zusammengefaßt in: Der Streit um den Frieden. Beiträge zur Auseinandersetzung um Hölderlins »Friedensfeier«. Hrsgg. von *Eduard Lachmann.* Nürnberg 1957. Die Beiträge wollen »die christliche Substanz bei Hölderlin ernst nehmen« (S. 8).

Weiterhin: *Else Buddeberg:* Friedensfeier. In: HJb 9 (1955/56) S. 49-87.
Meta Corssen: Hölderlins Friedensfeier. In: HJb 9 (1955/56) S. 32-48.

Mythologische Deutungen des »Fürsten des Fests«

Lothar Kempter: Das Leitbild in Hölderlins Friedensfeier. In: HJb 9 (1955/56) S. 88-93 (Deutung als Helios).
Momme Mommsen: Dionysos in der Dichtung Hölderlins. In: GRM 44 (1963) S. 345-379.
Ruth-Eva Schulz: Der Fürst des Fests. Bemerkungen zu Hölderlins »Friedensfeier«. In: Sinn und Form 14 (1962) Heft 2. S. 187-213. (Helios).

Weitere Deutungen

Friedrich Beißner: s. Erstausgabe und III, 565f.
Ders.: Rückblick auf den Streit um Hölderlins Friedensfeier. In: F. B.: Hölderlin. Reden und Aufsätze. Weimar 1961. S. 167-191.
Wolfgang Binder: Hölderlins »Friedensfeier«. In: DVjs 30 (1956) S. 295-328.
Paul Böckmann: Hölderlins Friedensfeier. In HJb 9 (1955/56) S. 1-31.
Bernhard Böschenstein: Das Gastmahl am Abend der Zeit. Zu Hölderlins »Friedensfeier«. In: »Der du von dem Himmel bist«. Über Friedensgedichte. Karlsruhe 1994. S. 60-73.
Walter Bröcker: Die Auferstehung der mythischen Welt in der Dichtung Hölderlins. In: Studium Generale 8 (1955) S. 316-327.
Hans Jürgen Malles: »...jetzt ewigen Jünglingen/ähnlich.« Geschichte und Utopie in Hölderlins »Friedensfeier«. In: Bad Homburger Hölderlin-Vorträge 1990. Bad Homburg v.d.H. 1991. S. 83-93.
Paul Whiting Maloney: Hölderlins Friedensfeier. Rezeption und Deutung. Frankfurt a. M. u.a. 1985 (überarbeitete Fassung von Maloneys Diss. Princton, N.J. Univ. aus dem Jahr 1977).
Albrecht Seifert: Untersuchungen zu Hölderlins Pindar-Rezeption. München 1982. S. 351-722.
Jochen Schmidt: Die innere Einheit von Hölderlins »Friedensfeier«. In: HJb 14 (1965/66) S. 125-175.
Ders.: Friedensidee und chiliastisches Geschichtsdenken in Hölderlins »Friedensfeier«. In: DVjs 62 (1988) S. 99-130 (auch in: ders.: Hölderlins geschichtsphilosophische Hymnen... Darmstadt 1990. S. 75-105).
Karlheinz Stierle: Die Friedensfeier: Sprache und Fest im revolutionären und nachrevolutionären Frankreich und bei Hölderlin. In: Walter Haug und Rainer Warning (Hrsg.): Das Fest. München 1989 (Poetik und Hermeneutik Bd. 14) S. 481-525.
Peter Szondi: Er selbst, der Fürst des Fests. Die Hymne »Friedensfeier«. In: P. S.: Hölderlin-Studien. Frankfurt a. M. 1967. S. 62-94.
Martin Trenks: Zur Auslegung der Verse 26-28 der »Friedensfeier«. In: HJb 16 (1969/70) S. 222-227.

Halbgötter/Heroen

Max L. Baeumer: Dionysos und das Dionysische bei Hölderlin. In: HJb 18 (1973/74) S. 97-118.
Maria Behre: »Des dunklen Lichtes voll« – Hölderlins Mythokonzept Dionysos. München 1987.
Dieselbe: Dionysos oder die Begierde. Deutung der »Weisheit der Alten« bei Bacon, Hamann und Hölderlin. In: HJb 27 (1990/91) S. 77-99.
Uwe Beyer: Christus und Dionysos. Ihre widerstreitende Bedeutung im Denken Hölderlins und Nietzsches. Münster und Hamburg 1992.
Bernhard Böschenstein: Klopstock als Lehrer Hölderlins. Die Mythisierung von Freundschaft und Dichtung. In: B. B.: Leuchttürme. Frankfurt a. M. 1977. S. 44-63.
Ders.: »Frucht des Gewitters«. Zu Hölderlins Dionysos als Gott der Revolution. Frankfurt a. M. 1989.
Michael Franz: »Vaterländische Helden« im Spätwerk Hölderlins. In: HJb 18 (1973/74) S. 133-148.
G. Karl Galinsky: The Herakles Theme. The adaptions of the Hero in Literature from Homer to the Twentieth Century. Oxford 1972.
Ulrich Hötzer: Die Gestalt des Herakles in Hölderlins Dichtung. Stuttgart 1956.
Momme Mommsen: Dionysos in der Dichtung Hölderlins. In: GRM 44 (1963) S. 345-379.
Joachim Rosteutscher: Die Wiederkunft des Dionysos. Der naturmystische Irrationalismus in Deutschland. Bern 1947.
Elida Maria Szarota: Winkelmanns und Hölderlins Heraklesdeutung. In: Beiträge zu einem neuen Winkelmannbild. Hrsgg. v. Berthold Häsler. Berlin/DDR 1973. (Schriften der Winkelmann-Gesellschaft 1) S. 75-87.
Louis Wiesmann: Das Dionysische bei Hölderlin und der deutschen Romantik. Basel 1948.
s. a. die Bibliographie zur »Friedensfeier«.

Christus

Peter Howard Gaskill: Christ and the Divine Economy in the Work of Friedrich Hölderlin. Cambridge 1971 (Mss. Diss.).
Romano Guardini: Hölderlin. Weltbild und Frömmigkeit. Leipzig 1939.
Ulrich Häussermann: Friedensfeier. Eine Einführung in Hölderlins Christushymnen. München 1959.
Eduard Lachmann: Hölderlins Christus-Hymnen. Wien 1951.
Ders.: Der Versöhnende. Hölderlins Christus-Hymnen. Salzburg 1966.
Mark Rothwell Odgen: The problem of Christ in the Work of Friedrich Hölderlin. London 1991 (Diss. Cambridge 1987).
Helmut Prang: Hölderlins Götter- und Christus-Bild. In: Hölderlin ohne Mythos. Hrsgg. von Ingrid Riedel. Göttingen 1973.
Horst Rumpf: Die Deutung der Christusgestalt bei dem späten Hölderlin. Frankfurt a. M. 1958 (Mss. Diss).

Ruth-Eva Schulz: Herakles-Dionysos-Christus. In: Die Gegenwart der Griechen im neueren Denken. Festschrift für Hans-Georg Gadamer. Tübingen 1960. S. 233-260.
Robert Thomas Stoll: Hölderlins Christushymnen. Grundlagen und Deutung. Basel 1952.
s. a. die Bibliographie zur »Friedensfeier«.

Wichtige Einzelinterpretationen:

Zu » Wie wenn am Feiertage...«

Bernhard Böschenstein: Hölderlins Dionysoshymne. In: B. B.: Frankfurt a. M. 1989. S. 114-152
Ders.: Geschehen und Gdächtnis. Hölderlins Hymnen »Wie wenn am Feiertage...« und »Andenken«. Ein einführender Vortrag. In: LpH 7 (1984) S. 7-16 (auch in Böschenstein 1989, s. S. 161; S. 137-152).
William A. O'Brian: Getting blasted: Hölderlins »Wie wenn am Feiertage...« In: Modern language notes 94 (1979) S. 569-586.
Martin Heidegger: Hölderlins Hymne »Wie wenn am Feiertage...« In: M. H.: Gesamtausgabe Bd. 4. S. 49-77.
Eduard Lachmann: Hölderlins erste Hymne. In: DVjs 17 (1939) S. 221-251.
Wolfgang Lange: Das Wahnsinns-Projekt oder was es mit einer »antiempedokleischen Wendung« im Spätwerk Hölderlins auf sich hat. DVjs 63 (1989) S. 645-678; S. 712-714.
Paul de Man: Patterns of temporality in Hölderlin's »Wie wenn am Feiertage...«. In ders.: Romanticism and contemporary criticism. The Gauss Seminar and other papers. Baltimore 1993. S. 50-73.
Wolfgang Martin: Mit Schärfe und Zartheit. Zu einer Poetik der Sprache bei Hölderlin mit einer Rücksicht auf Herder. Bonn 1990. S. 112-144.
Jochen Schmidt: Stellungnahme [zu W. Lange (1989) s.o.] In: DVjs 63 (1989) S. 679-711.
Albrecht Seifert: Untersuchungen zu Hölderlins Pindar-Rezeption. München 1982. S. 9-349.
Peter Szondi: Der andere Pfeil. Zur Entstehungsgeschichte des hymnischen Spätstils. In: P. S.: Hölderlin-Studien. Frankfurt a. M. 1970. S. 37-61.
Timothy Torno: Hymn or Warning? »Wie wenn am Feiertage...«. In: T. T.: Finding Time. Reading for Temporality in Hölderlin und Heidegger. Ney York u.a. 1995. S. 15-62.
Günter Wohlfart: Kunst und Sprache. Töne der Stille. Versuch einer Interpretation der Verse 43-49 von Hölderlins Hymne »Wie wenn am Feiertage...«. In: G. W.: Der Punkt. Ästhetische Meditationen. Freiburg i.Br. u.a. 1986. S. 161-198 (gekürzte Fass. auch in: Turm-Vorträge (1985/86). Tübingen 1986. S. 31-62).

Zu »Der Rhein«

Wolfgang Binder: Hölderlins Rhein-Hymne. In: HJb 19/20 (1975/77) S. 131-155.

Bernhard Böschenstein: Die Transformation Rousseaus in der deutschen Dichtung um 1800: Hölderlin-Jean Paul-Kleist. In: Annalen der Jean-Paul-Gesellschaft 1 (1966) S. 101-116.

Ders.: Hölderlins Rheinhymne. Zürich/Freiburg 1959 (2. Auflage 1968).

Emery E. George: A family of disputed readings in Hölderlin's hymn »Der Rhein«. in: MLR 61 (1966) S. 619-634 (deutsche Fassung vom Autor selbst übersetzt unter dem Titel: »Gutes mehr / Denn Böses findend«. Eine Gruppe problematischer Lesarten in Hölderlins Rhein-Hymne. In: LpH 4/5 (1980) S. 41-59.

Martin Heidegger: Hölderlins Hymnen »Germanien« und »Der Rhein«. Frankfurt a. M. 1980 (M. H.: Gesamtausgabe, Abteilung II, Band 39).

Lothar Kempter: Vater Rhein. Zur Geschichte eines Sinnbildes. In: HJb 19/20 (1975/77) S. 1-35.

Jean-Daniel Krebs: Friedrich Hölderlin. *Der Rhein.* Eine vaterländische Utopie? In: Nouveaux cahiers d'allemand 5 (1987) S. 85-104.

Jürgen Link: »Trauernder Halbgott, den ich meine!« Hölderlin und Rousseau. In: LiLi 63 (1986) S. 86-114.

Johannes Mahr: Mythos und Politik in Hölderlins Rheinhymne. München 1972.

Paul de Man: Hölderlins Rousseaubild. In: HJb 15 (1967/68) S. 180-208.

Ders.: The image of Rousseau in the poetry of Hölderlin. In: ders.: The rhetoric of romanticism. New York 1984. S. 19-45.

Rainer Nägele: Vollendetes: »Der Rhein« und »Friedensfeier«. In: R. N.: Text, Geschichte und Subjektivität in Hölderlins Dichtung – »Uneßbarer Schrift gleich«. Stuttgart 1985. S. 188-210.

Thomas E. Ryan: »Bald aber sind wir Gesang«. The »Vaterländischen Gesänge«. In: Th. E. R.: Hölderlin's Silence. New York u.a. 1988. S. 273-291.

Albrecht Seifert: Die Rheinhymne und ihr pindarisches Modell. In: HJb 23 (1982/83) S. 79-133.

Kurt Wais: Rousseau et Hölderlin. In: Annales de la société Jean Jacques Rousseau 35 (1959/62) S. 301-306.

Zu »Die Wanderung«

Wolfgang Binder: Hölderlins Hymne »Die Wanderung«. In: HJb 21 (1978/79) S. 170-205.

Zu »Der Einzige«

Hans Georg Gadamer: Hölderlin und die Antike. In: Hölderlin. Gedenkschrift zu seinem 100. Todestag. Hrsgg. von Paul Kluckhohn. Tübingen 1943. S. 50-69.

Eduard Lachmann: Hölderlins Christus-Hymne: »Der Einzige«. Interpreta-

tion des Warthauser Fragmentes. In: Wort und Wahrheit 2 (1947) S. 170-175.
Detlev Lüders: Unterschiedene Einheit. Eine Grundstruktur im Spätwerk Hölderlins. In: D.L. »Die Welt im verringerten Maasstab.« Hölderlin-Studien. Tübingen 1968. S. 19-71.
Jochen Schmidt: Hölderlins hermetisch-geschichtsphilosophische Hymne »Der Einzige«. Erstmalige Decheffrierung der zweiten Fassung. In: JdSG 31 (1987) S. 163-198 (auch in: ders.: Hölderlins geschichtsphilosophische Hymnen... Darmstadt 1990. S. 146-184).
Ders.: Zur Funktion synkretistischer Mythologie in Hölderlins Dichtung: »Der Einzige« (Erste Fassung). In: HJb 25 (1986/87) S. 176-212 (erweiterte Fassung in: ders.: Hölderlins geschichtsphilosophische Hymnen... Darmstadt 1990. S. 106-145).

Zu »Patmos«

Wolfgang Binder: Hölderlins Patmos-Hymne. In: HJb 15 (1967/68) S. 92-127.
Werner Kirchner: Hölderlins Patmos-Hymne. Dem Landgrafen von Homburg überreichte Handschrift. In: W. K.: Hölderlin. Aufsätze zu seiner Homburger Zeit. Göttingen 1967. S. 57-68.
Éva Kocziszky: »Grausam nemlich hasset allwissende Stirnen Gott«. In: Bad Homburger Hölderlinvorträge (1992/93). Bad Homburg v. d. H. 1993. S. 33-51.
Alice A. Kuzniar: »Patmos«. In: A. K.: Delayed endings. Nonclosure in Novalis and Hölderlin. Athens; London 1987. S. 142-169.
Rainer Nägele: Fragmentation und fester Buchstabe: Zu Hölderlins »Patmos«-Überarbeitungen. In: Modern Language notes 97 (1982) S. 556-572.
Thomas E. Ryan: The trace of a World: »Patmos« and »Der Einzige«. In: Th. E. R.: Hölderlin's Silence. New York u.a. 1988. S. 292-312.
Lothar Steiger: Patmos. »Denn noch lebt Christus«. Interpretation eines Textes. In: »Traurigfroh, wie das Herz«. Friedrich Hölderlin zum 150. Todestag. Beiträge einer Tagung der Evangelischen Akademie Baden v. 26.-28. Februar in Herrenalb. Karlsruhe 1993. S. 42-73.
Karlheinz Stierle: Dichtung und Auftrag. Hölderlins Patmos-Hymne. In: HJb 22 (1980/81) S. 47-68.
s. a. Bibliographie zu »Christus«.

Zu »Andenken«

Maria Behre: Halt im Haltlosen. Augustinische »Memoria« in Hölderlins »Andenken«. In: Poesie in einer tragischen Kultur. Texte eines Symposiums mit einem Bildteil. Würzburg 1995. S. 35-48.
Wolfgang Binder: Hölderlin: »Andenken«. In: Turm-Vorträge (1985/86). Hrsgg. von Uvo Hölscher. Tübingen 1986. S. 5-30.
Bernhard Böschenstein: Geschehen und Gedächtnis, Hölderlins Hymnen »Wie wenn am Feiertage...« und »Andenken«. In: LpH 7 (1984) S. 7-16

(auch in: ders.: »Frucht des Gewitters«. Hölderlins Dionysos als Gott der Revolution. Frankfurt a. M. 1989. S. 137-152.
Hans Georg Gadamer: Anmerkungen zu Hölderlins »Andenken«. In: Neue Wege zu Hölderlin. Hrsgg. von Uwe Beyer. Würzburg 1994. S. 143-152 (weitgehend identisch mit GW Bd. 9, S. 42-55).
Ulrich Gaier: Hölderlins vaterländischer Gesang »Andenken«. In: HJb 26 (1988/89) S. 175-202.
Annemarie Gethmann-Seifert: Die »Poesie als Lehrerin der Menschheit« und das »neue Epos« der modernen Welt. Kontextanalysen zur poetologischen Konzeption in Hölderlins »Andenken«. In: Bachmaier u. Rentsch (Hrsg.): Poetische Autonomie? Zur Wechselwirkung von Dichtung und Poesie in der Epoche Goethes und Hölderlins, Stuttgart 1987. S. 70-100.
Cyrus Hamlin: Die Poetik des Gedächtnisses. Aus einem Gespräch über Hölderlins »Andenken«. In: HJb 24 (1984/85) S. 119-138.
Anselm Haverkamp: Verschwiegener Lorbeer. »Im Hofe aber wächst ein Feigenbaum«. Hölderlins »Andenken«. Zugleich ein Beitrag zur Geschichte des Petrarkismus in Deutschland. In: Poetica 20 (1988) S. 218-233.
Martin Heidegger: »Andenken«. In: Hölderlin. Gedenkschrift zu seinem 100. Todestag. Hrsgg. von Paul Kluckhohn. Tübingen 1943. S. 267-324.
Dieter Henrich: Der Gang des Andenkens. Beobachtungen und Gedanken zu Hölderlins Gedicht. Stuttgart 1986.
Christoph Jamme: Hölderlin und das Problem der Metaphysik. Zur Diskussion Um »Andenken«. In: ZfpF 42 (1988) S. 645-665.
Hans-Dieter Jünger: Die späten Andenken-Gesänge als Denkmäler der Ankunft in Herkunft. In: ders.: Mnemosyne und die Musen. Vom Sein des Erinnerns bei Hölderlin. Würzburg 1993. S. 264-328 (zu »Mnemosyne«, »Andenken« und »Der Ister«).
Jean-Pierre Lefebvre: Auch die Stege sind Holzwege. In: HJb 26 (1988/89) S. 202-223.
Thomas Poiss: Momente der Einheit. Interpretationen zu Pindars Epinikion und Hölderlins »Andenken«. Wien 1993 (zugl. Mss. Diss. Uni Wien 1990). S. 191-216.
Roland Reuß: ».../die eigene Rede des andern«. Hölderlins *Andenken* und *Mnemosyne*. Frankfurt 1990.
Jochen Schmidt: Hölderlins letzte Hymnen. »Andenken« und »Mnemosyne«. Tübingen 1970.

Zu »Mnemosyne«

Friedrich Beißner: Hölderlins letzte Hymne. In: HJb 3 (1948/49) S. 66-102.
Raymond Furness: The death of memory: An analysis of Hölderlins Hymn »Mnemosyne«. In: Proceedings of the English Goethe-Society 40 (1969/70) S. 30-68.
Marjorie Ann Gelus: Hölderlin's »Mnemosyne«. An Interpretation. Ann Arbor/London 1980 (ausführlicher Literaturbericht).
Robin B. Harrison: Hölderlin and Greek Literature. Oxford 1975. S. 220-238.

Ders.: »Das Rettende«, oder »Gefahr?«. Die Bedeutung des Gedächtnisses in Hölderlins Hymne »Mnemosyne«. In: HJb 24 (1984/85) S. 195-206.
Anselm Haverkamp: Kryptische Subjektivität. Archäologie des Lyrisch-Individuellen. In: Manfred Frank/Anselm Haverkamp (Hrsg.): Individualität. (Poetik und Hermeneutik Bd. 13). München 1988. S. 347-383.
Walter Hof: »Mnemosyne« und die Interpretation der letzten hymnischen Versuche Hölderlins. In: GRM 32 (1982) S. 418-430.
Flemming Roland-Jensen: Hölderlins »Mnemosyne«. Eine Interpretation. In: ZfdPh 98 (1979) S. 201-241.
Ders.: Hölderlins Muse: Edition und Interpretation der Hymne »Die Nymphe Mnemosyne«. Würzburg 1989.
Johann Kreuzer: Zeit, Sprache, Erinnerung. Überlegungen zu Hölderlins »Mnemosyne«. In: Turm-Vorträge 1985/86. Tübingen 1986. S. 63-91.
Bernhard Lypp: Hölderlins »Mnemosyne«. In: Das Rätsel der Zeit. Philosophische Analysen. Freiburg i.Br. 1993. S. 291-330.
Jochen Schmidt: Hölderlins letzte Hymnen. »Andenken« und »Mnemosyne«. Tübingen 1970.
Ders.: Hölderlins Hymne »Mnemosyne«. Ein altes philologisches Problem in neuen Editionen und Interpretationen. In: editio 5 (1991) S. 122-157.

Zu den »Entwürfen«.

Wolfgang Binder: Hölderlins Laudes Sueviae. Deutung des hymnischen Entwurfs »Ihr sichergebaueten Alpen«. In: Interpretationen. Bd. I. Deutsche Lyrik von Weckherlin bis Benn. Frankfurt a. M. 1965. S. 135-154.
Renate Böschenstein: Hölderlins allegorische Ausdrucksform, untersucht an der Hymne »An die Madonna«. In: Jamme/Pöggeler (Hrsg.): Jenseits des Idealismus. Stuttgart 1988. S. 181-210.
Norbert Gabriel: »Griechenland«. Zu Hölderlins hymnischem Entwurf. In: Heimo Reinitzer (Hrsg.): Textkritik und Interpretation. FS Karl Konrad Polheim. Bern 1987. S. 353-383.
Robin B. Harrison: Hölderlins Titans and the book of Revelation. An Eschatological Interpretation of history. In: Publications of the English Goethe Society XLVI (1976) S. 31-64. (»Die Titanen«).
Cyrus Hamlin: »Stimmen des Geschiks«: The Hermeneutics of Unreadibility. (Thoughts on Hölderlin's »Griechenland«). In: Jamme/Pöggeler (Hrsg.): Jenseits des Idealismus. Stuttgart 1988. S. 252-276.
Arthur Häny: Hölderlins Titanenmythos. Zürich 1948 (»Die Titanen«).
Martin Heidegger: Hölderlins Erde und Himmel. In: HJb 11 (1958/60) S. 17-39 (zu »Griechenland«).
Thomas E. Ryan: »Ein Zeichen sind wir, deutungslos«. The Late Fragments. In: Th. E. R.: Hölderlin's Silence. New York u.a. 1988. S. 313-345.
Werner Volke: »O Lacedämons heiliger Schutt!«. Hölderlins *Griechenland*, imaginierte Realien, realisierte Imagination. In: HJb 24 (1984/85) S. 63-86.
Reinhard Zbikowski: Hölderlins hymnischer Entwurf »Dem Fürsten«. Ein philologischer Versuch über F 57/58. In: HJb 22 (1980/82) S. 232-273.

Ders.: »Und der Fürst«. Accessus zu einem späten Thema des späten Hölderlin. Jamme/Pöggeler (Hrsg.): Jenseits des Idealismus. Stuttgart 1988. S. 211-251.

Zum Homburger Foliohеft:

Dieter Burdorf: Hölderlins späte Gedichtfragmente: »Unendlicher Deutung voll«. Stuttgart Weimar 1993 (Mss. Diss. Uni Hamburg 1991).
Ders: In Hölderlins Hss. lesen. Zugänge zum Homburger Folioheft. In: Bad Homburger Hölderlin-Vorträge 1992/93. Bad Homburg v.d.H. 1993. S. 52-71.
Wolfram Groddeck: Über die »neu zu entdeckende Spätdichtung« Hölderlins. Oder »Bevestigter Gesang« in ruinöser Edition. In: HJb 27 (1990/91) S. 296-313.
Michael Knaupp: Zur Edition des Homburger Foliohеftes in der Münchener Ausgabe. In: Hölderlin und Nürtingen. Hrsgg. von Peter Härtling und Gerhard Kurz. Stuttgart u.a. 1994. S. 203-212.
Gerhard Kurz: »Das Nächste Beste«. In: Interpretationen. Gedichte von Friedrich Hölderlin (Reclam U.B. 9472). Tübingen 1996. S. 166-185.
D.E. Sattler: »O Insel des Lichts!« »Patmos« und die Entstehung des Homburger Foliohefts. In: HJb 25 (1986/87) S. 213-225.
Dietrich Uffhausen: Friedrich Hölderlin. »Das Nächste Beste«. Aus dem Homburger Folioheft (S. 73-76). In: GRM 36 (1986) S. 129-149.
Ders.: Friedrich Hölderlin: »Luther«. Ein neu zu entdeckendes Gedicht aus der Homburger Spätzeit 1804/06. In: Spuren (1986) S. 303-361.

Späteste Gedichte

»Der arme Hölderlin will auch einen Almanach herausgeben und schreibt dafür täglich eine Menge Papiers voll. Er gab mir heute einen ganzen Fascikel zum Durchlesen, woraus ich Dir doch Einiges aufschreiben will« (II, 2; 899). Dieses Zitat aus einem Brief August Mayers, eines Studenten, der 1811 bei Ernst Zimmer wohnte, zeigt, daß Hölderlin in der Zeit seiner Hospitalisierung nicht aufgehört hat zu dichten. Erhalten sind aus dieser spätesten Produktion etwa 50 Gedichte – eben das, was zeitgenössische Leser und Überlieferer wie Mayer (wichtigere sind Kerner, Mörike, Gustav und Christoph Theodor Schwab, Waiblinger und Zimmer) für erhaltenswert hielten. Vermutlich viele schöne und wichtige Gedichte und unersetzliche Materialien zu Hölderlins Pathographie sind unter diesen Bedingungen verloren gegangen.

Die Chronologie vieler der spätesten Gedichte ist unsicher. Bernhard Böschenstein hat die letzte Werkperiode unterteilt in eine Phase vor und eine zweite nach 1837 (1970, 161f.). Die erste ist inhaltlich und formal reicher; in der zweiten Phase verengt sich der Kreis der Themen, die Form der Gedichte wird starrer, Hölderlin unterzeichnet mit Phantasienamen (»Scardanelli«) und erfundenen Daten.

In den Gedichten nach 1806 hat man lange nicht mehr gesehen als »die ärmlichen Trümmer einstiger hoher Gedanken« (Carl Litzmann: Friedrich Hölderlins Leben. In Briefen von und an Hölderlin. Berlin 1890, S. 665). Neuere Arbeiten haben die »merkwürdige Makellosigkeit der dichterischen Form« (Beißner, HJb 1947, S. 8), z. B. die Tatsache, daß Hölderlin in den meist jambischen und gereimten Gedichten (die antiken Formen treten zurück) fast nur orthographisch reine Reime verwendet, was zu Beginn des 19. Jh. unüblich und selten war, zum Ausgangspunkt für eingehendere Untersuchungen gemacht – am weitesten vorgetrieben ist der Aufweis der Regelhaftigkeit in der strukturalistischen Analyse des letzten Hölderlin-Gedichts von Roman Jakobson und Grete Lübbe-Groethues. In den Diskussionen der jüngsten Vergangenheit bemüht man sich verstärkt »die poetologischen Fragen, die Hölderlins späte Gedichte aufwerfen, nicht immer schon vorentschieden zu sehen von den psychiatrischen Randbedingungen ihrer Entstehung« (Anselm Haverkamp, 1991, S. 102). Nicht zuletzt den Untersuchungen von Bart Philipsen sind hier grundlegende Einsichten zu verdanken. Er macht plausibel, daß jede Auseinandersetzung mit Hölderlins spätesten Gedichten folgender Einsicht Rechnung zu tragen hat:

»Jenseits der unfruchtbaren Alternative einer mythologischen Verklärung oder einer einseitigen Aufklärung erscheint [...] die immer wieder ausgeblendete Gestalt eines zweifellos verrückten, in seiner Verrücktheit aber luziden, abgeklärten Geistes, der durch den Zenit der Enttäuschungen gegangen ist und als Überlebender, genauer noch: als schlauer Überlebens*künstler* auf die überstandene Katastrophe zurückblickt: ›Dedalus' Geist‹, wie die letzte jener in mehreren Hinsichten kniffligen Zeilen ›an Zimmern‹ besagen, in denen der ehemalige Enthusiast unter dem Vorwand einer herzlichen Hommage an den Gastgeber der letzten Jahre, den Schreinermeister Zimmer, mit seiner früheren ikarischen Sehnsucht abrechnet und seine ›antititanische Umwendung zur Bescheidenheit‹ zum Moment einer neuen bzw. frühere Ansätze rücksichtslos radikalisierenden Poetik umdeutet.« (Philipsen, 1995b, S. 124)

Es scheint, daß die eigentümlich unlebendige Formalität der letzten Gedichte zusammenhängt mit der distanzierten Starre im Verhalten Hölderlins nach 1806 (s. S. 62) und daß die literarische wie die persönliche Förmlichkeit ihm dazu diente, aufwühlende emotionale Erschütterungen zu vermeiden. Dazu paßt eine eigentümliche Inkohärenz des literarischen Ausdrucks: eine einzelne »echt dichterische Zeile gelingt, dann erlahmt schon die Kraft, und die übrigen Zeilen fügen sich schwerfällig, oft unverbunden und unsicher dazu« (Häussermann, 1961, S. 112). Dies ist ein ausweichender, Emotionalität abwehrender Zug, ebenso wie die »tiefe Distanz der Betrachtung« (ebenda, S. 103), die die Wirklichkeit in eine Versammlung emblemartig feststehender Bilder verwandelt.

Vorherrschende Themen vor allem der zweiten Phase sind emotionsferne Abstrakta (»Zeitgeist«), liebliche, idyllische Orte der Natur, Kleinstadtleben, vor allem der Wechsel der Jahreszeiten. In der Behandlung dieser begrenzten Thematik zeigt sich allerdings durchaus noch ein Zusammenhang mit dem Werk vor 1806. Die poetischen Schriften der Homburger Zeit postulierten eine Erscheinung des Absoluten in der Darstellung des Wechsels (s. S. 96f.). In den spätesten Gedichten, wie in den »vaterländischen Gesängen« und den hymnischen Entwürfen (von denen manche vielleicht später zu datieren sind als Beißner annahm, s. FHA 9, S. 25) ist die Wirklichkeit, dem noch entsprechend, als Erscheinung oder Zeichen eines »Geistes« aufgefaßt (s. II, 1; 284 und Böschenstein 1970 S. 171).

Literatur:

Friedrich Beißner: Zu den Gedichten der letzten Lebenszeit. In: HJb 2 (1947) S. 6-10.

Renate Böschenstein: Hölderlins Oedipus-Gedicht. In: HJb 27 (1990/91) S. 131-151 (zum Fragment »In lieblicher Bläue«, deutsche Fassung des zuvor im Hölderlin-Band der Cahiers de l'Herne (Paris 1989, S. 328-341) erschienenen Aufsatzes »Souvenir d'Oedipe«).

Bernhard Böschenstein: Hölderlins späteste Gedichte. In: Jochen Schmidt (Hrsg.): Über Hölderlin. Frankfurt a. M. 1970 S. 153-174.

Ad Den Besten: Ein Auge zuviel vielleicht. Bemerkungen zu einem als apokryph geltenden Hölderlin-Gedicht. In: Poesie und Philosophie in einer tragischen Kultur. Texte eines Hölderlin-Symposiums mit einem Bildteil. Würzburg 1995. S. 87-121.

Michael Franz/Roman Jakobson: Die Anwesenheit Diotimas. Ein Briefwechsel. In: LpH 4/5 (1980) S. 15-18.

Ulrich Häussermann: Hölderlins späteste Gedichte. In: GRM 42 (1961) S. 99-117.

Anselm Haverkamp: Laub voll Trauer. Hölderlins späte Allegorie. München 1991

Roman Jakobson/Grete Lübbe-Groethues: Ein Blick auf Die Aussicht von Hölderlin. In: R. J.: Hölderlin, Klee, Brecht. Zur Wortkunst dreier Gedichte. Frankfurt a. M. 1976. S. 27-96.

Winfried Kudszus (Hrsg.): Literatur und Schizophrenie. Theorie und Interpretation eines Grenzgebietes. Tübingen 1977.
Ders.: Sprachverlust und Sinnwandel. Zur späten und spätesten Lyrik Hölderlins. Stuttgart 1969.
Ders.: Versuch einer Heilung. Hölderlins spätere Lyrik. In: Ingrid Riedel (Hrsg.): Hölderlin ohne Mythos. Göttingen 1973. S. 18-33.
Grete Lübbe-Groethues: Grammatik und Idee in den Scardanelli-Gedichten Hölderlins. In: Philosophisches Jahrbuch 90 (1983) S. 83-109.
Masami Manzawa: Die spätesten Gedichte Friedrich Hölderlins: »Scardanelli-Gedichte«. In: Keisei 39 (1976) S. 1-20.
Leo Navratil: Schizophrenie und Sprache. Zur Psychologie der Dichtung. München 1966.
Ute Oelmann: »Der Frühling« und »Der Herbst«. In: Interpretationen. Gedichte von Friedrich Hölderlin. (Reclam U.B. 9472). Tübingen 1996. S. 200-212..
Uwe Henrik Peters: Hölderlin. Wider die These vom edlen Simulanten. Reinbek 1982.
Bart Philipsen: Die List der Einfalt. NachLese zu Hölderlins spätesten Dichtungen. München 1995a.
Ders.: Gedenken und Versprechen in Hölderlins Turmdichtung. In: Poesie und Philosophie in einer tragischen Kultur. Texte eines Hölderlin-Symposiums mit einem Bildteil. Würzburg 1995b. S. 123-137.
D.E. Sattler: »al rovescio«. Hölderlin nach 1806. In LpH 7 (1984) S. 17-28.
Dietrich Seckel: Hölderlins letzte Gedichte. In: Der Schatzgräber 11 (1931) Nr. 2, S. 28-32.
Wilfried Thürmer: Zur poetischen Verfahrensweise der spätesten Lyrik Hölderlins. Marburg 1970.
Leonardus van de Velde: Jacobson als Interpret Hölderlins. In: HJb 21 (1978/79) S. 349-362.

Die Briefe

Hölderlins Briefe sind zu seinen Lebzeiten nicht systematisch gesammelt worden. Aus der Zeit von 1785 bis 1804 sind 247 Briefe erhalten. Die meisten richten sich an seine Familie, davon die meisten wiederum an die Mutter. Liebesbriefe bilden eine weitere (nicht sehr umfangreiche) Gruppe – die Briefe an Susette Gontard sind verloren, es existieren nur 4 Entwürfe an sie. Paul Raabe unterscheidet in seinem Standardwerk (1963) weiterhin die Gruppe der Freundesbriefe (an Ebel, Hegel, Neuffer usw.) – in diese Gruppe gehört die wichtige Korrespondenz mit Böhlendorff über das Verhältnis der »hesperischen« Moderne zur griechischen Kunst (s. S. 137f.) – und die »Briefe an Ältere, die ihm nahestanden, an Bekannte und Vorbilder« (S. 17), wichtig hier vor allem: die Briefe an Schiller.

Das 18. Jh. pflegte den Brief als literarische Gattung. Briefschreiben war ein wichtiger Bestandteil des »empfindsamen« Gefühlskults, Briefe ein Mittel, jenes Netzwerk progressiver bürgerlicher Intellektueller zu knüpfen, deren Zirkel sich als »ästhetische Kirche« verstanden, als ein »Ideal aller menschlichen Gesellschaft« (Brief an den Bruder vom 4. Juni 1799, VI, 1; 330). Die literarischen Moden und Epochenstile (besonders der Sturm und Drang und die Empfindsamkeit) beeinflußten das Briefschreiben; Gellerts Briefsteller und seine »Praktische Abhandlung von dem guten Geschmack in Briefen« (1751) prägten die Briefe von Generationen. Umgekehrt wurde der Brief zu einer der wichtigsten literarischen Formen der Zeit – durch die Gattung des Briefromans, zu der neben Werken wie Richardsons »Pamela« und Goethes »Werther« auch Hölderlins »Hyperion« zählt.

Einflüsse des Sturm und Drang werden bei Hölderlin in den gedankenstrichzerrissenen Briefen des Klosterschülers an seinen Jugendfreund Immanuel Nast sichtbar, empfindsame Formeln in den Liebesbriefen an Nasts Cousine Luise; die pietistische Sprachkonvention färbt die Briefe an Mutter und Schwester.

Die Briefe an die Mutter sind vor allem psychologisch interessant, weil sie die lebenslang nicht überwundene Bindung an die von ihr verkörperten pietistischen Ängste und die enge Vorstellungswelt der württembergischen Ehrbarkeit dokumentieren, denen Hölderlin sein Werk buchstäblich abgerungen hat. Stilistisch bildet sich diese Auseinandersetzung in den gewundenen, skrupulösen Formulierungen ab, in denen Hölderlin seine Ideen und Lebenspläne der Mutter rechtfertigt. Noch die Briefe der Zeit nach 1806 sind in ihrer starren Ergebenheitshaltung Zeugnisse einer nie gelösten zerstörerischen Abhängigkeit. Ein »väterliches« Gegenstück zu den Sohnesbriefen sind die an Schiller. Hölderlin konnte Schillers Bestätigung ebensowenig entbehren wie er seine Nähe ertragen konnte; die Briefe an ihn sind eine ambivalente Mischung aus Unterwürfigkeit und unvermittelten Selbständigkeitsbekundungen (s. besonders Mommsen, 1965).

Unverkrampftere menschliche Beziehungen spiegeln sich in den Briefen Hölderlins an seinen Freundeskreis, in der Klosterzeit vor allem an Immanuel Nast, später an Neuffer, in der Homburger Zeit an den Kreis um Sinclair (s. S. 37). Zur Korrespondenz mit gleichgestellten Freunden kann man wohl auch die mit dem Stiefbruder Karl Gok zählen; die recht zahlreichen Briefe an ihn fassen, fast in der Art von Lehrbriefen, Hölderlins poetologische und philosophische Ansichten zusammen. Auch andere Briefe, etwa an Hegel und Neuffer, geben wichtige Hinweise für die Rekonstruktion der Ideen

Hölderlins, und das Briefwerk ist darüberhinaus – besonders seit es durch den Kommentar Adolf Becks in der Stuttgarter Ausgabe erschlossen worden ist – die wichtigste Quelle für die Biographie.

Literatur:

Die Briefe sind in der Großen Stuttgarter Ausgabe ausführlich erläutert.
Adolf Beck: »Die holde Gestalt«. Zur biographischen Erläuterung zweier Briefe Hölderlins. In: HJb 7 (1953) S. 54-62.
Walter Benjamin: Deutsche Menschen. Eine Folge von Briefen. In: W. B.: Gesammelte Schriften. Frankfurt a. M. 1972ff. Bd. IV, 1 (S. 171-173).
Otto Heuschele: Hölderlins Gestalt in seinen Briefen. In: O. H.: Geist und Gestalt. Aufsätze und Briefe. Stuttgart 1927. S. 141-150.
Ruth Koplowitz: Hölderlin als Briefschreiber. Augsburg 1932.
Paul Raabe: Die Briefe Hölderlins. Studien zur Entwicklung und Persönlichkeit des Dichters. Stuttgart 1963.
Werner Ross: Hölderlin als Briefschreiber. In: Merkur 18 (1964) S. 432-445.
Jürgen Scharfschwerdt: Die pietistisch-kleinbürgerliche Interpretation der Französischen Revolution in Hölderlins Briefen. In: JdSG 15 (1971) S. 174-230.
Roy C. Shelton: Friedrich Hölderlins Letters. A Biographical Study. Nashville/Tss. 1966.
Peter Szondi: Überwindung des Klassizismus. Der Brief an Böhlendorff vom 4. Dezember 1801. In: P. S.: Hölderlin-Studien. Frankfurt a. M. 1970. S. 95-118.
Karl Viëtor: Zu den Entwürfen Hölderlins. In: Die Briefe der Diotima. Hrsgg. von Frida Arnold. Leipzig 1921.

Literatur zum Gesamtwerk und zu einzelnen Motiven

Martin Anderle: Die Landschaft in den Gedichten Hölderlins: die Funktion des Konkreten im idealistischen Weltbild. Bonn 1986.
Adolf Beck: Hölderlins Weg zu Deutschland. Fragmente und Thesen. Stuttgart 1982.
Bernhard Böschenstein: »Frucht des Gewitters«. Zu Hölderlins Dionysos als Gott der Revolution. Frankfurt a. M. 1989.
Anke Bennholdt-Thomsen: Stern und Blume. Untersuchungen zur Sprachauffassung Hölderlins. Bonn 1967.
Paul Böckmann: Hölderlin und seine Götter. München 1935.
Hans-Gero Boehm: Das Todesproblem bei Hegel und Hölderlin (1797-1800) Marburg 1932.
Renate Böschenstein-Schäfer: Die Stimme der Musen in Hölderlins Gedichten. In: HJb 24 (1984/85) S. 87-112.
Stefan Büttner: Natur – ein Grundwort Hölderlins. In: HJb 26 (1988/89) S. 224-247.
David J. Constantine: The significance of Locality in the Poetry of Friedrich Hölderlin. London 1979.

Sabine Doering: »Aber was ist diß?«. Formen und Funktionen der Frage in Hölderlins dichterischem Werk. Göttingen 1992.
Hans Frey: Dichtung, Denken und Sprache bei Hölderlin. Zürich 1951.
Ders.: Ändern. Textrevision bei Hölderlin. In: J.F.: Der unendliche Text. Frankfurt a. M. 1990. S. 76-123.
Ulrich Gaier: Friedrich Hölderlin. Eine Einführung. Tübingen 1993.
Ders.: »...ein Empfindungssystem der ganze Mensch«. Grundlagen von Hölderlins poetologischer Anthropologie. In: Der ganze Mensch. Anthropologie und Literatur im 18. Jahrhundert. DFG-Symposion Wolfenbüttel 1992, hrsg. von Hans Jürgen Schings. Stuttgart 1993. S. 724-746.
Manfred Gaier; Die Schrift und die Tradition. Studien zur Intertextualität. München 1985.
Peter H. Gaskill: Hölderlins medievalism. In: Neophilologus 57 (1973) S. 353-369.
Rüdiger Görner: Hölderlins Aber oder: Die Kunst des Gegensatzes. In: Sprachkunst 25 (1994) S. 293-307.
Robin B. Harrison: Hölderlin and Greek Literature. Oxford 1975.
Hans-Ulrich Hauschild: Die idealistische Utopie. Untersuchungen zur Entwicklung des utopischen Denkens Friedrich Hölderlins. Bern/Frankfurt a. M. 1977.
Clemens Heselhaus: Hölderlins idea vitae. In: HJb 1952. S. 17-50.
Jens Hoffmann: Klassik und Manierismus im Werk Hölderlins. In: HJb 11 (1958-60) S. 160-189.
Hans-Dieter Jünger: Mnemosyne und die Musen. Vom Sein des Erinnerns bei Hölderlin. Würzburg 1993.
Claudia Kalász: Hölderlin. Die poetische Kritik instrumenteller Rationalität. München 1988.
Peter Kasprzyk: Die Einwirkung der Mundart auf Hölderlins Dichtersprache. Mss. Diss. Tübingen 1961.
Gertrud Keetmann: Der Mensch und die Natur bei Friedrich Hölderlin. Berlin 1937.
Wilhelm Killmayer: Zur Lautstruktur bei Hölderlin. In: HJb 28 (1992/93) S. 218-238.
Werner Kirchner: Hölderlin und das Meer. In: W. K.: Aufsätze zu seiner Homburger Zeit. Göttingen 1967. S. 34-56.
Ekkehard Kloehn: Zeit und Zeitlichkeit im Werk Hölderlins. Kiel 1969.
Willi Könitzer: Die Bedeutung des Schicksals bei Hölderlin. Würzburg 1932.
Hans Joachim Kreutzer: Tönende Ordnung der Welt. Über die Musik in Hölderlins Lyrik. In: Gerhard Kurz u.a. (Hrsg.): Hölderlin und die Moderne. Eine Bestandsaufnahme. Tübingen 1995. S. 240-279.
Gerhard Kurz: Mittelbarkeit und Vereinigung. Zum Verhältnis von Poesie, Reflexion und Revolution bei Hölderlin. Stuttgart 1975.
Ders.: Winkel im Quadrat. Zu Hölderlins später Poetik und Geschichtsphilosophie. In: Hölderlin und die Moderne (1995), s. S. 11. S. 280-299.
Emil Lehmann: Hölderlins Lyrik. Stuttgart 1922.
Gisbert Lepper: Friedrich Hölderlin. Geschichtserfahrung und Utopie in seiner Lyrik. Hildesheim 1972.

Paul des Man: The rhetoric of Romanticism. New York 1984.
Ders.: Allegorien des Lesens (Teils.; engl. 1979). Frankfurt a. M. 1988.
Günter Mieth: Friedrich Hölderlin. Dichter der bürgerlich-demokratischen Revolution. Berlin/DDR 1978.
Ladislaus Mittner: Versuch einer Entwicklungsgeschichte der Lyrik Hölderlins. In: HJb 10 (1957) S. 73-159.
Marshall Montgomery: Friedrich Hölderlin and the neo-hellenic movement. London 1923.
Josefine Müllers: Liebe, Erkenntnis und Dichtung. Ganzheitliches Welterfassen bei Goethe und Hölderlin. Frankfurt a. M. u.a. 1992 (Mss. Diss. Univ. Düsseldorf 1991).
Peter Nickel: Die Bedeutung von Herders Verjüngungsgedanken und Geschichtsphilosophie für die Werke Hölderlins. Mss. Diss. Kiel 1963.
Christoph Prignitz: Friedrich Hölderlin – Ideal und Wirklichkeit in seiner Lyrik. Oldenburg 1990.
Walter Rehm: Der Dichter und die Toten. Selbstdeutung und Totenkult bei Novalis-Hölderlin-Rilke. Düsseldorf 1950.
Gerd Rockel: Die Haltung des Dankes und ihre Bedeutung im Denken und Dichten Hölderlins. Hamburg 1964.
Joachim Rosteutscher: Hölderlins mythische Spiegelbilder. In: Sprachkunst als Weltgestaltung. Festschrift für Albrecht Seidler. Hrsgg. von Adolf Haslinger. Salzburg/München 1966. S. 255-298.
Lawrence Ryan: Hölderlins Lehre vom Wechsel der Töne. Stuttgart 1960.
Thomas E. Ryan: Hölderlin's silence. Bern u.a. 1988.
Jürgen Scharfschwerdt: Friedrich Hölderlin. Der Dichter des »Deutschen Sonderweges«. Stuttgart u.a. 1994.
Holger Schmid: Wörtlichkeit Hölderlin. In: Neue Wege zu Hölderlin. Hrsgg. von Uwe Beyer. Würzburg 1994. S. 243-267.
Hans-Heinrich Schottmann: Metapher und Vergleich in der Sprache Friedrich Hölderlins. Bonn 1959.
Giovanni Scimonello: Hölderlin e l'utopia. Uno studio sociologico sul rapporto tra natura, storia e poesia nella sua opera. Napoli 1976.
Dietrich Sekel. Hölderlins Sprachrhythmus. Leipzig 1937.
Gregor Thurmair: Einfalt und einfaches Leben. Der Motivbereich des Idyllischen im Werk Friedrich Hölderlins. München 1980.
Richard Unger: Hölderlins Major Poetry. The dialectics of Unity. Bloomington/London 1975.
Leonardus van der Velde: Herrschaft und Knechtschaft bei Hölderlin. Assen 1973.
Karl Viëtor: Die Lyrik Hölderlins. Eine analytische Untersuchung. Frankfurt a. M. 1921 (Darmstadt 1970).
Manfred Windfuhr: Allegorie und Mythos in Hölderlins Lyrik. In: HJb 10 (1957) S. 160-181.
Rolf Zuberbühler: Hölderlins Erneuerung der Sprache aus ihren etymologischen Ursprüngen. Berlin 1969.
Ders.: Die Sprache des Herzens. Hölderlins Widmungsdichtung. Göttingen 1982.

5. Grundlinien der Rezeptionsgeschichte

Vor 1806 wurde Hölderlin von den meisten Zeitgenossen allenfalls gesehen als einer der vielen weniger bedeutenden Vertreter der klassisch-romantischen Literaturbewegung. Der einzige, der früh auf seinen Rang hingewiesen hat, ist August Wilhelm Schlegel gewesen (VII, 4; 11) – sein Urteil hat sich damals nicht durchgesetzt. Hölderlins späte Lyrik, von der Proben nach 1800 in verschiedenen Almanachen zerstreut erschienen, wurde von der etablierten Kritik ungnädig aufgenommen. Ein – damals einflußreicher – Garlieb Merkel besprach die Gruppe der »Nachtgesänge« als »neun versificirte Radottagen [Faseleien, S. W.] von Hölderlin« und als »höchst lächerlich«; (VII, 4; 22); unter den von Merkel abgeurteilten Gedichten war auch »Hälfte des Lebens«, heute eins der berühmtesten in deutscher Sprache.

Das Spätwerk fand allerdings zur gleichen Zeit auch ein anderes Echo, bei der zweiten Generation der romantischen Bewegung: bei Clemens Brentano und seiner Schwester Bettine, Brentanos Freund und Schwager Achim v. Arnim, Joseph Görres, bei Friedrich de la Motte-Fouqué und natürlich bei den Schwäbischen Romantikern: Justinus Kerner, Gustav Schwab, Ludwig Uhland. Für die romantische Hölderlin-Lektüre sind kleine, enthusiastische Zirkel typisch, Gruppen oder Freundschaften tief berührter Leser, die sich gleichsam im Namen des Dichters sammelten, der von der »offiziellen« Literaturkritik, die sich im Zeichen einer nationalen Politisierung von der »Kunstperiode« des 18. Jh.s abzuwenden begann, kaum beachtet wurde. Die Hölderlin-Begeisterung der Homburger Prinzessinnen (besonders Augustes von Hessen-Homburg, s. S. 37) ist ein frühes Beispiel für eine solche Gruppierung, die Freundschaft Bettine von Arnims mit Karoline von Günderode (s. VII, 4; 188ff.) das typischste.

Die erste Strophe von »Brod und Wein« (in Seckendorfs »Musenalmanach« für 1807 unter dem Titel »Die Nacht« erschienen) machte einen für seine Entwicklung geradezu epochemachenden Eindruck auf Brentano, der sie als »eines der gelungensten Gedichte überhaupt« und als Ideal seiner eigenen Poesie bezeichnete (VII, 2; 406f.).

Fast ebensosehr wie seine Gedichte scheint die Romantiker das Schicksal des Menschen Hölderlin angezogen zu haben. Die Figur des wahnsinnigen Dichters kam irrationalistischen und psychologistischen Auffassungen der Poesie entgegen. Wolfgang Menzel schrieb, Hölderlin sei »nicht nur ein Dichter, sondern auch selbst ein Gedicht« (VII, 4; 52) und Fouqué: »Ein wahnsinniger Dichter erscheint mir ganz besonders furchtbar, und rührend, und geheiligt« (VII, 2; 425). Mit dieser Faszination durch die Person des Kranken hängt auch die Sentimentalisierung seiner Gestalt zusammen (besonders deutlich bei Bettine), eine der weniger erfreulichen Seiten der romantischen Hölderlin-Lektüre und seither eine allgegenwärtige Begleitströmung der Rezeptionsgeschichte.

Die erste Sammlung der Gedichte Hölderlins geht zurück auf die Initiative eines der beschriebenen Zirkel in Berlin um die Homburger Prinzessin Marianne (inzwischen von Preußen) und den jungen Leutnant Heinrich Diest, der sich 1820 an Cotta wandte und ihm eine Neuauflage des »Hyperion« und eine Gedichtausgabe vorschlug. Der Roman kam 1822 neu heraus, während des Befreiungskampfs der griechischen Nation, den die europäischen Philhellenen begeistert verfolgten. Der Ausgabe der Gedichte (1826 redigiert von Uhland und Gustav Schwab) ging eine intensive Suche nach den verstreuten Manuskripten und Drucken voraus, die viel Material sicherstellte. Eine zweite Ausgabe kam 1846, besorgt von Christoph Theodor Schwab und seinem Vater Gustav; sie enthielt den »Hyperion«, den »Empedokles«, eine Reihe der späten Hymnen, Briefe und einen ausführlichen Lebensabriß.

In der Zeit des Vormärz also hat Hölderlins Dichtung noch Resonanz gehabt. Der Publizist Alexander Jung widmete dem gerade mit einer Gesamtausgabe geehrten Dichter eine größere Darstellung; Georg Herwegh, dessen politische Lyrik besonders von Hölderlins frühen Hymnen beeinflußt ist, schrieb in einer Würdigung, Hölderlin sei eigentlich berufen gewesen, der Bewegung von 1848 »voranzuschreiten«, »uns ein Schlachtlied zu singen« (Herwegh, S. 62).

Nach der Revolution dagegen, in der zweiten Hälfte des 19. Jh.s – dem Zeitalter des literarischen »Realismus«, der politischen Reaktion und des Nationalismus, des ökonomischen Fortschritts und des Positivismus – stand Hölderlins utopisches Pathos weder ästhetisch noch gesellschaftlich länger auf der Tagesordnung. Er geriet fast in Vergessenheit. Der »Weltschmerz« (Wilhelm Scherer, 1874; S. 353) Hölderlins war der Aufbruchszeit des deutschen Bürgertums unsympathisch; der »Werther Griechenlands« (Friedrich Theodor Vischer, zit. bei Nietzsche, Werke, 1972; S. 168) wurde der Romantik zugeschlagen (Haym, 1870; 289-324) und im übrigen ignoriert. Für die Hölderlin-Forschung ist das ein bleibender Verlust: die Phase des

Positivismus, der Sammlung und Klassifizierung des Materials, hat in ihr nicht stattgefunden, und viele Dokumente und Manuskripte waren inzwischen verloren, als später, u. a. mit der »Stuttgarter Ausgabe«, diese Phase gleichsam nachgeholt werden mußte.

Die Hölderlin-Renaissance im 20. Jh. ist zu verstehen im Zusammenhang mit einem grundsätzlichen Umschwung des kulturellen Klimas um die Jahrhundertwende. Friedrich Nietzsche ist der früheste Seismograph einer fundamentalen Erschütterung der positivistisch-nationalen Kultur und der Kronzeuge der verschiedenen intellektuellen Strömungen, in denen sie sich seit 1900 manifestierte. Im Zeichen einer konservativen Kulturrevolution wurde die positivistische Wissenschaft als seelenlos und mechanistisch, die wilhelminische Lebenswelt als philiströs, ihre Kunst als abgeschmackt verurteilt. Bewegungen, Schulen, Stimmungen wie die lebensphilosophische »Geistesgeschichte« im Gefolge Wilhelm Diltheys, der Georgekreis, der Expressionismus, die Jugendbewegung (alle lassen sich auf Nietzsche zurückführen) gewannen Einfluß auf das Kulturleben. Eine junge Generation des Bürgertums machte Hölderlin zur Vorläufergestalt ihrer eigenen Innerlichkeit. »Ich versenkte mich immer neu in die Dichtungen Hölderlins«, schrieb Otto Heuschele, ein typischer Vertreter dieser Generation, in seinen Lebenserinnerungen, »und fühlte jetzt, daß er mich aus der Welt der sicheren Bürgerlichkeit und der festen unerschütterten Ordnung herausführte – hinein in eine Welt des Schicksals und des Ringens um eine eigene Lebensgestaltung, in eine Welt, in der das Göttliche als schöpferische Lebensmacht unmittelbar wirksam war« (Heuschele, 1957; S. 172f.).

Nietzsche selbst war schon als Schüler ein begeisterter Leser Hölderlins gewesen. In der ersten seiner »Unzeitgemäßen Betrachtungen«, der über David Strauss, stellte er Hölderlin als einen Gegentyp zu den Heroen einer verspießerten deutschen Kultur dar, als ein Opfer der »Bildungsphilister«, der sich mit einer positivistisch vergötzten »Wirklichkeit« und mit der »Philister-Vernunft« nicht habe abfinden können und an den deutschen Zuständen zugrunde gegangen sei (Nietzsche, Werke, 1972; S. 168f). Nietzsches Bedeutung für die Geschichte der Hölderlin-Rezeption liegt allerdings nicht so sehr in dem, was er über Hölderlin schrieb (es sind im Grunde nur einige beiläufige Bemerkungen gewesen), sondern in einer neuen geistigen Atmosphäre, die von seinen Schriften ausging und in der die Größe Hölderlins plötzlich wahrgenommen werden konnte. Von nun an wurde Hölderlins Leben in Parallele zu dem Nietzsches, sein Werk unter den von Nietzsches Kulturkritik vorgegebenen Aspekten betrachtet.

Der erste, der das neue, kulturkritische Hölderlinbild monographisch ausmalte, war Wilhelm Dilthey. In seinem einflußreichen

Buch »Das Erlebnis und die Dichtung« (1906) versuchte er, die positivistische Literaturwissenschaft zu überschreiten mit einer Konzeption, die nicht allein rational erfaßbaren inneren Erfahrungen, dem »Erlebnis« des Dichters, eine größere Rolle im Schaffensprozeß zusprach als den vom Positivismus vor allem untersuchten literaturgeschichtlichen Einflüssen und individuellen Lebensverhältnissen. Dilthey betrachtete »die schwere dunkle Tiefe« im »Wesen« Hölderlins als das Zentrum seiner Dichtung (S. 312), und die intellektuellen Jugendbewegungen erschauten und erfühlten in dieser Tiefe jene schwer definierbare »Welt des Schicksals und des Ringens um eine eigene Lebensgestaltung«, in die sie aufbrechen wollten.

Die »Schule« um Stefan George hatte aus dem nietzscheanisch inspirierten Krisenbewußtsein zu Beginn des Jahrhunderts eine »konstruktive« Konsequenz gezogen – sie organisierte sich als Keimzelle einer zukünftigen Kultur. In Hölderlins Werk sah sie den »Beweis für das fast Unglaubhafte: daß noch in unserer Zeit kindlich wahrer Glaube die Götter herabrufen kann, daß die Sage, echtes mythisches Denken, unter uns Spätgeborenen noch nicht erstorben ist« (Hellingrath, Vorreden, in: Hölderlin, Beiträge, 1961. S. 24). George hatte »echtes mythisches Denken« in einer Art ästhetischer Religion wiederzubeleben versucht, die seinen kulturellen Gegenentwurf legitimieren sollte. Der religiös-chiliastische Zug der späten Hymnen und Entwürfe Hölderlins schien ihn darin zu bestätigen. Norbert von Hellingraths historisch-kritische Ausgabe, die im Umkreis Georges entstand, legte, dem entsprechend, den Hauptakzent auf das Spätwerk. Seit dem Erscheinen des 4. Bandes der Ausgabe im Jahr 1916 (im gleichen Jahr fiel Hellingrath) galt es als »Herz, Kern und Gipfel des Hölderlinischen Werkes, das eigentliche Vermächtnis« (in: Beiträge, 1961. S. 22) und bestimmte das Bild Hölderlins (der von nun an neben Goethe zur wichtigsten Figur der literarischen Überlieferung wurde) weit über den George-Kreis hinaus. Der abstrakte Utopismus der späten Hymnen wurde von den verschiedensten Bewegungen in Anspruch genommen. Der »Seherdichter« (Gundolf, Archipelagus, in: Beiträge, 1961. S. 15), der »rufer des Neuen Gottes« (George, Hölderlin, ebenda 1; 3) schien zu seiner Zeit die Hoffnungen der Gegenwart verkündet zu haben. Hölderlin beeinflußte Rilke, den Expressionismus und – vor allem durch die Vermittlung des Hölderlin-Buchs von Pigenot mit dem bezeichnenden Untertitel: »Das Wesen und die Schau« – die Jugendbewegung. Das »Hölderlin-Erlebnis« fehlt in kaum einer intellektuellen Biographie der Zeit.

Gegen das irrationalistische Hölderlinbild der utopisch-nonkonformistischen Schulen und gegen den generalisierenden Zug der geistesgeschichtlichen Forschungsrichtung formierten sich in der zweiten Hälfte der 20er Jahre akademische Gegenbewegungen. Wilhelm Böhms Monographie (1928/30) etwa betont gegen die intuitive »Schau« Hölderlins dessen philosophische Präzision, ein Ansatz, der in veränderter Form in der Forschung der 60er und 70er Jahre wieder aufgenommen worden ist. Einer gattungsgeschichtlich-formalistischen Richtung um Karl Viëtor verdankt Friedrich Beißner, der spätere Herausgeber der »Stuttgarter Ausgabe«, methodische Grundeinsichten.

»Ein Mahnmal deutscher Zukunft sollte aufgerichtet werden« schrieb Walter Benjamin über das Hölderlin-Bild in Max Kommerells »Der Dichter als Führer in der deutschen Klassik« (1928), der letzten großen literarhistorischen Monographie aus dem Kreis um Stefan George. Und er setzte hinzu: »Über Nacht werden Geisterhände ein großes ›Zu Spät‹ draufmalen« (Benjamin, Werke Bd. 3, S. 259). Wie die Nazis überhaupt die antibürgerlichen Aufbruchstimmungen der Weimarer Zeit ausbeuteten und auf ihr Niveau herunterbrachten, annektierten sie auch das »Hölderlin-Erlebnis«. Die faschistische Kulturpropaganda banalisierte die Hölderlin-Interpretation der 20er Jahre im Sinn ihrer Rassen- und Eroberungsideologie. Goebbels versuchte, die kulturrevolutionären Strömungen, die die Hölderlin-Bewegung bisher getragen hatten, auf seine Mühlen zu leiten, teilweise mit Erfolg. Der Kult mit einem völkischvaterländisch pervertierten Hölderlin-Bild war ein zentrales Element seiner literarischen Kulturpolitik.

Es wäre falsch, die Hölderlin-Forschung der 30er und 40er Jahre mit dieser Kulturpolitik zu identifizieren. Sympathisanten der völkischen Ideologie wie Kurt Hildebrandt (mit seinem Buch über Hölderlins Philosophie und Dichtung, von 1939 s. S. 101) sind eher Ausnahmen gewesen. Die meisten Philologen gingen auf vorsichtige Distanz zum offiziellen Hölderlin-Bild – das andererseits natürlich niemand, der in Deutschland zu dieser Zeit veröffentlichen wollte, explizit angreifen durfte.

Die Neigung der Nationalsozialisten zu Hölderlin zeigte ein Gutes, als sie in den 40er Jahren einer Gruppe junger Philologen die Gelegenheit gab, die nötigen Gelder und organisatorischen Möglichkeiten für eine neue historisch-kritische Hölderlinausgabe zu beschaffen. Im Vorfeld des 100. Todestages, an dem die »Reichsführung« ihr sich anbahnendes Desaster hinter heroischen Hölderlin-Phrasen zu verstecken beabsichtigte, wurden die Grundlagen für die Forschung nach dem Krieg gelegt: die Stuttgarter Hölderlin-Ausgabe erhielt staatliche Unterstützung, die Hölderlin-Gesellschaft wurde gegründet, das Hölderlin-Archiv eingerichtet, das Jahrbuch der

Hölderlingesellschaft (damals noch unter dem Titel »Iduna«) herausgegeben. Die meisten der beteiligten Germanisten bemühten sich, ihr wissenschaftliches Vorhaben – soweit es eben ging – von den politischen Absichten reinzuhalten, denen es seine staatliche Unterstützung verdankte. Friedrich Beißner, der Herausgeber der »Stuttgarter Ausgabe«, vermied beispielsweise in seinem Festvortrag auf der Gründungsfeier der Hölderlin-Gesellschaft (über »Hölderlin und das Vaterland«, in: Iduna, 1944; S. 20-34) demonstrativ die von der anwesenden Nazi-Prominenz erwartete Interpretation des Dichters als Vorauskünder der »nationalsozialistischen Volksgemeinschaft«.

Die marxistische Beschäftigung mit Hölderlin war eine Reaktion auf die Vereinnahmung durch die Nazis in den 30er Jahren. Mehring und andere Literaturkritiker der II. Internationale hatten wie ihre bürgerlichen Kontrahenten nicht viel mit Hölderlin anfangen können. In den 20er Jahren interessierte sich die KPD nicht sehr für Kulturpolitik, und Hölderlin war zugleich von der bürgerlichen Jugend gleichsam in Beschlag genommen. Der faschistische Kult mit Hölderlin und Goethe jedoch führte dann im Zusammenhang mit der Volksfrontpolitik, in der sich die kommunistische Bewegung bündnispolitisch dem »antifaschistischen Bürgertum« zu öffnen versuchte – zum Projekt einer kritischen Neubewertung des bürgerlichen kulturellen »Erbes«, das man nicht den Nazis überlassen wollte. Georg Lukacs, die kulturpolitische Schlüsselfigur der Kommunistischen Parteien in den 30er Jahren, funktionierte in seinem Buch »Goethe und seine Zeit« die Figur des »Seherdichters« politisch um: er interpretierte die Utopie Hölderlins als verschwommene Ahnung nachbürgerlicher Gesellschaftsformen. Hölderlins Treue zu diesen Ahnungen habe in der Restaurationszeit den tragischen Untergang des verspäteten Jakobiners (oder verfrühten Sozialisten) eingeleitet – diese Konzeption war noch bis in die 80er Jahre innerhalb der DDR-Germanistik von Bedeutung (s. S. 45).

Die Hölderlin-Forschung nach 1945 bis in die frühen 60er Jahre war bestimmt durch den philologisch-textkritischen Impuls der Germanisten um die »Stuttgarter Ausgabe« (v. a. Adolf Beck und Friedrich Beißner) einerseits, existentialistische und christliche Deutungen andererseits. »Trügen die Anzeichen nicht«, schrieb Adolf Beck 1947 in einem Forschungsbericht über die zurückliegenden Jahre, »so steht die Wissenschaft von der Dichtung, und besonders gerade die Hölderlin-Forschung, in ihrem heutigen Entwicklungsstadium unter der Losung: Zurück zur praktischen Interpretation, zur Auslegung und Exegese, zur Erschließung des Gedichtes als eines konkreten, in sich vollendeten und ruhenden Gebildes« (HJb 1947, S. 217).

Ein Bemühen, zu den Texten selber zurückzugehen, Vorsicht gegenüber epochengeschichtlichen Verallgemeinerungen und vor Hypostasierungen Hölderlins zum »Seher« kennzeichnen eine Strömung, die in der »Großen Stuttgarter Ausgabe« (s. S. 4) den ersten zuverlässigen Hölderlin-Text und die bisher vollständigste Sammlung biographischen Materials bereitstellte. Die großen »Würfe« der 20er Jahre wurden ersetzt durch geduldige Einzelinterpretation, durch oft positivistisch anmutende Arbeit an der Textedition und an der Herausgabe der noch erreichbaren Lebensdokumente. Das ästhetische Leitbild des »in sich vollendeten und ruhenden Gebildes« bestimmte auch die Editionsprinzipien der Tübinger Schule, wie man die Gruppe um Beißner oft genannt hat: sie versuchte die verwirrende, »fließende« Überlieferungssituation bei den späten Gedichten Hölderlins in verschiedenen Fassungen und Entwürfen zu fixieren, mit besonderer Betonung des genetischen Gesichtspunkts, der Frage also, wie diese Fassungen auseinander hervorgegangen und welche als die endgültigen – die »stimmigsten« – anzusehen seien.

Mit der Tübinger Schule koexistierten – teils in Auseinandersetzung, teils in Symbiose – »metaphysische« Deutungstraditionen christlicher und existentialistischer Provenienz. Romano Guardini hatte schon 1939 gegen die Deutung Hölderlins als legitimer Erbe des antiken mythischen Denkens (etwa bei Paul Böckmann, 1935, s. S. 154, oder später bei Walter F. Otto, 1942, oder bei Wolfgang Schadewaldt, in: Beiträge, 1961) den christlichen Gehalt der späten Hymnen betont. In den 50er Jahren wurde dieser Gesichtspunkt in der Diskussion um die »Friedensfeier« (s. u.) polemisch bekräftigt: die Nennung der heroisierten Christusgestalt in den späten Hymnen (s. S. 150) sei Hölderlins Bekenntnis zum Erlöser der biblisch-christlichen Tradition gewesen (etwa in dem von Eduard Lachmann herausgegebenen Sammelband »Der Streit um den Frieden«, s. S. 156).

Heideggers existentialistische Hölderlin-Interpretation nimmt eine Sonderstellung ein; sie läßt sich weder der Philologie noch der Philosophie eindeutig zuordnen. Es handelt sich hier um das »Phänomen, daß dieser moderne Denker, statt seine Gedanken unmittelbar auszusprechen, Philosophie gibt in Form einer Auseinandersetzung mit Dichtungen Hölderlins« (Walter Hof, HJb 55/56, S. 246). Dieses Verfahren ist Ausdruck der ontologischen Lehre Heideggers, deren Grundgedanke darin besteht, daß die Oberfläche der Welt – das »Seiende« – ein tieferes, eigentliches, wesentliches »Sein« verhülle. Das »Sein« kann von den Gegenständen nicht abgeleitet werden; es muß »gestiftet« werden – im Medium der poetischen Sprache. »Dichtung ist worthafte Stiftung des Seins« (Hölderlin und das Wesen der Dichtung, in: Beiträge, 1961. S. 137). In Hölderlins Gedichten sehen Heidegger und andere existentialistische Interpreten das ontologische Wesen der Dinge, das jedem Zugriff des metaphysischen Diskurses entgleitet, unmittelbar ausgesprochen. Heidegger interpretiert also Hölderlin nicht zum Zweck der philologischen Erkenntnis oder um seine Philosophie zu »illustrieren«, sondern um das »Sein und Wesen der Dinge« zu erfahren, die allein in der Poesie »geschaffen, gesetzt und geschenkt« sind (ebenda) – eine Konzeption, die in ihrem ahistorischen Zug sich mit der gleichzeitigen eher formalistisch orientierten Philologie berührt und in ihrer Auslegung der dichterischen »Offenbarung« andererseits mit der George-Schule.

Das Auftauchen einer bisher nur in ihren Vorstufen bekannten späten Hymne, der »Friedensfeier«, gab Mitte der 50er Jahre Anlaß zu einer großen, von der Öffentlichkeit interessiert verfolgten Auseinandersetzung über die Deutung des Spätwerks, zwischen mythologischen und christlichen Deutungen, dem Interpretationsstil der »Tübinger Schule« und schließlich solchen Interpretationen, die in den späten Hymnen eine historisch-politische Utopie erkennen wollten: die erste der »Grundsatzdebatten«, in denen die Hölderlin-Philologie nach dem Krieg an die Öffentlichkeit trat. Es ging um eine scheinbar entlegene Frage, um die Interpretation des »Fürsten des Fests«, einer der für die späten Hymnen typischen mehrdeutigen heroischen Botengestalten. Ob mit dem Fürsten des Fests Christus, Napoleon, der Friede oder Dionysos gemeint sei: in der Diskussion darüber wurde eine Art Bilanz der bisherigen Hölderlin-Deutung gezogen, freilich ohne ein eindeutiges Ergebnis (s. S.150f.).

Die frühen 60er Jahre brachten eine Renaissance der philosophischen Hölderlindeutung; eine der neuen Herangehensweisen auf diesem Gebiet ist verknüpft mit dem Namen Lawrence Ryans, der sich die sorgfältige Nüchternheit der »Tübinger Schule« bei der Erforschung der philosophisch-ästhetischen Schriften Hölderlins zum Vorbild nahm. Schon Walter Hof hatte die in der Forschung der 40er Jahre vorherrschende Fragestellung, ob Hölderlin eher Dichter oder eher Philosoph gewesen sei, für unlösbar und irrelevant erklärt, solange nicht befriedigend geklärt sei, »was er denn eigentlich in seinen Fragmenten habe sagen wollen« (Hof, 1954, s. S. 105; S. 8). Nun unternahm Ryan die systematische Rekonstruktion des Gedankengangs in den Homburger Schriften (Ryan, 1960, s. S. 106). In seinem Buch über den »Hyperion« (1965) erprobte er die neue Interpretationsweise und zeigte am Text selbst die konstitutive Bedeutung der Philosophie für Hölderlins Dichtung, was nicht nur die Diskussion über dessen eigentliche philosophische Schriften, sondern die Ansätze zur Interpretation des Werkes überhaupt revolutionierte. Ryans Vorstoß regte in den 70er Jahren eine Vielzahl philosophischer Untersuchungen an. Ulrich Gaier beispielsweise hat diese Auseinandersetzung zuletzt in Form einer Konkretisierung von Hölderlin Poetik weitergeführt und deren explizit poetologischen Horizont anhand exemplarischer Gedichtinterpretationen für das frühe und mittlere Werk verdeutlicht. Gaier macht einsichtig, daß Hölderlin sehr bewußt Sprache poetisierte (Gaier spricht von »fiktionalisieren«), um auf diese Weise die von ihm intendierte Erneuerung derselben »in allen ihren Aspekten« zu leisten. Hölderlin »versieht die vorgefundene Sprache mit allen Zeichen der Entstehung und des bewußten Gebrauchs, lockert die gebräuchlichen Fügungen, macht ›Fehler‹ und harte, schwer lesbare Formulierungen, setzt andererseits Beziehungen und Responsionen, die in der Alltagssprache nicht vorkommen, benutzt aber keines der eingeführten poetischen Mittel ohne Grund« (Gaier 1993, S. 222f.)

Die im Gefolge der Studentenbewegung entwickelten methodischen Neuansätze reflektierte die Hölderlinforschung in der »Jakobinismusdebatte«, die wie die Diskussion um die »Friedensfeier« ein ausgesprochenes »Medienereignis« war (s. S. 45ff.). Pierre Bertaux warf 1968 der deutschen Philologie ihre unpolitische Haltung vor und vereinnahmte Hölderlin als »Jakobiner«. Obwohl man Bertaux' These in ihrer ursprünglichen Form nicht übernahm, führte dessen Intervention doch zu einer Änderung des Blickwinkels innerhalb der deutschen Germanistik. Die Bedeutung des politischen Utopismus in Hölderlins Werk ist seither nicht mehr umstritten. Fortgeführt wurde Bertaux' Anregung in den 70er Jahren zum Teil gemeinsam mit der von Lawrence Ryan und anderen aufgeworfenen philosophischen Fragestellung, beispielsweise in der einflußreichen Monographie von Gerhard Kurz (1975, s. S. 170). Als weniger befruchtend für die Philologie im engeren Sinn erwies sich die zweite (ebenfalls sehr publikumswirksame) These Bertaux', als dieser zehn Jahre nach »Hölderlin und die Französische Revolution« in der von ihm verfaßten Biographie die Behauptung aufstellte, Hölderlin habe die seine zweite Lebenshälfte bestimmende Gemütskrankheit »simuliert«, um sich aus einer Zeit, die ihn nicht verstand, zurückziehen zu können (s. S. 53).

In den späten 70er Jahren beschäftigte sich die Forschung bereits mit der Diskussion eines neuen Editionsvorhabens, das die Textgrundlage der bisherigen Hölderlindeutung radikal in Frage stellte: die historisch-kritische »Frankfurter Hölderlin Ausgabe« (s. S. 6).

Dietrich E. Sattler, Herausgeber der Frankfurter Ausgabe, brachte nicht wie Beißner und die Tübinger Schule ein schon geschlossenes (rekonstruiertes) Textpräparat heraus; er zeigte viemehr das ineinander gefällte poetische »Urgestein« in den verwirrenden Manuskripten des Spätwerks. Mißtrauen gegen die »Vorliebe fürs ›Vollendete‹«, die in der Stuttgarter Ausgabe am Werk sei (Frankfurter Ausgabe, Einleitungsband, S. 17), ein an die 20er Jahre erinnerndes utopistisches Pathos (HJb 19/20, 1975-77, S. 122/123) und gewisse poststrukturalistische Tendenzen prägen das Frankfurter Projekt. Möglicherweise wird Sattlers Ausgabe ihren Gebrauchswert erst im Kontext einer zukünftigen, nicht mehr am »geschlossenen« Werk orientierten philologischen Praxis wirklich entfalten können. In Frankreich etwa hat sich inzwischen eine Forschungsrichtung etabliert, die sich in erster Linie die Aufgabe stellt, den Prozeß der Textentstehung wie den Vorgang des Schreibens auf seine theoretischen und praktischen Implikationen hin zu befragen, wobei z. B. Louis Hay in seinen programmatischen Bemerkungen zur »dritten Dimension der Literatur« das Selbstverständnis dieses Ansatzes folgendermaßen bestimmt hat:

»Die critique génétique ist zugleich weniger und mehr als eine neue Theorie: weniger, weil sie kein Erklärungsprinzip anbietet, das sämtliche Probleme literarischer Produktion lösen könnte; mehr, weil ihr Gegenstand – der konkret und objektiv vermittelte Vorgang des Schreibens – unabhängig von jedwedem theoretischen Postulat existiert und von keiner einzelnen Interpretation erschöpft wird« (Hay 1984, S. 322).

Die meisten Hölderlinphilologen indes sind weit davon entfernt, in dieser Richtung über die Bedeutung der Frankfurter Hölderlin-Ausgabe nachzudenken. So fragt Jochen Schmidt in seiner resümierenden Darstellung der rezeptionsgeschichtlichen Darlegung »Hölderlin im 20. Jahrhundert« eher rhetorisch: »Wo ist die Frankfurter Ausgabe angekommen? Was haben die bisher erschienenen Bände geleistet?«. Er kommt auf der Grundlage vieler einzelner Vergleiche zwischen FHA und StA zu dem Ergebnis: »im Wesentlichen nichts Neues« (vgl. Schmidt 1995 im JdSG, s. S. 139). Inwieweit man diesem Urteil zustimmen mag, ist aber wohl davon abhängig, in welcher Weise hier »Wesentliches« und »Neues« ausgelegt werden. Stephan Wackwitz hat unter dem Titel »Text als Mythos« (1990) die FHA als eine quasi myhtische Instanz ausgewiesen, in deren Begegnung sich der Leser zum »Dekonstruktionisten« à la Derrida »qualifiziere«.

Wie auch immer man die Bedeutung der FHA innerhalb der Hölderlinphilologie beurteilen mag, zweifelsohne hat sie den Blick auf die Handschriften und die nicht zuletzt immer auch wissenschaftsgeschichtlich gelenkte philologische »Übersetzung« der Manuskripte gerichtet, und darüber hinaus auf die Tatsache, daß die

Texte editorische Konstruktionen sind, deutlicher ins Bewußtsein der Leser bzw. Rezipienten gerückt. Daß hieraus im Grunde kein fruchtbarer Dialog entstand, stimmt eher bedenklich, wenn man Kaulens Diktum erinnert, »die Auseinandersetzung mit Hölderlin [... sei] seit jeher so etwas wie ein Index für den Stand des geisteswissenschaftlichen Problembewußtseins« (Heinrich Kaulen 1994, S. 554).

Um so begrüßenswerter ist es, wenn Karl Maurer vor dem Hintergrund einer Zusammenfassung der editions- und rezeptionsgeschichtlichen Grundzüge des Hölderlinschen Werkes und als Vorbereitung eines eigenen editorischen Ansatzes (zur Ode »Der Frieden«) »den neuen Leser Hölderlins« ausmacht. Berücksichtige man die philologischen und exegetischen Leistungen der Hölderlinphilologie des 20. Jhs. und vergegenwärtige jene Anstrengungen, die Editoren und Leser heutzutage auf sich nehmen, so sei ein signifikanter Unterschied gegenüber der Ignoranz des 19. Jhs. festzustellen – damals hätten Gelehrte und Wissenschaftler und selbstverständlich auch der alltägliche Leser in der Regel eine Haltung eingenommen, nicht zu rezipieren, was ihnen jeweils unverständlich erschien. Hölderlins späte Lyrik – und dies ist das wirklich entscheidende rezeptionsgeschichtliche Ereignis der vergangenen Jahrzehnte – »hat wie kaum je ein Werk zuvor die Interpreten gezwungen, die *Genese des Textes* in das Bemühen um seine Deutung einzubeziehen, pointiert gesagt, die Autorvariante ernstzunehmen« (Karl Maurer, 1995, S. 6). Insofern es jedoch gerade der deutschsprachigen Literaturwissenschaft äußerst schwer falle, »das Interesse an der Autorvariante als literaturwissenschaftlicher Erkenntnisquelle« (ebd.) in seinem genuinen literaturwissenschaftlichen Sinn auszuleuchten, werden auch die verschiedenen Überarbeitungsstufen und deren Bedeutung allzuoft nicht berücksichtigt.

Die Rezeptionsgeschichte der vergangenen zehn Jahre ist gekennzeichnet durch die philologisch orientierte Umkehr zu ihren Grundlagen und ihrer eigenen Geschichte. Am Ende dieses Jahrhunderts ist man einerseits darum bemüht, Forschungsergebnisse zu sichern (z.B. Gaier 1993 und Henrich 1992), andererseits ist zu konstatieren, daß die Rolle der Hölderlinphilologie vor, während und nach der Nazizeit noch nie so umfassend und jenseits von Pauschalisierungen und Ideologemen ins Blickfeld gebracht wurde (Kaulen 1994, Alberts 1994, Kurz 1995). Dabei hat sich vor allem »die für die Hölderlinforschung typische Spannung von rationaler philologischer Arbeit und ahistorischer Mythisierung« (Kaulen 1994) als ein methodengeschichtliches Paradigma erwiesen, dem die Forschung inzwischen zunehmend kritisch gegenübersteht.

Die vielen Monographien und Studien, die im Titel eine Wendung Hölderlins enthalten (»... aber von Ihnen dependier ich unüberwindlich...« (Darsow), »Des dunkeln Lichtes voll« (Behre), »Laub voll Trauer« (Haverkamp), »Unendlicher Deutung voll« (Burdorf) usw.), sind selbstredend ein Ausweis jener Intentionen, die auch den Titel einer Ausstellung/Dokumentation programmatisch bestimmte: »Hölderlin entdecken. Lesarten 1826-1993«, s. S. 11f. Dieter Burdorf zufolge heißt das nichts anderes, als daß die »Polydimensionalität des Textes« und die »Vielfalt konkurrierender Lektüren« nicht reduziert werden dürfen.

Nicht zuletzt die umfassende Beschäftigung mit dem philosophischen und literaturgeschichtlichen Kontext, in den Hölderlins Texte eingebunden sind (vgl. etwa Dieter Henrich 1992, Fred Lönker 1989, Ulrich Gaier 1993 und Jochen Schmidt 1990), verdeutlicht, daß auch die späten Texte Hölderlins nur durch Einbeziehung der sie konstituierenden »biographischen, literarischen und philosophischen Texturen« (so die Kennzeichnung einer geplanten Reihe, die von der Hölderlin-Gesellschaft herausgegeben wird – bislang ist ein Band zum Wintersemester in Jena 1794/95 erschienen) hinreichend zu verstehen sind.

Literatur:

Zur Rezeptionsgeschichte

Die Wirkungsgeschichte in der ersten Hälfte des 19. Jahrhunderts ist in der »Großen Stuttgarter Ausgabe« fast lückenlos dokumentiert.

Das allgemeine Standardwerk zur Rezeptionsgeschichte stammt von *Allessandro Pellegrini:* Hölderlin. Sein Bild in der Forschung. Berlin 1965. Eine jüngere, auf den Grundlagen der vergangenen Jahrzehnte basierende rezeptionsgeschichtliche Arbeit von *Henning Bothe* (1992), die den Zeitraum von den Anfängen bis zu Stefan George abdeckt.

Zur zeitgenössischen und zur »romantischen« Rezeption

Adolf Beck: Christoph Theodor Schwab über Bettina von Arnim. Ein briefliches Portrait 1849-1850, zugleich ein Beitrag zur Geschichte der Wirkung Hölderlins. In: JFDH 26 (1964) S. 366-378.

Henning Bothe: »Ein Zeichen sind wir, deutungslos«. Die Rezeption Hölderlins von ihren Anfängen bis Stefan George. Stuttgart 1992.

Ders.: Dichterbilder. Hölderlindeutungen im Wandel der Zeit. In: »Traurigfroh, wie das Herz«. Friedrich Hölderlin zum 150. Todestag. Beiträge einer Tagung der Evangelischen Akademie Baden v. 26.-28. Februar in Herrenalb. Karlsruhe 1993. S. 11-43.

Otto Joachim Grüsser: Justinus Kerner und Friedrich Hölderlin. In: Justinus Kerner: Jubiläumsband zum 200. Geburtstag. Weinsberg 1991. S. 263-284.
Wilhelm Hoffmann: Wann hat Wilhelm Waiblinger seinen Lebensabriß Hölderlins verfaßt? In: HJb 4 (1950) S. 127-130.
Katharina Kaspers: »Der arme Hölderlin«. Die stilisierte Dichterfigur in der Rezeption der Romantik. In: HJb 27 (1990/91) S. 159-181.
Werner Kirchner: Prinzessin Amalie von Anhalt-Dessau und Hölderlin. In: HJb 11 (1958/60) S. 55-71.
Walther Rehm: Brentano und Hölderlin. In: HJb 2 (194) S. 127-178.
Heinz Rölleke: Achim von Arnim und Friedrich Hölderlin. Ein neuentdecktes Fragment Arnims über »Empedokles«. In: HJb 18 (1973/74) S. 149-158.
Stefanie Roth: Friedrich Hölderlin und die deutsche Frühromantik. Stuttgart 1991.
Friedrich Seebaß: Der frühe Hölderlin im Urteil seiner Zeitgenossen. In: Preußische Jahrbücher 186 (1921) S. 348-373.
Ders.: Hölderlins Fortleben nach seiner geistigen Ermattung. In: Zeitschrift für Bücherfreunde (1922) Heft 6. S. 136-141.
Ders.: Hölderlin und die Romantiker. In: Antaios 3 (1961) Nr. 4. S. 377-391.
Ders.: Hölderlins Sophokles-Übertragungen im zeitgenössischen Urteil. In: Philologus 77 (1921) Heft 3/4. S. 414-421.
Ders.: Hölderlins späte Dichtungen in der zeitgenössischen Kritik. In: Zeitschrift für Bücherfreunde 14 (1922) Heft 5. S. 121-124.
Friedrich Strack: Hölderlin fürs Volk. Ein unbekanntes Hölderlin-Gedicht in Meyer's Groschen-Bibliothek? In: HJb 26 (1988/89) S. 360-382.
Ralph Rainer Wuthenow: Das Hölderlin-Bild im Briefroman »Die Günderode«. In: Homburg v. d. Höhe in der deutschen Geistesgeschichte (s. S. 41) S. 318-330.

Die ersten Hölderlin-Ausgaben:

Die erste Hölderlin-Ausgabe. In: Otto Pöggeler (Hrsg.): Preußische Kulturpolitik und idealistische Ästhetik. Zum 150. Todestag des Philosophen. Katalog zur Ausstellung der Staatsbibliothek Preußischer Kulturbesitz. Berlin 1981. S. 64-71.
Alfred Kelletat: Hölderlin in Berlin. In: Ergänzungsband zum Katalog der Ausstellung »Berlin und die Antike« Berlin 1979. S. 229-256.
Paul Raabe: Hölderlins Bemühungen um den Druck seiner Werke. In: Maria Kohler: Geschichte der Hölderlin-Drucke. Ausgaben, Handschriften, Dokumente. Katalog zur Ausstellung des Hölderlin-Archivs Tübingen 1961. S. 9-24.
Thomas Scheuffelen: »Das ist doch eine rasendes Gezauder«. Justinus Kerners Mitwirkung bei der ersten Sammlung von Hölderlins Gedichten (1826). In: Justinus Kerner (1786-1862). Stuttgart 1986. S. 69-76.
Herbert Schiller: Cotta und die ersten Hölderlin-Ausgaben. Nach fünf Briefen aus dem Verlagsarchiv. In: Theophil Frey (Hrsg.): Die Stuttgarter Hölderlin-Ausgabe. Ein Arbeitsbericht. Stuttgart 1942. S. 31-44.

Friedrich Seebaß: Zur Entstehungsgeschichte der ersten Sammlung von Hölderlins Gedichten. In: Schwäbischer Schillerverein 23. Rechenschaftsbericht (betrifft das Jahr 1918/19, S. W.) S. 13-48.

Karl Viëtor: Zur Geschichte der ersten Hölderlin-Ausgaben. In: Deutsche Rundschau 48 (1922) Heft 7, S. 57-68 und in Heft 8, S. 176-188.

Zur Rezeption im 19. Jahrhundert

Rudolf Haym: Die romantische Schule. Berlin 1870. S. 289-324.

Georg Herwegh: Ein Verschollener. In: G. H.: Literatur und Politik. Hrsgg. von Katharina Mommsen. Frankfurt a. M. 1969. S. 62-64.

Ulrich Hötzer: Hölderlins Dichtung als Gegenstand einer zeitgenössischen Vorlesung von W. S. Teuffel. Eine Mitteilung. In: HJb 6 (1952) S. 111-125.

Alexander Jung: Friedrich Hölderlin und seine Werke. Mit besonderer Beziehung auf die Gegenwart. Stuttgart/Tübingen 1848.

Heinrich Kaulen: Rationale Exegese und nationale Mythologie. Die Hölderlin-Rezeption zwischen 1870 und 1945. In: ZfdPh 113 (1994) S. 554-577.

Alfred Kelletat: Lesefrüchte: Hölderlin im 19. Jahrhundert. Beiträge zu seiner Wirkungsgeschichte. In: HJb 16 (1969/70) S. 291-324.

Ders.: Rudolf Lohbauers Hyperion-Brief und Hyperion-Bild aus dem Jahre 1824. In: HJb 10 (1957) S. 182-190.

Lothar Kempter: Bogumil Goltz zitiert Hölderlin. In: HJb 1948/49 S. 188-192.

Hans-Henrik Krummacher: Eduard Mörike und Christian Schads »Deutscher Musenalmanach«. Dokumente zur Geschichte seiner Gedichtdrucke, seiner Hölderlinbeiträge und seiner Portraits. In: Geschichtlichkeit und Aktualität. Frankfurt a. M. 1988. S. 259-335.

Carl T. Litzmann: Friedrich Hölderlins Leben. In Briefen von und an Hölderlin. Berlin 1890.

Emil Petzold: Hölderlins Brod und Wein. Ein exegetischer Versuch. Sambor 1896 (von Friedrich Beißner herausgegebener Neudruck Darmstadt 1967).

Wilhelm Scherer: Friedrich Hölderlin. In: W. S.: Vorträge und Aufsätze zur Geschichte des geistigen Lebens in Deutschland und Österreich. Berlin 1874. S. 346-355.

Julian Schmidt: Geschichte der Deutschen Literatur bis auf unsere Zeit VI. Band (1797-1814) Berlin 1890. S. 270-281.

Paul Requadt: Hölderlin im Vormärz. Über Ernst Wilhelm Ackermann. In: HJb 12 (1961/62) S. 250-262.

Nietzsche

Äußerungen Nietzsches selbst: Brief an meinen Freund, in dem ich ihm meinen Lieblingsdichter zum Lesen empfehle. In: F.N.: Werke und Briefe. Historisch-kritische Gesamtausgabe. Bd. 2. München 1934. S. 1-5; *Fried-*

rich Nietzsche: Unzeitgemäße Betrachtungen. Erstes Stück: David Strauss, der Bekenner und der Schriftsteller. In: Werke. Kritische Gesamtausgabe. Hrsgg. von Giorgio Calli und Mazzino Montinari. 3. Abteilung. Erster Band. Berlin/New York 1972. S. 155-238.

Oskar Baumgartner: Nietzsche-Hölderlin. Zürich 1910.
Ingeborg Beithan: Friedrich Nietzsche als Umwerter der deutschen Literatur. Heidelberg 1933.
Hans Werner Bertallot: Hölderlin-Nietzsche. Untersuchungen zum hymnischen Stil in Prosa und Vers. Berlin 1933 (Nendeln/Liechtenstein 1967).
Eugen Biser: Die Reise und die Ruhe. Nietzsches Verhältnis zu Kleist und Hölderlin. In: Nietzsche-Studien 7 (1978) S. 97-114.
Walter Bröcker: Das, was kommt, gesehen von Nietzsche und Hölderlin. Pfullingen 1963.
Gunter Martens: Hölderlin-Rezeption in der Nachfolge Nietzsches – Stationen der Aneignung eines Dichters. In: HJb 23 (1982/83) S. 54-78.
Helmut Pfotenhauer: Dionysos. Heinse – Hölderlin – Nietzsche. In: HJb 26 (1988/89) S. 38-59.
Siegfried Vitens: Die Sprachkunst Friedrich Nietzsches in »Also sprach Zarathustra«. Bremen 1951.
Vivetta Vivarelli: Empedokles und Zarathustra. Verschwendeter Reichtum und Wollust am Untergang. In: Nietzsche-Studien 18 (1989) S. 509-536.
Geoffrey C. W. Waite: Nietzsche/Hölderlin. A critical revaluation. Ann Arbor/London 1980.
Ders.: The politics of »The question of style«. Nietzsches Hölderlin. In: Identity of the literary text (1985) S. 246-273.
Richard B. Warr: The visionary crisis in the hymnic prose and verse of Hölderlin and Nietzsche. Ann Arbor 1974.

Verschiedenes zur Rezeption Hölderlins im 20. Jahrhundert und in der Gegenwart

Die wichtigste Textsammlung *zur* Wirkungsgeschichte im 20. Jh. ist: *Alfred Kelletat* (Hrsg.): Hölderlin. Beiträge zu seinem Verständnis in unserem Jahrhundert. Tübingen 1961 (zit. als Beiträge, 1961). Einen Überblick über die Forschungstrends v. a. seit 1945 vermittelt: *Jochen Schmidt (Hrsg.):* Über Hölderlin. Frankfurt a. M. 1970. Zur Rezeptionsgeschichte bis George vgl. *Bothe* 1992, die »produktive Rezeption« und das Hölderlinbild in der BRD und in der ehemaligen DDR zeigt *Sture Packalén* 1986. Einen relativ ausführlichen Abriß zur wissenschaftlichen Rezeptionsgeschichte enthält auch *Jürgen Scharfschwerdt* 1994.

Einen einführenden Überblick über die immense und kaum noch zu überblickende Quellensituation bei der Lyrik-Rezeption bietet der von Hiltrud Gnüg 1993 herausgegebene Band: »An Hölderlin. Zeitgenössische Gedichte« (Reclams Universalbibliothek. Nr. 8886).

Claudia Albert: Treue zum Text oder Bekenntnis zum Dichter – Konfliktlinien in den Forschungsberichten zwischen 1934 und 1947. In: C.A. (Hrsg.): Deutsche Klassiker im Nationalsozialismus. Schiller – Kleist – Hölderlin. Stuttgart u.a. 1994. S. 216-227.

Dies.: »Dient Kulturarbeit dem Sieg?« – Hölderlin-Rezeption von 1933-1945. In: Gerhard Kurz u.a. (Hrsg.): Hölderlin und die Moderne. Eine Bestandsaufnahme. Tübingen 1995. S. 153-173.

Peter-André Alt: Das Problem der inneren Form. Zur Hölderlin-Rezeption Benjamins und Adornos. In: DVjs 61 (1987) S. 531-562.

Ders.: Hölderlins Vermittlungen. Der Übergang des Subjekts in die Form. In: GRM (N.F.) 38 (1988) S. 120-139.

Werner Bartscher: Hölderlin und die deutsche Nation. Versuch einer Wirkungsgeschichte. Berlin 1942.

Friedrich Beißner: Hölderlin heute. Der lange Weg des Dichters zu seinem Ruhm. Ein Vortrag. Stuttgart 1963.

Anke Bennholt-Thomsen: Das topographische Verfahren bei Hölderlin und in der Lyrik nach 1945. In: Hölderlin und die Moderne..., s.o. Tübingen 1995. S. 300-322.

Uwe Beyer: Traditionsgeschichte ›nach vorwärts‹. Hölderlin im Verhältnis zu Heidegger, Bloch und Derrida. In: U. B.: Mythologie und Vernunft... Tübingen 1993. S. 147-206.

Paul Böckmann: Erläuterungen zum Methodenwandel in der Hölderlinforschung. In: HJb 17 (1971/72) S. 129-131.

Henning Bothe: »Ein Zeichen sind wir, deutungslos«. Die Rezeption Hölderlins von ihren Anfängen bis Stefan George. Stuttgart 1992.

Dieter Breuer: »Wörter so voll Licht so finster«. Hölderlingedichte von Günter Eich bis Rolf Haufs. In: Deutsche Lyrik nach 1945. Hrsgg. von D. B. Frankfurt a. M. 1988. S. 354-393.

Dieter Burdorf: »Wohl gehn wir täglich, doch wir bleiben hier«. Zur Funktion von Hölderlin-Zitaten in Texten Elfriede Jellineks. In: SuL 21 (1990) H. 2, S. 29-36.

Wilhelm Dilthey: Das Erlebnis und die Dichtung. Lessing, Goethe, Novalis, Hölderlin. Leipzig 1906.

Jacques Derrida: Die soufflierte Rede. In: J. D.: Die Schrift und die Differenz. Frankfurt a. M. 1972. S. 259-301.

Eliane Escoubas: Hölderlin et Walter Benjamin: L'Abstraction lyrique. In: Jean-Francois Courtine (Hrsg.): Cahier de l'Herne, consacré à Hölderlin. Paris 1989. S. 489-499.

Helen Fehervary: Hölderlin and the left. The search for a dialectic of art and life. Heidelberg 1977.

Dieselbe: Hölderlin und Marx in der DDR. In: Basis 5 (1975) S. 55-64.

Hellmut Flashar: Durchrationalisieren oder provozieren?. Brechts »Antigone«, Hölderlin und Sophokles. In: Das fremde Subjekt. Studien zur Interdependenz von Texten. Amsterdam 1988. S. 394-410.

Ulrich Gaier: Über die Möglichkeit, Hölderlin zu verstehen. In: HJb 17 (1971/72) S. 96-116.

Ders.: Hölderlin, die Moderne und die Gegenwart. In: Gerhard Kurz u.a. (Hrsg.):

Hölderlin und die Moderne. Eine Bestandsaufnahme. Tübingen 1995. S. 9-40.
Albrecht Goes: Von Hölderlin getroffen. In: HJb 23 (1982/83) S. 166-171.
Ingeborg Gerlach: Werkimmanenz und Revolution. Zur Hölderlin-Forschung der Tübinger Schule. In: alternative 81 (1971) S. 235-247.
Wolfram Groddeck: Ästhetischer Kommentar. Anmerkungen zu Walter Benjamins Hölderlinlektüre. In: LpH 1 (1976) S. 17-21.
Stephan Hermlin: Hölderlin 1944. In: HJb 23 (1982/83) S. 172-177.
Otto Heuschele: Die Gaben des Lebens. Geschichte einer Jugend. Heidenheim 1957. S. 163-180.
Ders.: Begegnung mit Hölderlins »Empedokles«. Eine Erinnerung. In: HJb 2 (1947) S. 179-189.
Ulrich Hötzer: Friedrich Hölderlin – Deutung aus heutiger Sicht. In: HJb 16 (1969/70) S. 123-136.
Michael Hamburger: Und mich leset o / Ihr Blüthen von Deutschland. Zur Aktualität Hölderlins. In: LpH 7 (1984) S. 29-40.
Paul Hoffmann: Hellingraths »dichterische« Rezeption Hölderlins. In: Gerhard Kurz u.a. (Hrsg.): Hölderlin und die Moderne. Eine Bestandsaufnahme. Tübingen 1995. S. 74-104.
Ders.: »Dichterische« Rezeption und Literaturwissenschaft. Zu einer neuen Rezeptionsgeschichte Hölderlins. In: Sprachkunst 24 (1993) S. 319-336.
Michael W. Jennings: Benjamin as a reader of Hölderlin. The origins of Benjamin's theory of literary criticism. The German Quaterly 56 (1983). S. 544-562.
Heinrich Kaulen: Rationale Exegese und nationale Mythologie. Die Hölderlin-Rezeption zwischen 1870 und 1945. In: ZfdPh 113 (1994) S. 554-577.
Gustav Landauer: Friedrich Hölderlin in seinen Gedichten. In: Beiträge, 1961. S. 53-78.
Jean-Piere Lefebvre: Hölderlin et Christophe Colomb: Au rendez-vous des prophètes. In: Critique 43 (1987) S. 295-318.
Kerstin Keller-Loibl: »... gib ein Bleiben im Leben, ein Herz uns wieder«. Der Frieden in Hölderlins Werk. Tübingen u.a. 1995 (zugl. Mss. Diss. Uni Leipzig 1994).
Gerhard Kurz: Hölderlin 1943. In: Hölderlin und Nürtingen, hrsgg. von G.K. u. Peter Härtling. Stuttgart u.a. 1994. S. 103-128.
Karen Leeder: Towards a profane Hölderlin: representations and revisions of Hölderlin in some GDR poetry. In: Neue Ansichten: the reception of Romanticism in the literature of the GDR. Amsterdam u.a. 1990. S. 212-231.
Detlev Lüders: Hölderlins Aktualität. In: JFDH 38 (1976) S. 114-137.
Karl Maurer: Der neue Leser Hölderlins. In: Poetica 27 (1995) S. 1-37.
Walter Müller-Seidel: Diltheys Rehabilitierung Hölderlins. Eine wissenschaftsgeschichtliche Betrachtung. In: Gerhard Kurz u.a. (Hrsg.): Hölderlin und die Moderne. Eine Bestandsaufnahme. Tübingen 1995. S. 41-73.

Rainer Nägele: Hermetik und Öffentlichkeit. Zu einigen literarischen Voraussetzungen der Moderne bei Hölderlin. In: HJb 19/20 (1975-77) S. 358-386.
Norbert Oellers: Vision und Revolution 1790 und 1970. Peter Weiss' Hölderlin-Drama. In: Literatur, Ästhetik, Geschichte. Neue Zugänge zu Peter Weiss. St. Ingbert 1992. S. 79-97.
Walter F. Otto: Der Dichter und die alten Götter. Frankfurt a. M. 1942.
Bernd Peschken: Versuch einer germanistischen Ideologiekritik. Goethe, Lessing, Novalis, Tieck, Hölderlin, Heine in Wilhelm Diltheys und Julian Schmidts Vorstellungen. Stuttgart 1972.
Sture Packalén: Zum Hölderlin-Bild in der Bundesrepublik und der DDR. Anhand ausgewählter Beispiele der produktiven Hölderlin-Rezeption. Stockholm 1986 (zugl. Mss. Diss. Uni. Uppsala 1986).
Hermann Pongs: Einwirkungen Hölderlins auf die deutsche Dichtung seit der Jahrhundertwende. In: Iduna 1944. S. 144-159.
Norbert Rath: Kriegskamerad Hölderlin. Zitate zur Sinngebungsgeschichte. In: Neue Wege zu Hölderlin. Hrsgg. von Uwe Beyer. Würzburg 1994. S. 219-241.
Renate Reschke: Fortgesetzte Faszination: Literarische Annäherungen an Friedrich Hölderlin. In: WB 36 (1990) S. 74-99.
Dietrich E. Sattler: Friedrich Hölderlin. 144 Fliegende Briefe. Darmstadt/ Neuwied 1981 (2 Bände; darin z. B. »Sieben unwiderruflich geworfene Steine«, bes. S. 193-203: »Deutung ist Diebstahl«).
Ders.: Jasons Stein. In: LpH 1 (1976) S. 5-13
Ders.: Ad usum Delphini. In: Die Republik. Jg. 15, Nr. 86-88 (1990). S. 10-160.
Jürgen Scharfschwerdt: Friedrich Hölderlin. Der Dichter des »Deutschen Sonderweges‹. Stuttgart u.a. 1994. S. 24-43.
Jochen Schmidt: Hölderlin im 20. Jahrhundert. Rezeption und Edition. In: Gerhard Kurz u.a. (Hrsg.): Hölderlin und die Moderne. Eine Bestandsaufnahme. Tübingen 1995. S. 105-125.
Reiner Schürmann: Eine Erörterung René Chars: Hölderlin, Heidegger, Char und das »es gibt«. In: Volker Bohn (Hrsg.): Romantik. Literatur und Philosophie. Internationale Beiträge zur Poetik (Bd. 1). Frankfurt a. M. 1987. S. 63-96.
Karla L. Schultz: Hölderlin and Beckett. From song to silence. In: dieselbe: Mimesis on the move. Theodor W. Adorno's concept of imitation. Berne u. a. 1990. S. 97-141.
Oliver Schütze: Natur und Geschichte im Blick des Wanderers: zur lyrischen Situation bei Bobrowski und Hölderlin. Würzburg 1990. Mss. Diss. FU Berlin 1988.
Ralf Sudau: Vereinnahmung. Peter Weiss' »Hölderlin«. In: ders.: Werkbearbeitung, Dichterfiguren. Traditionsaneignung am Beispiel der deutschen Gegenwartsliteratur. Tübingen 1985. S. 139-185.
Stefan Wackwitz: Text als Mythos. Zur Frankfurter Hölderlin-Ausgabe und ihrer Rezeption. In: Merkur 44 (1990) S. 134-143.
Oscar van Weerdenburg: »Komm! ins Offene, Freund!«. Zur lyrischen Höl-

derlin-Rezeption der achtziger Jahre. In: Lyrikertreffen Münster. Gedichte und Aufsätze 1987-1989-1991. Bielefeld 1993. S. 306-322.
Helmut Wocke: Hölderlin und die schwäbische Dichtung der letzten Jahrzehnte. In: HJb 3 (1948/49) S. 193-210.
Ders.: Nachwirkungen Hölderlins in der deutschen Dichtung der Gegenwart. Zu Hölderlins 100. Todestag. In: Dichtung und Volkstum (Neue Folge des »Euphorion«) 43 (1943) S. 193-211.
Bernhard Zeller (Hrsg.): Klassiker in finsteren Zeiten. Katalog der Ausstellung in Marbach a. Neckar (2 Bände). Marbach 1983.
Franz Zeller: Hölderlin in der »Ästhetik des Widerstands«. In: Hinter jedem Wort die Gefahr des Verstummens. Frankfurt a. M. 1988. S. 79-102.
Hans Dieter Zimmermann: Robert Walser über Hölderlin. In: HJb 23 (1982/83) S. 134-146.

Der Kreis um Stefan George

Wilhelm Adt: Das Verhältnis Stefan Georges und seines Kreises zu Hölderlin. Frankfurt a. M. 1934.
Claudia Albert: Sakralisierung der Dichtergestalt: Hölderlin-Rezeption im George-Kreis. In: C. A. (Hrsg.): Deutsche Klassiker im Nationalsozialismus. Schiller – Kleist – Hölderlin. Stuttgart u.a. 1994. S. 193-208.
Achim Aurnhammer: Stefan George und Hölderlin. In: Euphorion 81 (1987) H. 2. S. 81-99.
Bernhard und *Renate Böschenstein-Schäfer:* Briefe Friedrich Gundolfs an Ida Maria Ruppel. In: HJb 19/20 (1975-77) S. 433-457.
Henning Bothe: »Aufnahme in den Orden«. Stefan Georges poetische Hölderlinrezeption. In H.B.: »Ein Zeichen sind wir, deutungslos«. Die Rezeption Hölderlin von ihren Anfängen bis Stefan George. Stuttgart u.a. 1992. S. 115-220.
Hans-Georg Gadamer: Hölderlin und George. In: Eckhard Heftrich u. Paul Gerhard Klussmann u. Hans Joachim Schrimpf (Hrsg.): Stefan George Kolloquium. Köln 1971. S. 118-132.
Stefan George: Hölderlin. In: Blätter für die Kunst. Folge 11/12 (1919) S. 11-13 (in: Beiträge, 1961. S. 1-3).
Friedrich Gundolf: Hölderlins Archipelagus. In: Beiträge, 1961. S. 4-17.
Norbert von Hellingrath: Hölderlin-Vermächtnis. Forschungen und Vorträge. Ein Gedenkbuch zum 14. Dezember 1936. Eingeleitet von Ludwig von Pigenot. München 1936 (erweiterte Neuauflage 1944).
Max Kommerell: Der Dichter als Führer in der deutschen Klassik. Klopstock, Herder, Goethe, Schiller, Jean Paul. Berlin 1928.
Friedrich von der Leyen: Norbert von Hellingrath und Hölderlins Wiederkehr. In: HJb 11 (1958-60). S. 1-16.
Bruno Pieger: Unbekanntes aus dem Nachlaß Norbert von Hellingraths. In: JdSG 36 (1992) S. 3-38.
Edgar Salin: Hölderlin im George-Kreis. Bad Godesberg 1950.

Jochen Schmidt: Der Nachlaß Norbert von Hellingraths. In: HJb 13 (1963/64) S. 147-150.
Joachim W. Storck: Hermeneutischer Disput. Max Kommerells Auseinandersetzung mit Martin Heideggers Hölderlin-Interpretation. In: Literaturgeschichte als Profession. FS für Dietrich Jöns. Hrsgg. von Hartmut Laubhütte. Tübingen 1993. S. 319-343.
Gerhard Zöfel: Die Wirkung des Dichters. Mythologie und Hermeneutik in der Literaturwissenschaft um Stefan George. Frankfurt a. M. 1987.

Rilke

Friedrich Beißner: Rilkes Begegnung mit Hölderlin. In: Dichtung und Volkstum (Neue Folge des »Euphorion«) 37 (1938) S. 36-50.
Winfried Boersch: Rilke und Hölderlin. Mss. Diss. Marburg 1953.
Werner Günther: Rilke und Hölderlin. In: HJb 5 (1951) S. 121-157.
Philippe Jaccottet: Une transaction secrète. Lectures de poésie. Paris 1987.
Herbert Singer: Rilke und Hölderlin. Köln/Graz 1957.

Rezeption im Expressionismus

Kurt Bartsch: Die Hölderlin-Rezeption im deutschen Expressionismus. Frankfurt a. M. 1974.
Theodore Fiedler: Trakl and Hölderlin. A study in influence. Mss. Diss. St. Louis 1969.
Wolfgang Klimbacher: Walther Eidlitz und die expressionistische Hölderlin-Rezeption. In: Klaus Amann/Armin A. Wallas (Hrsg.): Expressionismus in Österreich. Die Literatur und die Künste. Köln u.a. 1994. S. 437-452.

»Jugendbewegung«

Paul Bühler: Hölderlin und die deutsche Jugendbewegung. In: Das Goetheanum 5 (1926) S. 147-149.
Ernst Gaebel: Hölderlin. Erlebnis und Aufgabe einer Jugend. In: Der Wanderer 38 (1943) S. 1-10.
Michael Jennings: Friedrich Hölderlin, Walter Benjamin und die Jugendbewegung. In: Bad Homburger Hölderlin-Vorträge (1992/93). Bad Homburg v.d. Höhe 1993. S. 23-32.

Heidegger

Heideggers Hölderlin-Aufsätze sind gesammelt in dem Band: *Martin Heidegger:* Erläuterungen zu Hölderlins Dichtung. In: M. H.: Gesamtausgabe. 1. Abteilung, Bd. 4, Frankfurt a. M. 1981 (s. auch die Bibliographie zu den Späten Hymnen, S. 128 ff.)

Theodor W. Adorno: Parataxis. Zur späten Lyrik Hölderlins. In: T.W.A.: Noten zur Literatur III. Frankfurt a. M. 1965. S. 156-209.

Claudia Albert: Heideggers Hölderlin-Deutung und ihre Rezeption. In: C.A. (Hrsg.): Deutsche Klassiker im Nationalsozialismus. Schiller – Kleist – Hölderlin. Stuttgart u.a. 1994. S. 209-216.

Beda Allernann: Hölderlin und Heidegger. Zürich/Freiburg 2. Auflage 1956.

Stephanie Bohlen: Die Übermacht des Seins. Heideggers Auslegung des Bezugs von Mensch und Natur und Hölderlins Dichtung des Heiligen. Berlin 1993 (Philosophische Studien Bd. 10).

Else Buddeberg: Heidegger und die Dichtung: Hölderlin. In: DVjs 26 (1952) S. 293-330.

Dieselbe: Heidegger und die Dichtung: Hölderlin. Rilke. Stuttgart 1953.

Norbert Gabriel: Hölderlin, Heidegger und Paul de Man. In: Colloquium Helveticum 11/12 (1990) S. 125-138.

Annemarie Gethmann-Siefert: Heidegger und Hölderlin. Die Überforderung des »Dichters in dürftiger Zeit«. In: Heidegger und die praktische Philosophie. Frankfurt a. M. 1988. S. 191-227.

Jean Greinsch: »Faire entendre l'origine en son pure surgissement« (Hölderlin et Heidegger). In: Hölderlin vu de France. Études réunies par Bernhard Böschenstein. Tübingen 1987. S. 113-128.

Karlfried Gründer: Martin Heideggers Wissenschaftskritik in ihren geschichtlichen Zusammenhängen. In: Archiv für Philosophie 11/3-4 (1962) S. 312-335.

Christoph Jamme: »Dem Dichten vor-denken«. Aspekte von Heideggers »Zwiesprache« mit Hölderlin im Kontext seiner Kunstphilosopohie. In: ZfpF 38 (1984) S. 191-218.

Berhard Lypp: »Mein ist die Rede vom Vaterland«. Zu Heideggers Hölderlin. In: Merkur 41 (1987) S. 120-135.

Paul de Man: Hölderlin et Heidegger. In: Critique 100/101 (1955) S. 800-819.

Ders.: Heidegger's exegeses of Hölderlin. In: ders.: Blindness and insight. Essays in the rhetoric of contemporary criticism. 2. ed., rev. London 1983 (frz. 1955.) S. 246-266 (dieser Aufsatz ist nicht in der ersten Auflage aus dem Jahr 1971 enthalten).

Th. C. W. Oudemans: Eine exentrische Bahn. In: Poesie und Philosophie in einer tragischen Kultur. Texte eines Hölderlin-Symposiums mit einem Bildteil. Würzburg 1995. S. 49-72.

Otto Pöggeler: Nietzsche, Höderlin und Heidegger. In: Martin Heidegger. Faszination und Erschrecken. Die politische Dimension einer Philosophie. Frankfurt a. M. 1990. S. 178-205.

A. W. Prins: Heideggers »Andenken«. Zwiesprache und Gewalt. In: Poesie und Philosophie in einer tragischen Kultur. Texte eines Hölderlin-Symposiums mit einem Bildteil. Würzburg 1995. S. 73-122.

Reinold Schmücker: Monologisches Gespräch. Heideggers Vorlesung über Hölderlins Hymne ›Andenken‹. Zeitschrift für Germanistik, N.F. 2, (1992) S. 550-568.

Hans Joachim Schrimpf: Hölderlin, Heidegger und die Literaturwissenschaft. In: Euphorion 51 (1957) S. 308-323.

Timothy Torno: Heidegger's Process of Reading Hölderlin. Hölderlins Hymne »Wie wenn am Feiertage...«. In: T. T.: Finding Time. Reading for Temporality in Hölderlin und Heidegger. New York u.a. 1995. S. 133-154.

Florian Vetsch: Martin Heideggers Angang der interkulturellen Auseinandersetzung. Würzburg 1992.

Celan:

Bernhard Böschenstein: Leuchttürme. Von Hölderlin zu Celan. Wirkung und Vergleich. Studien. Frankfurt a. M. 1977.

Ders.: Hölderlin und Celan. In: HJb 23 (1982/83) S. 147-155.

Ders.: Celan als Leser Hölderlins und Jean Pauls. In: Argumentum e silentio... Berlin u.a. 1987. S. 183-198.

Sieghild Bogumil: Celans Hölderlinlektüre im Gegenlicht des schlichten Wortes. In: Celan-Jahrbuch 1 (1987) S. 81-125.

Manfred Gaier: »Zur Blindheit überredete Augen«. Paul Celan / Friedrich Hölderlin: ein lyrischer Intertext. In: M.G.: Die Schrift und die Tradition. Studien zur Intertextualität. München 1985, bes. S. 17-33.

Axel Gellhaus: »Tübingen, Jänner«. Erinnerungen an schwimmende Hölderlintürme. Otto Pöggeler zum 65. Geburtstag. Marbach a.N. Deutsche Schillergesellschaft 1993.

Joel David Golb: Celan and Hölderlin. An essay in the problem of tradition. Princeton Univ. Diss. 1986.

Klaus Manger: Die Königszäsur. Zu Hölderlins Gegenwart in Celans Gedicht. In: HJb 23 (1982/83) S. 156-165.

Rolf Selbmann: Zur Blindheit überredete Augen. Hölderlins »Hälfte des Lebens« mit Celans »Tübingen Jänner« als poetologisches Gedicht gelesen. In: JdSG 36 (1992) S. 219-228.

Reinhard Zbikowski: »schwimmende Hölderlintürme«. Paul Celans Gedicht »Tübingen Jänner« -diaphan. In: »Der glühende Leertext«. Annäherungen an Paul Celans Dichtung. Hrsgg. von Christoph Jamme und Otto Pöggeler. München 1993. S. 185-211.

Nachrufe, Würdigungen wichtiger Hölderlin-Forscher

Wilfried Barner: Friedrich Beißner zum Gedächtnis. In: Attempto 63/64/65 (1978/79) S. 248-250.

Adolf Beck: Friedrich Beißner (1905-1977). Gedenkrede. In: HJb 21 (1978-79) S. 1-13.

Bernhard Böschenstein: Wolfgang Binder zum Gedenken. In: HJb 25 (1986/87) S. 285-287.

Ders.: Pierre Bertaux, der Gegenwärtige. Ein Gedenkblatt. In: HJb 25 (1986/87) S. 288-290.

Ulrich Fülleborn: Gedenkrede auf Adolf Beck. In: HJb 23 (1982/83) S. 1-10.

Uvo Hölscher: Abschied von Theodor Pfizer. In: HJb 28 (1992/93) S. IX-XIV.
Alfred Kelletat: Werner Kirchner zum Gedächtnis. In: HJb 12 (1961/62) S. 268-272.
Ders.: Wilhelm Böhm 1877-1957. In: HJb 11 (1958-60) S. 212-215.
Ludwig von Pigenot: Friedrich Seebaß zum Gedächtnis. In: HJb 13 (1963/64) S. 151-157.
Bernhard Zeller: Laudatio zur Verleihung des Schiller-Preises 1973 an Adolf Beck. In: HJb 18 (1973/74) S. 168-173.

Darlegungen in deutschen Literaturgeschichten und Nachschlagewerken:

Ernst von Borries/Erika von Borries: Zwischen Klassik und Romantik: Hölderlin, Kleist, Jean Paul. München 1993 (Deutsche Literaturgeschichte Bd. 4). Frankfurt a. M. 1993. S. 31-145 (Hölderlin).
Wulf Köpke: Zwischen Klassik und Moderne. In: Geschichte der deutschen Literatur. Bd. 2. Tübingen 1988 S. 283-298.
Gerhard Kurz: Friedrich Hölderlin. In: Deutsche Dichter. Leben und Werk deutschsprachiger Autoren. Hrsgg. von E. Grimm und Frank Rainer Max. (Reclams U.B. Nr. 8614 [6]). Bd. 4. Frankfurt a. M. 1989. S. 401-429.
Ders.: Friedrich Hölderlin. In: Literaturlexikon. Autoren und Werke deutscher Sprache. Hrsgg. von Walther Killy (Bd. 5) S. 379-389; auf den Seiten 353-368 finden sich zahlreiche Abbildungen zur Biographie Hölderlins.
Gisbert Lepper: Berichtigung der Revolution aus der höheren Aufklärung der Griechen. In: G. L. u.a.: Einführung in die deutsche Literatur des 18. Jahrhunderts. Bd. 2: Zwischen Französischer Revolution und Restauration. Opladen 1985. S.112-130.
Gerhard Schulz: Friedrich Hölderlin. In: Die deutsche Literatur zwischen Französischer Revolution und Restauration. Erster Teil 1789-1806. München 1983 (Geschichte der deutschen Literatur: De Boor/Newald (Bd. 7,1). S. 646-673.
Gert Ueding: Klassik und Romantik. Deutsche Literatur im Zeitalter der Französischen Revolution 1789-1815 (Hansers Sozialgeschichte der deutschen Literatur vom 16. Jahrhundert bis zur Gegenwart, Band 4). München u.a. 1987, bes. S. 690-718.

Zur Rezeption im Ausland

Das Hölderlinjahrbuch 29 (1994/95) bietet einen kursorischen Überblick der Diskussionen zur Rezeption Hölderlins im Ausland und einige Beispiele zur Übersetzungsgeschichte und deren Problemstellungen. Die einzelnen Beiträge sind hier teilweise berücksichtigt worden. Einen guten Überblick über die Rezeption in Frankreich bietet der von *Jean-Francois Courtine* 1989 herausgegebene umfangreiche Sammelband »L'Herne«. Im übrigen sei hier einmal mehr auf die IHB verwiesen, die unter einem eigenen Gliederungspunkt minutiös sämtliche Übersetzungen auflistet und natürlich auch Hölderlins Rezeption im Ausland genauestens verfolgt.

Guiseppe Bevilacqua: Rezension der Hölderlinübersetzungen von Leone Traverso und Giorgio Vigolo. In: HJb 11 (1958-60) S. 223-234.
Bernhard Böschenstein: Der Lyriker Nerval, Hölderlin und Jean Paul. In: Seminar 6 (1970) S. 138-153.
Ders.: Hölderlin in der deutschen und französischen Dichtung des 20. Jahrhunderts. In: HJb 16 (1969/70) S. 60-75; eine vertiefte Fassung dieses Aufsatzes ist ders: Im Zwiegespräch mit Hölderlin. George, Rilke, Trakl, Celan. In: Philosophie und Poesie. Otto Pöggeler zum 60. Geburtstag. Stuttgart 1988. S. 241-260.
Ders.: Hölderlin in Frankreich. Seine Gegenwart in Dichtung und Übersetzung. In: HJb 26 (1988/89) S. 304-320.
Bernhard Böschenstein et Jacques Le Rider: Hölderlin vu de France. Edition Gunter Narr. Tübingen 1987.
André du Bouchet: Hölderlin aujourd' hui. In: HJb 16 (1969/70) S. 76-91 (mit Übersetzung von Renate Böschenstein-Schäfer).
Ders.: Tübingen, le 22 mai 1986. In: HJb 26 (1988/89) S. 343-359 (dt. von Renate Böschenstein-Schäfer, ebd., S. 321-342).
Fred L. Burwick: Hölderlin and Arnold: Empedocles on Etna. In: Comparative Literature 17 (1965) S. 24-42.
Paul Challemel-Lacour: Frédéric Hoelderlin. La poésie paienne en Allemagne au XIX e Siècle. In: Revue des deux mondes 37 (1867) Seconde période. S. 929-959.
Philarète Chasles: Hoelderlin. In: Revue de Paris. Nouvelle Série. Tome 36 (1836) S. 201-209.
Jean-Francois Courtine (Hrsg.): Cahier de l'Herne, consacré à Hölderlin. Paris 1989 (dieser umfangreiche Sammelband zur Rezeption Hölderlins in Frankreich bietet einen guten Überblick).
Michael Hamburger: Englische Hölderlin-Gedichte. In: HJb 13 (1963/64) S. 80-103.
Paul Hoffmann: Hölderlins Weltrezeption. In: HJb 29 (1994/95) S.1-22
Tilmann Heisterhagen/Helmut Markus: Die Erinnerung der Fremde. Vergleichende Interpretation des Hölderlin-Gedichtes »Andenken« und seiner englischen Übersetzung »Remembrance« von Michael Hamburger (1980). In: Die literarische Übersetzung als Medium der Fremderfahrung. Hrsgg. von Fred Lönker. Berlin 1992. S. 239-272.
Christoph Jamme: »Allegory of disjunction«. Zur dekonstruktivistischen Lektüre Hegels und Hölderlins in Amerika. In: Hegel-Studien 23 (1988) S. 181-204.
Flemming Roland-Jensen: Die Aufnahme Hölderlins bei dänischen Dichtern. In: HJb 19/20 (1975-77) S. 408-432.
Geert Maria Jan Lernot: James Joyce and Friedrich Hölderlin in contemporary French criticism. Mss. Diss. Toronto University 1984.
Paul de Man: Keats and Hölderlin. In: Comparative literature 8 (1956) S. 28-45.

Ders.: Wordsworth and Hölderlin. In: Schweizer Monatshefte 45 (1965/66) S. 1141-1155 (siehe auch ders.: The rhetoric of romanticism. New York 1984. S. 47-65).
Philip Marshall Mitchell: Hölderlin in England und Amerika. In: HJb 4 (1950) S. 131-146.
Otto Pöggeler: Einleitung. Hölderlin, Hegel und Heidegger im amerikanischen Gespräch. In: Martin Heidegger. Kunst, Politik, Technik. Hrsgg. von Christoph Jamme. München 1992. S. 7-42.
Teruaki Takahashi: Hölderlin – ein ›Lieblingsdichter‹ der Japaner. Zum historischen Hintergrund der Rezeption der deutschen Literatur in Japan. In: Turm-Vorträge 1985/86. Hrsgg. von Uvo Hölscher. Tübingen 1986. S. 111-133.

Zeitgenössische Rezeption in Musik, Kunst, Theater und Film

Die Flut von Aufsätzen und Rezensionen, mit welchen die Fachwelt auf die Rezeption Hölderlins in der Musik, Kunst, im Theater und Film reagiert hat, wird von der IHB akribisch und mit dem Ziel einer möglichst vollständigen Erfassung verzeichnet. Für den Zeitraum zwischen 1984 und 1994 finden sich allein für die Musik-Rezeption ca. 300 Quellen (d.i. Noten, Tonträger). Die künstlerische Moderne hat Hölderlin zu einer Identifikationsfigur par excellence erklärt. Besonders große Resonanz fand sich im Bereich der Neuen Musik (z.B. Henze, Holliger, Kurtág, Ligeti). Kennzeichnend gerade für viele dieser neueren Kompositionen ist, daß Hölderlins »Sprachskepsis« zum Anlaß genommen wird, seine Texte »in Bruchstükken und Satzfetzen zu zitieren« (Claudia Albert, 1988). Die ausführliche wissenschaftliche Auseinandersetzung mit der künstlerischen (i.e.S. nicht-literarischen) Rezeption im letzten Quartal dieses Jahrhunderts bleibt ein Desiderat der zukünftigen Hölderlin-Forschung. Eine umfassende bibliographische Erfassung aller künstlerischen Rezeptionsbereiche schien im Rahmen der vorliegenden Einführung wenig sinnvoll, zumal die IHB hier umfassende Information bietet. Insofern der Musik als dem neben der Lyrik vielschichtigsten Rezeptionsphänomen eine Sonderstellung einzuräumen ist, wurde sie eigens berücksichtigt.

Auswahlbibliographie zur Musik-Rezeption

Gerhard Schuhmacher hat im Jahr 1967 eine Zusammenstellung von Hölderlin-Vertonungen bis 1966 vorgelegt. Für die spätere Entwicklung sind die Angaben der IHB zu entnehmen.

Auswahl neuerer Kompositionen:

Hans Werner Henze: Symphonie Nr. 7 (1983/84).
Heinz Holliger: Die Jahreszeiten. Lieder nach Gedichten von Scardanelli (Hölderlin) für gemischten Chor a capella (1975-1979).

Ders.: Scardanelli-Zykus (1975-1991). Für Solo-Föte, kleines Orchester und gemischten Chor.
Wilhelm Killmayer: Hölderlin-Lieder (1982-1991) nach Gedichten aus der Spätzeit. Für Tenor und Klavier.
Karl Michael Komma: Abendphantasie. Für großes Orchster (1993).
György Ligeti: Drei Phantasien nach Friedrich Hölderlin für sechzehnstimmigen Chor a capella (1982).
Bruno Maderna: Hyperion (1960-1969).
Luigi Nono: Fragmente-Stille, An Diotima per quartetto d'archi (1979-1980).
Henri Pousseur: Mnemosyne I. Monodia di per una voce solo o coro all'unisono o uno strumento (1968).
Ders.: Mnemosyne II. Sistema di improvviziazione per uno o più esecutori (1969).
Hans Zender: Hölderlin lesen. Streichquartett mit Sprechstimme ad libitum (1979).
Walter Zimmermann: Hyperion. Operavision. Briefoper nach Friedrich Hölderlin (1989-1991).

Claudia Albert: Materialbegriff und Interdependenz von Sprache und Musik am Beispiel von Lyrikvertonungen. In: Das Selbstverständnis der Germanistik. Aktuelle Diskussionen. Hrsgg. von Nobert Oellers. Tübingen 1988. S. 228-241.
Dieselbe: »Das schwierige Handwerk des Hoffens«: Hanns Eislers »Hollywooder Liederbuch«. Stuttgart u.a. 1991.
Peter Andraschke: Hölderlin-Fragmente. In: Das musikalische Kunstwerk. Geschichte, Asthetik, Theorie. Hrsgg. von H. Danuser. Festschrift für Carl Dahlhaus zum 60. Geburtstag. Laaber 1988. S. 743-752.
Ders.: Hölderlin 1980. Versuche, Hölderlin kompositorisch zu begegnen. In: Die Musik Luigi Nonos. Wien u.a. 1991. S. 145-161.
Hans-Christian Dadelsen: Entgrenzung und Besinnung statt Bekränzung und Bestimmung. Gedanken zu Wilhelm Killmayer und den Hölderlin-Liedern (2. Zyklus), hinter dem Rücken von Prometheus formuliert. In: Der Komponist Wilhelm Killmayer. Mainz u.a. 1992. S. 158-170.
Andreas Döhler: Aneignung durch Fragmentierung. Funktion und Poetizität der Gedicht-Montagen Hanns Eislers. In: WB 36 (1990) S. 434-445.
Albrecht Dümling: Friedrich Hölderlin, vertont von Hanns Eisler, Paul Hindemith, Max Reger. München 1981.
Reinhard Kager: Einende Kraft aus dem Fragmentarischen. Der ungarische Komponist György Kurtàg und der deutsche Hölderlin-Forscher Dietrich E. Sattler. In: Österreichische Musikzeitschrift Wien 44 (1989). S. 286-290.
Alfred Kelletat: Bibliographie der Vertonungen von Dichtungen Hölderlins. In: HJb 7 (1953) S. 119-135.
Karl Michael Komma: Hölderlin und die Musik. In: HJb 7 (1953) S. 106-118.
Ders.: Probleme der Hölderlin-Vertonung. In: HJb 9 (1955/56) S. 201-218.

Susanne Rode-Breymann: Wie die Farben, die vor unserem Auge zittern. Gedanken und Beobachtungen zu Walter Zimmermanns »Hyperion«. In: Walter Zimmermann: Hyperion. Operavision. Briefoper nach Friedrich Hölderlin (1989-1991). Libretto: D.E. Sattler. Programmheft. Frankfurt a. M. 1992. S. 18-21.

Wolfgang Schreiber: Musik aus der Stille: der lyrische Komponist Luigi Nono. In: Friedrich Hölderlin. 17./18. Februar 1990. Essays-Interpretationen-Termine-Programme. Stuttgart 1990. S. 143-157.

Gerhard Schuhmacher: Geschichte und Möglichkeiten der Vertonung von Dichtungen Friedrich Hölderlins. Regensburg 1967.

Hans Heinz Stuckenschmidt: Joseph Mathias Hauer. In: HJb 11 (1958-60) S. 216-217.

Thomas Werner: »Was soll ich sagen?« Ein Chorlied des Sophokles von Hölderlin in Carl Orffs »Oedipus der Tyrann«. In: Th. W.: Das Rad der Fortuna. Ausgewählte Aufsätze zu Werk und Wirkung Carl Orffs. Mainz 1990. S. 221-238.

Peter Niklas Wilson: Ein sensibler Extremist: der Komponist Heinz Holliger. In: Neue Zeitschrift für Musik 150 (1989) S. 19-25.

Register

Angaben zum Autor

Stephan Wackwitz, geboren 1952 in Stuttgart; Evangelisch-Theologisches Seminar Schöntal/Urach; Promotion bei Heinz Schlaffer; Lehrer in Oberkochen, London und Frankfurt; arbeitet für das Goethe Institut; 1994 erschien das Essaybuch »Tokyo – Beim Näherkommen durch Straßen«, 1996 der Roman »Walkers Gleichung«.

Sammlung Metzler

Deutsche Literaturgeschichte

SM 6 Schlawe, *Literarische Zeitschriften 1898-1910*
SM 25 Anger, *Literarisches Rokoko*
SM 47 Steinmetz, *Die Komödie der Aufklärung*
SM 68 Kimpel, *Der Roman der Aufklärung (1670-1774)*
SM 75 Hoefert, *Das Drama des Naturalismus*
SM 81 Jost, *Literarischer Jugendstil*
SM 128 Meid, *Der deutsche Barockroman*
SM 129 King, *Literarische Zeitschriften 1945-1970*
SM 142 Ketelsen, *Völkisch-nationale und nationalsozialistische Literatur in Deutschland 1890-1945*
SM 144 Schutte, *Lyrik des deutschen Naturalismus (1885-1893)*
SM 157 Aust, *Literatur des Realismus*
SM 170 Hoffmeister, *Deutsche und europäische Romantik*
SM 174 Wilke, *Zeitschriften des 18. Jh. I Grundlegung*
SM 175 Wilke, *Zeitschriften des 18. Jh. II Repertorium*
SM 209 Alexander, *Das deutsche Barockdrama*
SM 210 Krull, *Prosa des Expressionismus*
SM 225 Obenaus, *Lit. und politische Zeitschriften 1830-1848*
SM 227 Meid, *Barocklyrik*
SM 229 Obenaus, *Lit. und politische Zeitschriften 1848-1880*
SM 234 Hoffmeister, *Deutsche und europäische Barockliteratur*
SM 238 Huß-Michel, *Lit. und politische Zeitschriften des Exils 1933-1945*
SM 241 Mahoney, *Der Roman der Goethezeit*
SM 247 Cowen, *Das deutsche Drama im 19. Jh.*
SM 250 Korte, *Geschichte der deutschen Lyrik seit 1945*
SM 290 Lorenz, *Wiener Moderne*

Gattungen

SM 9 Rosenfeld, *Legende*
SM 12 Nagel, *Meistersang*
SM 16 Lüthi, *Märchen*
SM 52 Suppan, *Volkslied*
SM 53 Hain, *Rätsel*
SM 63 Boeschenstein-Schäfer, *Idylle*
SM 66 Leibfried, *Fabel*
SM 77 Straßner, *Schwank*
SM 85 Boerner, *Tagebuch*
SM 101 Grothe, *Anekdote*
SM 116 Guthke, *Das deutsche bürgerliche Trauerspiel*

SM 133 Koch, *Das deutsche Singspiel*
SM 145 Hein, *Die Dorfgeschichte*
SM 154 Röhrich/Mieder, *Sprichwort*
SM 155 Tismar, *Kunstmärchen*
SM 164 Siegel, *Die Reportage*
SM 166 Köpf, *Märendichtung*
SM 172 Würffel, *Das deutsche Hörspiel*
SM 177 Schlütter u.a., *Sonett*
SM 191 Nusser, *Der Kriminalroman*
SM 208 Fricke, *Aphorismus*
SM 214 Selbmann, *Der deutsche Bildungsroman*
SM 216 Marx, *Die deutsche Kurzgeschichte*
SM 226 Schulz, *Science Fiction*
SM 232 Barton, *Das Dokumentartheater*
SM 248 Hess, *Epigramm*
SM 256 Aust, *Novelle*
SM 257 Schmitz, *Das Volksstück*
SM 260 Nikisch, *Brief*
SM 262 Nusser, *Trivialliteratur*
SM 278 Aust, *Der historische Roman*
SM 282 Bauer, *Der Schelmenroman*

Einführungen, Methodenlehre
SM 1 Raabe, *Einführung in die Bücherkunde zur dt. Literaturwissenschaft*
SM 13 Bangen, *Die schriftliche Form germanistischer Arbeiten*
SM 28 Frenzel, *Stoff-, Motiv- und Symbolforschung*
SM 41 Hermand, *Literaturwissenschaft und Kunstwissenschaft*
SM 59 Behrmann, *Einführung in die Analyse von Prosatexten*
SM 79 Weber-Kellermann/Bimmer, *Einführung in die Volkskunde/Europäische Ethnologie*
SM 112 Schlawe, *Neudeutsche Metrik*
SM 148 Grimm u.a., *Einführung in die frz. Lit.wissenschaft*
SM 183 Schwenger, *Literaturproduktion*
SM 188 Asmuth, *Einführung in die Dramenanalyse*
SM 190 Zima, *Textsoziologie*
SM 217 Schutte, *Einführung in die Literaturinterpretation*
SM 235 Paech, *Literatur und Film*
SM 246 Eagleton, *Einführung in die Literaturtheorie*
SM 259 Schönau, *Einf. i. d. psychoanalytische Lit.wissenschaft*
SM 263 Sowinski, *Stilistik*
SM 270 Heidtmann, *Kindermedien*
SM 277 Hickethier, *Film- und Fernsehanalyse*
SM 284 Burdorf, *Einführung in die Gedichtanalyse*
SM 285 Lindhoff, *Einführung in die feministische Literaturtheorie*
SM 287 Eggert/Garbe, *Literarische Sozialisation*

Printed in the United States
By Bookmasters